トラウマを理解する

対象関係論に基づく臨床アプローチ

キャロライン・ガーランド 編
松木邦裕 監訳
田中健夫、梅本園乃 訳

岩崎学術出版社

UNDERSTANDING TRAUMA: A Psychoanalytical Approach
by Caroline Garland
© Caroline Garland 1998
Revised and reprinted by KARNAC BOOKS 2002, 2004, 2007
New edition by Karnac Books Ltd, Represented by
Cathy Miller Foreign Rights Agency, London, England.
Japanese edition © IWASAKI GAKUJUTSU SHUPPANSHA 2011
Japanese translation rights arranged with
Karnac Books Ltd, London, England
c/o Cathy Miller Foreign Rights Agency, London, England
through Tuttle-Mori Agency, Inc., Tokyo

監訳者まえがき

　あらためて述べるまでもないが，本書にはクライン派を中心とする英国対象関係論に基づいたトラウマの理解と臨床アプローチが著わされている。ここにはアセスメント，コンサルテーション，分析的心理療法，精神分析，集団療法と，見立てから治療までが包括されている。これらがタヴィストック・クリニックのトラウマ・ユニットでの臨床実践の蓄積に基づいて著わされているのだから，実行されているものという強い説得力がそこにある。そして当然ながら，英国精神分析の伝統に則った臨床ケースの豊富な提示が，私たち自身の臨床に沿った理解を推進する。

　トラウマについては安易な見解が出されすぎたため，解離やパニック，反復想起，自傷等が訴えの中に認められるとただちに，原因はトラウマで診断はPTSDという短絡的に決め込まれる恐ろしい風潮さえ出現している。またこうした風潮を煽る論文や書物もいまだ出てくる。しかしながら，トラウマとこころへのその影響を真に知るには，臨床場面で遭遇する一例一例に丹念にかかわっていくこと以外はありえない。そうした丹念な臨床実践を重ねたその成果が本書である。

　私たちが臨床家であるなら，本や論文を机上に読むことからは私たちは学べない。学びは臨床現場にしかない。ただそれでも，書物は私たちの理解を整理補足し，ときに修正し新たな視点を提供することがある。この役割さえ果たせない書籍も多いが，本書はその役割を確実に果たすものである。

　原著の初版は1998年に出版されたが，2002年の増補改訂版に本書は基づいている。本書の翻訳は，田中健夫と梅本園乃というふたりの心理臨床家によって達成された。ふたりとも精神分析を真摯に学び，日々の臨床に実践してきている臨床家である。そうした臨床実践を通して本書の諸見解を照合し再考しながらの地道な翻訳作業であったが，それが成就され，ここに読者に提供された。

　現代社会は，こころの臨床家にその貢献を過剰なまでに要求しているように私には思える。そこには，こころの病理とそれにかかわる臨床が社会に認められたという文化的達成があるのは間違いない。しかしそうであるがゆえに私た

ちは，その要求に万能的に，もしくは問題解決希求に表層的に応えるのではなく，限界はあるが実体のある応答を積み重ねるべきであると私は考える。なぜなら，いつの時代も人々はその時代の特質や達成を大げさに評価したいのであるから，私たちこそが足を地に着けておかねばならない。そうでないなら，患者やクライエントはふたたび不幸になってしまう。この意味においても，本書は臨床家としての私たちの堅実な在り方を確かに支えてくれる。

2011年2月

松木 邦裕

シリーズ編者による序文

　1920年の創立以来，タヴィストック・クリニックは，精神分析の考え方の影響を強く受けながらメンタルヘルスの領域において心理療法のアプローチを幅広く発展させてきた。理論的なモデルとして，また家族の問題に対する臨床的なアプローチとして組織的な家族療法も展開してきた。英国最大のメンタルヘルスの訓練機関としてタヴィストック・クリニックは，ソーシャルワーク，心理学，精神医学，子ども，青年，成人の心理療法，そして看護学やプライマリーケアの分野で卒後の資格コースを提供してきた。毎年およそ1,400人の訓練生が45を越える教育課程で訓練を受けている。

　タヴィストック・クリニックの哲学は，メンタルヘルス事業において治療的な手法を普及させることにある。クリニックの活動は，コンサルタント業務や研究活動の基礎にもなる専門的な臨床能力に土台を置いている。このシリーズでは，タヴィストック・クリニックで広く活用されている臨床実践や理論や研究に触れることができる。子ども，青年，そして成人たちの個人的な，あるいは家族内での心理的な混乱を理解し，治療する上での新しいアプローチが示されているのである。

　本書では，タヴィストック・クリニック成人部門の，トラウマとその余波に関する研究ユニットの仕事を述べる。意欲的かつ革新的なこの仕事は，理論と臨床実践のどちらにおいても精神分析に依拠している。本書でなされる熟考された詳細な報告と考察は，トラウマを蒙った個人に対してどれだけのことができるかに加えて，複雑で長期にわたるこの問題の本質を示している。

　クライトン・ミラー Crichton-Miller と同僚による1920年のタヴィストック・クリニック創立へと導いたトラウマの臨床経験を，本書はただちに思い起こさせる。心理学の知識をもつ彼ら医師たちは，第一次世界大戦でトラウマを蒙った兵士の治療を多く経験してきていた。兵士たちは戦場における体験で心理的に傷つき，本書に描かれている患者と類似した多くの症状を呈した。タヴィストック・クリニックの創立は，戦争ばかりでなく日常生活の中でトラウマを蒙った人々に心理治療を提供しようとする医師たちの強い信念によるものだ

った。タヴィストック・クリニックがこの仕事を通して得た知見は，やがて第二次世界大戦に適用され，クリニックのスタッフは軍隊精神医学に大きく関与したが，この間に戦闘のトラウマと戦争神経症の問題を人道的かつ思慮深く扱う方法を発展させた。そして次には，この大戦での仕事が精神医学と心理治療の大きな進歩へとつながり，タヴィストック・クリニックにおいてより一般的に利用されるようになった。この力強い修復的活力ないしは念願は，タヴィストック・クリニックの理念(エートス)の中核となるものであり，臨床実践と理論の発展を引き続き特徴づけている。

　本書では，近年の展開をふまえた新しい精神分析的着想の視点からすべての領域を再訪していく。トラウマの理解とタヴィストック・クリニックの幅広い仕事との関連は，キャロライン・ガーランド Caroline Garland が強調している。加害者にも被害者 survivor にもある人間の破壊性の大きさに直面せねばならないために，治療という仕事は困難なものだと彼女は指摘する。タヴィストック・クリニックが 1920 年に開設され，戦争の破壊性と若者の生命の犠牲に向かい合わねばならなかったことを考えるとき，本書はこのシリーズに特にふさわしいものである。

シリーズ編者
ニコラス・テンプル
マーゴ・ワデル

僕はよく知っている。僕らが戦争に出ているあいだ，僕らの心の中に石のように沈んであらわれないものは，戦争が済めばふたたび目を覚して，その時こそ初めて，生と死の清算をはじめるであろうと思っている[訳注]。

『西部戦線異状なし』
エーリッヒ・マリア・レマルク（1929）

訳注）秦豊秀訳（1955）新潮文庫より。

謝　辞

　トラウマ・ユニットでの研究に加わることに同意し，適度な修飾がなされたとはいえ，本書で詳述された知見のもととなった臨床素材の使用を認めてくれた患者に対して，最大の感謝を述べたい。また，タヴィストック・クリニック成人部門の同僚と，編者と入力業務者と Duckworth 出版社との間を温和な人柄で粘り強く仲介してくれた Eleanor Morgan に感謝したい。私たちそれぞれはまた，家族からの測り知れないサポートと実際的な援助を受けてきた。とりわけデイヴィッド・テイラーは，私たちを力強く励まし，本書の編集作業のいたるところで建設的なコメントを与えてくれた。すべてに感謝する。

　19 ページは，『精神医療における心理療法のテキスト』（J. Holmes 編，出版は Churchill Livingstone, 1991 年）の第 22 章からの引用であり，出版社から許可を得ている。扉は Random House の好意による Erich Ramerque『西部戦線異常なし』からの引用であり，現在はロンドンの Vintage imprint から 1996 年に出版されている。USA rights: Im Westen nichts neues，版権は 1928 年 Ullstein, A. G.。1956 年 Erich Maria Remarque による版権延長。『西部戦線異常なし』，版権は 1929 年，1930 年 Little, Brown and Company。1957 年，1958 年，Erich Maria Remarque による版権延長。版権所有。

執筆者

デイヴィッド・ベル David Bell は，タヴィストック・クリニック成人部門のコンサルタント心理療法家および精神科医である。英国精神分析協会の会員でもある。

キャロライン・ガーランド Caroline Garland は，タヴィストック・クリニック成人部門のコンサルタント臨床心理士であり，トラウマとその余波に関する研究ユニットのユニット長である。

エリザベス・ギブ Elizabeth Gibb は，タヴィストック・クリニック成人部門4年訓練コースの上級研修医であったが，モーズレイ病院心理療法部門のコンサルタント心理療法家および精神科医として転出した。現在は，精神分析インスティチュートの訓練生である。

グラハム・インガム Graham Ingham は，タヴィストック・クリニック成人部門のソーシャルワーカーの上級講師であった。彼は英国精神分析協会の准会員であり，現在はリーズにおいて精神分析家として働いている。

シャンカナラヤン・スリナス Shankarnarayan Srinath は，タヴィストック・クリニック成人部門4年訓練コースの上級研修医であったが，ケンブリッジのアデンブルッグ病院のコンサルタント心理療法家および精神科医として転出した。

デイヴィッド・テイラー David Taylor は，タヴィストック・クリニック成人部門のコンサルタント心理療法家および精神科医であり，部門長である。英国精神分析協会の会員でもある。

ニコラス・テンプル Nicholas Temple は，タヴィストック・クリニック成人部門のコンサルタント心理療法家および精神科医であり，クリニックの専門職委員会の委員長でもある。英国精神分析協会の会員である。

リンダ・ヤング Linda Young は，タヴィストック・クリニック思春期・青年期および成人部門のコンサルタント臨床心理士であり，トラウマとその余波に関する研究ユニットが提供している訓練課程の責任者である。英国精神分析協会の准会員でもある。

目　次

監訳者まえがき……………………………………………………… i
シリーズ編者による序文…………………………………………… iii
　　　　　ニコラス・テンプル，マーゴ・ワデル
謝　辞……………………………………………………………… vi
執筆者……………………………………………………………… vii

第Ⅰ部　概　論

序　章　なぜ精神分析なのか？…………………………………… 3
　　　　キャロライン・ガーランド
第1章　トラウマを考える………………………………………… 9
　　　　キャロライン・ガーランド
第2章　人間による過誤(エラー)………………………………… 33
　　　　デイヴィッド・ベル

第Ⅱ部　アセスメントとコンサルテーション

第3章　心的外傷後の状態の精神力動的アセスメント………… 49
　　　　デイヴィッド・テイラー
第4章　予備的介入：4回からなる治療的コンサルテーション… 66
　　　　リンダ・ヤング

第Ⅲ部　精神分析的心理療法による治療

第5章　トラウマと憤懣……………………………………………… 85
　　　　リンダ・ヤング，エリザベス・ギブ
第6章　トラウマを蒙った患者の心の仕事………………………… 101
　　　　グラハム・インガム
第7章　治療上の問題：レイプの事例……………………………… 115
　　　　キャロライン・ガーランド

第8章　外傷的な死別後にみた夢：喪の哀悼かその回避か……………… *131*
　　　　エリザベス・ギブ

第9章　トラウマにおける同一化過程………………………………………… *149*
　　　　シャンカナラヤン・スリナス

第Ⅳ部　精神分析

第10章　発達上の損傷：内的世界への影響………………………………… *165*
　　　　ニコラス・テンプル

第11章　外的損傷と内的世界………………………………………………… *177*
　　　　デイヴィッド・ベル

第Ⅴ部　グループ

第12章　トラウマを蒙ったグループ………………………………………… *195*
　　　　キャロライン・ガーランド

第13章　トラウマ後の状態における行為，同一化，思考………………… *212*
　　　　キャロライン・ガーランド

さらなる読書案内……………………………………………………………… *231*
文　献…………………………………………………………………………… *232*
訳者あとがき…………………………………………………………………… *239*
人名索引………………………………………………………………………… *243*
事項索引………………………………………………………………………… *244*

第Ⅰ部
概　論

序　章　なぜ精神分析なのか？

　　　　　　　　　　　　　　　　　　　　キャロライン・ガーランド

　12年ほど前の1986年のこと，精神分析協会から精神分析家の資格を同時に与えられた6人の訓練生たちが祝賀パーティを開いていた。同じ日の夜，ラジオのニュースやテレビ画面は，ベルギー沖で沈没しつつあったフェリー，ヘラルド・オブ・フリー・エンタープライズ号が凄まじい状況で何百名もの行方不明者を出しているという話題や映像でもちきりとなってきていた。惨状の深刻さが明らかになるにつれ，メンタルヘルス分野で私たちが今取得したばかりの資格を面接室の内だけでなく外の世界でも役立てていくことが，いよいよ重要になってきているように思えた。つまり個人の精神内界だけでなく，外界のさまざまな人間関係領域にも直接に適用するということである。翌日，私たちのうちの2人がドーバーに駆けつけ，代替要員・援助・聞き取り・専門知識の提供という形で何でもできることを行った。（求めに応じてではなく悲惨な映像を観てやってきた「援助者たち」が，たいていの場合は役に立たないというあまりに素朴な事実を含めて）私たちがそのときに経験し学んだことが基盤となり，1年半後，私たちのうちの1人がタヴィストック・クリニックにトラウマとその余波に関する研究ユニットを立ちあげた。

　その後ユニットで行われたさまざまなケースとの仕事を集めたものが本書である。各章は，トラウマ理解への関心を共有する臨床家たちによって書かれている。彼らは全員，タヴィストック・クリニックで現在働いているか，かつて働いたことがあり，ユニットの仕事に関わりをもっていた人たちである。トラウマや外傷的ストレスに関する多くの書物と比べた本書の特徴は，トラウマを負ったこころの状態への精神分析的アプローチに焦点を当てていることにある。これらの心的状態は，現在ではDSM-IVやICD-10の中で心的外傷後ストレス障害として知られているが，これまでにもさまざまな別の名のもとに長い歴史をもっている（Garland, 1993）。その治療における精神医学や心理学の進展

は，治療効果研究への道を開くばかりでなく，典型的な臨床像を同定し定義づけ，疫学的研究を可能にし，加えて合併疾患に関する仕事を包括するのに重要な役割を果たしてきた。このアプローチは，とりわけ米国で，特にベトナム戦争退役軍人の長期にわたるダメージの程度とその性質がますます明らかになるにつれて，急速に発展していった。

しかしながら（詳細は第3章で扱われるが）このような米国での業績は，私たちのとるアプローチへの一部の基礎資料は提供するものの，精神分析による理解と比べるとき，中心の位置を占めるものではない。私たちの理論的枠組みは，フロイト Freud とクライン Klein の業績に基づいている。その考え方は，外傷的出来事が人のこころに与える衝撃というものは，その出来事がその個人にとって，とりわけどのような意味があったのかを患者とともに深く認識していくことを通してのみ理解され，扱われうるというものである。このことが意味するのは，幼少期と生育歴への細やかな注目である。というのは，最早期の関係が，後の精神構造（ゆえに性格の構造）を形づくるだけでなく，内的世界で活発な影響をもち続けており，その在り方が決定的に重要だと私たちがみているからである。これら早期の他者との体験が将来，外界との外傷的な衝突によって起こりうる深刻なこころの傷つきの性質に不可避に影響する。それは，トラウマとなる出来事が最終的にどのような意味に取られるかを決定づけたり，最早期の関係によって形づくられる内的構造を通して，可能な回復の程度と性質を決定づけることによってである。であるから，精神分析的アプローチは，症候学や精神障害分類だけに集中するというのではなく，内的対象関係とそれに対応する内界の状態を探索し，それらに変化や修正をもたらそうとする。

ひどく外傷的な出来事に巻き込まれたことによって，幼少期の未解決な痛みや葛藤が例外なく呼び覚まされるということこそが，精神分析的な見方の中核である。治療では，過去に関心を払わずとも，現在のその人を理解しようと試みることでうまくいくときもあるだろう。しかしたいていの患者にとってこのような試みは，直接のトラウマのかなり激烈な後遺症に，せいぜい一時的な，あるいは慢性的に不安定な休止状態をもたらすだけである。外傷的な出来事は忘れ去られたりこころの外に追い出されたりするより，むしろ記憶されなければならないことを，増大する臨床知見が伝えている。この事実は，たとえばホロコーストの生存者の事例（Jucovy, 1992; Wardi, 1992 など）で，きわめ

てはっきりしてきている。生存者である親たちには，過去をもうすんだものとし，みずからがくぐり抜けてきた最悪の経験から愛する者たちを守りたいという理解できる願いがある。にもかかわらず多くの場合，彼らによって隠されあるいは否認されてきた惨事は，子どもや孫たちにまで無意識に受け継がれねばならない重荷となるようである。

　この事実やこれに類似の事実は，とりわけ無意識の心的過程が関与している場合は，人間のこころの構造そのものがもたらす産物である。それを意志の力で消滅させることはできない。精神分析は，これらの現象を記録し理解しようとするものである。こうして私たちは，トラウマの理解と治療に精神分析的なアプローチを用いる。その理由は，個人の反応の中で最もこころを乱し，頑なで根深いと感じられるものに精神分析がじかに取り組んでいるからである。トラウマは個人のアイデンティティの核に達しそれを崩壊させるので，そういった水準の障害への取り組みはたやすくできる類のものではない。

　そのためトラウマを負った個人の改善には，蒙った出来事の認識と記憶が心的活動の回避領域のどこかに封じ込められるのではなく，ワークスルーされることによって個人の意識的存在の一部となり，さらにその存在に統合される必要があると私たちは考える。個人にとってのその出来事の意味は，発見されなければ，あるいは勝ち取られることさえされなければならない。その結果，トラウマが不運，意味をもたない「事故」，あるいは運命として退けられる代わりに，その出来事への個人の反応が本人にとって意味を為し，考えられるようになる。治療の課題は過酷である。というのは，場合によっては加害者と被害経験者の双方の内にある，人間の破壊性の大きさに直面しなければならないからである。しかしながら内的世界では，偶然の事故というものは存在しないし，忘れ去るということもありえない。また，不幸を引き起こした悪いものすべてを，自分の外の世界のせいにしたい強い衝動が被害経験者にあるにもかかわらず，憎しみや激しい怒り，破壊性が存在しないということもありえないのである（もちろん，良い感情や愛する感情も存在するのだが）。これらの問題を精神分析的アプローチ，そして本書は扱う。

　それぞれの章は単独で読まれてもよいようになっており，当該の臨床的テーマに関連する精神分析理論の基本要素についても簡潔に説明されている。加えて本書は総合的な構成にもなっている。全体は5部に分かれている。第Ⅰ部ではまず，編者の私が，トラウマについての精神分析の考えを紹介して，被害

経験者の治療と理解に重要な幅広い問題をいくつか述べている。続いてデイヴィッド・ベル David Bell による，日常生活における一見偶発的な出来事の無意識的因果関係やその意味についての小論がある。今日の事故調査者たちは，パイロットや艦長，操縦士，運転手が致命的な誤りを犯す数時間前のこころの状態にもっと注意を払うようになっている。ストレスがあったか。飲酒していたか。乗務員との口論はなかったか。その一方でデイヴィッド・ベルは，無意識的動機という問題を公衆の間で論じたり人々の意識に上らせたりすることが今なおいかに難しいか，まして人間の破壊性の問題となるとなおさらであることを指摘している。普通の生活をする限りは避けられない当然見込める日常の危険の他に，あえて運を試したり限界に近づきすぎたりすることによって，トラウマを蒙る可能性のある状況に自分自身だけでなく他の人々もさらしてしまう人たちが多くいる。私たちの考えや，トラウマ・ユニットの今までのかなりの経験によると，なぜ別の決定ではなくこの決定がなされたのか，あるいは特にこの安全予防措置がなぜこの場合に限って意図して無視され，あるいは見過ごされたのかを理解しようとするとき，無意識の要因はきわめて重要である。

　第II部では，治療的出会いの初期段階の推移が記述されている。まず，デイヴィッド・テイラー David Taylor が2つの初回コンサルテーションを詳述している。そこには，特定の被害経験者がある出来事の最も深く詳細な意味を確立する際に，精神分析的枠組みがいかに重要であるかが示されている。次にリンダ・ヤング Linda Young が，ユニットに紹介されたすべての人々に提供される，4回からなる治療的コンサルテーションについて述べている。そこでは，凶悪な暴行を受けた患者の反応が語られ明らかになっていくにしたがい，治療者と患者の双方によってなし遂げられた，理解の深まりが報告されている。

　4回のコンサルテーションの終了時にはユニットにやってくるほとんどの人々に，トラウマのためではないその個人のための，さらなる治療の可能性が提案され，多くの人たちがこれを受け入れる。彼らはこのとき，たとえ回復がきわめて順調に進むとしても，外傷的な出来事によって引き起こされた外界のみならず内界の大激変が，すばやくあるいは簡単に調整できるような類のものではないことを認識している。ユニットでは回復を，**トラウマに打ち勝つ**というよりはむしろ，ほどほどの心持ちで**トラウマと折り合いをつけて**やっていく能力と考えている。被害経験者はトラウマ以前の状態に決して戻れない（Garland, 1991）。外傷的な出来事は被害を蒙った人を変えてしまい，その

あらゆる変化には喪失が必然的に含まれている。ユニットで学期ごとに開催されているトラウマに関する会議の初回で，イザベル・メンジーズ・リス Isabel Menzies-Lyth（1989）が初めて発表した論文で指摘しているように，被害経験者は遺族と共通点が多い。すなわち，「その人は失ってしまった自分自身の何かを哀悼しなければならない。『私はもう以前の私ではありません。これからも，二度と再び前と同じ自分に戻ることはないでしょう』。しかしながらここでの問題は，最終的に，被害経験者がそれまで以下の，より障害を抱えた人物になるのか，それとも，それまで以上の人物となる，つまり災難が成長のための中軸となるのかどうかである」。

　本書の第Ⅲ部では，まさにその過程が描かれている。すなわち，さまざまなきわめて苦痛な出来事の後に，それまで以下の人間ではなく，それまで以上の人間となることをめざす，精神分析に基づく週1回の治療における苦闘である。第5章では，リンダ・ヤングとエリザベス・ギブ Elizabeth Gibb が，ある種の被害経験者が出会う憤懣 grievance という難しい問題を取りあげている。憤懣は，発達上トラウマに先行する場合が多いが，現在のトラウマから新たな勢いを得る場合も同様に多い。治療への影響は深刻である。というのは，自分の憤懣（言うなれば，自分の人生がひどく不快なふうに変えられてしまったということ）が満足いくように取り組まれ理解されることはあり得ないという被害経験者の感覚が，変化への圧倒的な妨害となるだろうからである。ここでは，グラハム・インガム Graham Ingham とエリザベス・ギブの論文が，変化や成長が始動するためには喪 mourning の作業がなし遂げられねばならないことを臨床素材によって示しており，重要である。第Ⅲ部の私による章では，さらに踏み込んだ2つの問題を扱っている。第一に，とりわけトラウマが早期の空想を裏づけていると感じられる場合に，現在のトラウマと個人の早期発達史上のある特徴との間に生じうる強力な結びつきという問題である。第二に，またそのとき，被害経験者の象徴化能力が外傷的出来事によってダメージを受けたために，この結びつきが変化しにくくなる問題である。象徴化は，スィーガル Segal（1957）によれば，柔軟な思考，つまり同化しえない素材をより取り扱えるものに変形させる能力，そして最終的には，哀悼して先に進む能力の基盤となるものと考えられている。最後に第9章では，シャンカナラヤン・スリナス Shankarnarayan Srinath が理論と臨床例の両方から，トラウマによる衝撃を理解する際にきわめて重要となる同一化の問題を述べている。

続く本書第Ⅳ部の2つの論文では，ニコラス・テンプル Nicholas Temple とデイヴィッド・ベルが，いずれも週5回の精神分析を行っている患者の治療を取りあげている。分析は，外傷的な早期の関係が成人のパーソナリティ発達や脆弱性に影響を及ぼすその様子を細かく検討するまたとない機会をもたらしてくれる。ニコラス・テンプルの論文は，パーソナリティに境界例の特徴が数多くみられる女性患者の治療について述べている。彼は，これらの過程が実際どのように作動しているかを詳しく述べ，繰り返された幼少期の深刻なトラウマと境界性パーソナリティ障害の形成との因果関係についての，最近の精神医学や司法心理療法における多くの業績を補足している。最終部では，視野を広げて，ユニットの仕事を地域社会に適用している。全員が外傷的な出来事に遭遇し，その結果援助を求めてきた2つのグループとの作業を私が描いている。このような作業は，組織的アプローチとグループ療法的アプローチとを組み合わせたものであり，ユニットの仕事の重要な部分である。

　この序章で明らかになったように，本書は全体として，トラウマ・ユニットでの日々の臨床における治療的出会いに基づいている。臨床の治療的出会いの中から，私たちの理解だけでなく，過去の精神分析家たちによって記述されてきたことに対する敬意が育ってきた。患者が私たちに語ったストーリーとその語り口に慎重かつ細かな注意を向け，これまで私たちが見聞きしてきた，患者個人およびトラウマの一般的理解の両方についての重要性を私たち自身が考えることを通して，トラウマ領域でのこれまでの業績に私たち独自の臨床的貢献を加えたいと願っている。

第1章　トラウマを考える

キャロライン・ガーランド

トラウマとは何か

　トラウマは裂き傷のようなものである。私たちは，皮膚を貫通し身体の包みを裂くという意味のギリシア語を借りて，ある出来事を**外傷的** traumatic と呼ぶ。身体医学では，トラウマは身体組織の損傷を意味する。フロイト（1920）は，この言葉をメタファーとして用いて，こころの場合も出来事によっていかに突き破られ傷つけられうるものかを強調した。そして，こころは皮膚のようなもの，つまり刺激保護障壁 protective shield に包まれているものと考えられるとして，生き生きと目に見えるように描写した。フロイトは刺激保護障壁を，外的刺激に対する高度な選択的感受性をもつ脳の（ゆえにこころの）発達の結果として記述した。この選択性はきわめて重要である。というのは，うまく作動する均衡を維持するという点では，過度な質や量の刺激を締め出すことは，刺激を受け取り，中へ通す能力よりも，はるかに重要だからである。
　乳幼児や児童にとってすべてのことがうまく運ぶのは，母親や主な養育者の鋭い感受性を通してそのときどきの赤ちゃんの処理能力を把握した上で，母親の濾過機能が十分に提供されるときである。母親は，環境と情緒の両方からくる極端な体験から赤ちゃんを保護しようと行動する。大人たちはそれぞれ異なったポジションにいる。ある人たちは，ある程度までは親によってもたらされた良いものである，自分を大事に世話できる能力というフレーズが最もよく意味するものを内部に確立してきている。しかし人によっては，これほどの自律性を達成できないままでいるだろう。さらには前向きか少なくとも理解可能な理由であれ，もっと陰うつで自己破壊的なやり方であれ，いろいろ複雑な内的理由によって，危険な状況や極度の刺激を積極的に探し求める人たちがいるだろう。けれども，自分の幸せに通じると感じるものを普通に大事にできると十

分に思えているどんな人でさえも，出来事によってはその能力は圧倒され通常の機能はたたき壊されてしまい，その人は極度の無秩序状態へと投げ込まれてしまう。即時の動揺や混乱の多くは観察者に見えるのだが，最終的には見えるところを超えて広がり，内的対象群の性質——それは内界に住まう人物たちとそれらについての無意識的信念や相互関係のあり方である——によって構成される，個人のアイデンティティの深みにまで達する。

　トラウマをもたらす出来事がすべて破滅的なわけではもちろんない。ときには，こころの組織の中に潜在している裂け目に対処しこころを保護するために，さまざまな防衛方略が用いられる。ある男性は，自宅の玄関外の凍った階段で滑って転んで足首の骨を折り，放射線技師が骨折していますと告げたのをはっきりと聞いた。しかし彼には，放射線技師が間違えたことが「わかって」おり，それはただの捻挫だと「わかって」いた。半時間が経ってその事件のショックがいくらかおさまって，自分はやはり骨折しており，足にギブスをしたままクリスマスを過ごすことになるだろうと認められるようになった。この男性は怪我の大きさを**否認**した結果，情報を徐々に自分のペースで吸収することができ，感情が圧倒されずにうまく処理できたのだった。

　現実の断片がまったく手に負えないと感じられると，防衛はそれに対応して極端なものになるときがある。フロイト（1924）は精神病に至る道筋を論じたところで，妄想の起源についてこう書いている。「われわれは少なからぬ分析から，妄想とは，元来外界と関わる自我に表れてきた裂け目に継ぎ当て（パッチ）のように当てられているものであることを知った」。脆弱な性格のとき，現実が認められたとしたら，次にくるこころの破綻を避けるために，妄想の「継ぎ当て（パッチ）」はぴったりと縫い込まれる。火急な現実をいつも受け入れきれないある女性が，5人いる子どものうち，一番下の息子が海外で死亡したと聞いた。彼女はこの苦痛に満ちた事実を扱えなかった。彼女は息子は生きていると信じており，自分は息子が搬送された病院をつきとめられぬようにと仕組まれた警察による謀略の犠牲者であると確信した。しだいに，この継ぎ当て（パッチ）は彼女の全機能を乗っ取っていった。彼女は上の子どもたちとの関係がとれなくなり，子どもたちは弟を失ったのみならず，事実上母親までもが失われていくことに絶望的に動揺した。こうして，遅れずに援助を受けられたかもしれなかった心的破綻への恐れは，より深刻でずっと治療しにくい彼女の機能の破綻に取って代わられており，すべての援助は拒否された。というのは，援助を受けることは，息子はま

だ生きているという信念の妄想的な性質を認めることにほかならないからだった。

このように外傷的出来事は，ある人たちの識別や濾過過程を打ち破って無効にし，あらゆる間に合わせの損傷の否認や補修をも踏みにじる。こころには，意味を理解し処理できる閾をはるかに超えた質量の刺激が氾濫してしまう。まさにひどく暴力的なものが内的に生起したように感じられ，それが，外界で起きてしまったと感じられている暴力を，あるいは実際に起きた暴力を映し出す。そこには機能の大規模な崩壊があり，心的破綻にさえ至る。それは確立してきた人生の過ごし方や世の中の見通しをめぐる信念の破綻であり，**確固とした防衛組織として確立してきた心的構造の破綻**である。その結果，実際の外的出来事がもたらすものばかりでなく，内的な源泉からくる強烈で圧倒的な不安にも傷つきやすいままとなる。原初的な恐怖・衝動・不安には，ありったけの真新しい生命が与えられる。ある人の対象群——すなわち，世界そのもの——の根源的な良さへの信頼は粉砕される。つまるところ，誰がこの恐ろしい事件を起こしたのか？ そのことからあなたを守るのに失敗したのか？ いっそう悪いことに，いったい誰が望み，それを引き起こしたのか？ 世界の予測可能性への信頼を失うことや，良い対象群の保護的機能への信頼の喪失は，内的にも外的にも，悪い対象群の残虐さや威力への恐怖が復活することを必然的に意味するだろう。世界の中での自分の立場についての原初的で妄想的な信念へと急速に滑り込んでいく。決定的に重要なのは，不安は符合するということである。すなわち外的出来事は，内的な恐怖や空想の中で最悪なものを——とりわけ，最もひどいことからの保護を提供してくれる（内的にも外的にも）良い対象群の失敗による死という現実とその切迫，または個人としての壊滅を——確証するものとして知覚される。

したがって正確に述べると，トラウマは，**最も深い普遍的な不安についての確証をももたらすような形で，不安に対する既存の防衛を打ちのめす出来事**である。蒙った損傷はたいてい，些細なものでも一時的なものでもない。ゆえに計画的で組織立った何らかの援助は，それに偶然辿りついたにせよ，捜し出されたものであるにせよ，重要なものとなる。

このような出来事が刺激保護障壁をいかに破るかに関するフロイトの記述は，トラウマ理解のある部分では重要かつ実際に必要なものだが，私がすでに示唆してきたように，それだけではトラウマそのものの理解には十分でない。それ

は機械論的な性質を備えてしまっている。こころという機械装置の円滑な営みが破壊されることの記述はあるが，意味の崩壊については書かれていない。つまり良い対象がもたらす保護への信頼の喪失や，その観点からの，それ以降のパーソナリティ全体への長期的影響についても不十分である。

　トラウマ・ユニットのワークショップの中で私たちは，外傷的出来事がどのようなものであるにせよ，その出来事を内的対象関係の現存する一形態として認識しうる形に変形していく継続過程を考えるようになった。精神分析の対象関係という視座では，出来事すべては良いものも不運なものも，それらの責任を負う行為者 agent という考えにすべて帰するとされるので，驚くまでもないが，トラウマとなる出来事は有害な行為者のせいにされる。先に述べたように，その出来事は，対象群をめぐる，もっと言えばその人の世界そのものをめぐる無意識的空想の中で最も迫害的なものについての確証をもたらす。保護や援助になりうると信じていた内的な良い対象は，ぞんざいか無関心で，もっとひどければ悪意に満ちていることが暴かれる。ビオン Bion（1962）は，乳児にとって空腹の苦痛は，食物を与えてくれる対象の不在としてではなく，攻撃する対象がいると受け取られることを指摘した。そこでは，内的対象群の良さと強さへの信頼が駄目になると，悪い内的対象群の勢力と邪悪さが増強されることが示唆されている。メラニー・クライン（1940）の見解では，人生の始まりからの自我がそれを軸として組織化してきた良い対象の喪失を哀悼することができないときには，その結果としてパーソナリティの劣悪化が進みうるという。ユニットでのコンサルテーションのほとんどすべてにおいて，次のような言葉が聞かれる。私は以前の私ではない。私の人生はほんとにめちゃめちゃになってしまった。子どもの頃からたくさんの楽しみがあったけれど，この頃それは腹立たしいことでしかない。最近はどんなことにも気持ちが動かないのです。

　興味深いことに，事件の性質がどうであれ，つまり天災なのか人災なのか，特定の人にあてた故意の暴行なのかにかかわらず，結果は同じなのである。人はこの過程から自分自身を守ろうと苦闘するかもしれないが，最終的には，内的世界に住むと感じられる対象群の間で最大の苦痛をもたらした，あるいは最大の苦痛となっている関係性という点から出来事は理解されていく。こうして被害経験者は少なくとも，異常さの中から認識可能でなじみのあるものを作り出し，意味を与えていく。トラウマとなる出来事について最もすみやかに感覚と意味を与える内的対象関係が，構造的にも連想という点でもその出来事に類

似している，というのは驚くに値しない。死んだ赤ちゃんでいっぱいの沈没船は，母親自身とその赤ちゃんをあがいても浮かばせ続けられなかった母親なのである。誰かを窒息死させていると聞いた煙は，筋ジストロフィーだった死亡した弟が同じように息苦しくしていたことを思い起こさせる。だが精神分析的な考え方では，こうしたことは，記憶された出来事との結びつきより，一次対象の最早期の失敗についての原初的な観念や，出来事が喚起した無意識の壊滅的な衝動や空想に関連する，非言語的あるいは前言語的な体験の蓄積の方と結びついている，とたいてい言われている。

　これらの原初的な恐怖と空想は，外傷的な出来事による衝撃を受ける時点までは，何とかうまく順応し管理されてきたゆえに不可視のままであったのだろう。衝撃のあった時点から，それらの重要性が増していくようだ。意味のないものを意味づけていく過程は，内的世界の秩序や意味を何らかの方法で再創造するものであるが，それは不可避的に過去からの不安な意味をも現在の出来事に吹き込むことになるだろう。そして，この現在と過去の結びつきこそが，トラウマの後遺症からの回復をとても困難にしてしまう部分なのである。

フロイトと心的外傷

　心的外傷に関するフロイトの思索の進展や，のちの分析家たちの業績によるその展開を事細かに辿ることは，この章の範囲を超えてしまう。その代わりに私は，まとめ合わせると臨床家に仕事の確かな基盤を提供する，フロイトのアイディアを取りあげていこう。後期の理論と臨床の発展によって，この三次元構造が追加され深化，充実していったが，それは矛盾をはらんだものではない。明らかに精神分析の歴史と，フロイトによる心的外傷の理解の進展は結びついている。ヒステリーについて，フロイトが1893年に述べているのは，非常に強烈または苦痛な体験の記憶は抑圧されると同時に，それらの体験に関連する感情は切り離され，「閉塞された」（すなわち，封じ込めた）状態で保存されるということである。感情は，それから「ヒステリー症状」（つまり，探知できる器質的原因がない症状）によって姿を現し，そこに抑圧された記憶も何とか象徴化される。フロイトが達した結論は**カタルシスによる治癒**である。すなわち，そもそもの出来事がいったん意識の中に持ち込まれると，とりわけ，それに連動するすべてのもともとの激しい感情を伴って持ち込まれると，症状は消

失するというものである。この時点に至るまで,「心的外傷,またはより正確には外傷の記憶は,異物のようなものとして作用し,この異物は侵入後なおも,やむことなく作用を及ぼし続ける動因とみなされなければならない……」。

　現代の臨床家たちは,この初期のトラウマと障害の理解,その治療の試みの中に,今なお役立つものを見出していると思う。ある考えや感情は,機能的な観点でみると「忘れ去られて」いったり封印されうるものだが,おそらく治療やある特定の出来事,または時間の経過によって数年後にそっくりそのまま解き放たれるまで,そうした機能するこころの別のところに異物として存在し続けている。さらにまた,トラウマを蒙った人の思考過程の特徴として強迫的な囚われがあり,それはある苦痛な体験を取り巻く強烈な感情を処理しようとする持続的な試み(フロイトの用語では「放出」)を表していると言ってもさしつかえないだろう。それらはおそらく,現時点からトラウマとなった出来事を振り返って考えることができる代わりの,フラッシュバック——それは抗しがたい苦痛な出来事にもう一度くぎ付けにされる出し抜けの感覚である(8章をみよ)——そのものからの,わずかな前進に過ぎない。

　例として,高速道路の事故によってひどい重傷を負ってユニットに紹介されてきた,若い麻酔科専門医の場合を挙げてみよう。外傷は回復してきても抑うつを感じており,彼は事故のことをくよくよ考えて運転をしぶり,ガールフレンドに対しては何も感じず,状態はいっそう悪くなり働けなかった。彼は病気休暇をとって自宅にいたが,3カ月たってもなお職場に復帰できる状態ではまったくないと感じたのだった。コンサルテーションでは,どこが「治療」なのかを知りたがり,また,どうして私が役に立つ提案をまったくしないのかに苛立っていた。私は,彼が公共医療機関で働いているのだから,タヴィストック・クリニックでは心理的援助としての「対話療法 talking cure」をするということを知っているはずだと指摘した。私は彼に,話したいことが何かあるからここに来たに違いないと思う,と伝えた。それが何だろうかと私は考えた。彼はそれまでと変わらないイライラした懐疑にあふれんばかりの態度で,いくらか警戒をしながら自分自身のことを話し始めた。子ども時代の間は——彼はウェールズの農家の出身で,金のやりくりに果てしなく苦しんでいた——,休みなど,まったく取ったことはなかった。彼はいつも農場で両親のために働き,両親はその仕事に対するお金を定期預金口座に預けて,良い教育を受けさせ,そして家族の中でおそらく初めてとなる大学に行かせるための資金とした。彼

は実際まさに医学校へと進み，明らかに良い成績をとって，人生を楽しんできていた。彼は，両親の動機は正しいものであったと認めてはいたが，彼から子ども時代を取りあげたことに対する両親への相当な憤懣を抱いてきており，そのことを彼もわかっていた。事故で肺に穴があく重傷を負って救急外来で寝ていたときに，怪我をした医者というのは他の患者よりもいつもやっかいだと彼に言い，そのうえまずい処置で強烈な痛みを残していった女性病棟看護師長の嫌な側面とも何とか折り合いをつけてやっていた。彼は怯えと無力と激しい怒りを感じた。彼は，もしいつかその病棟師長に麻酔をするときがあったならば，彼女をひどく苦しめるために麻酔を浅くしてやるぞと1人で考えていた。事実，彼女が死ねばいいと願った。生育歴の分析と，事故についての考えや感情——すなわち，後方で車を運転していたガールフレンドは，それがやってくるのを見たと言うのなら，どうして彼に迫りくる惨事を警告するパッシングをしてこなかったのか——からは，その女性病棟師長とガールフレンド，そして彼女らの背後にいる遠い昔の母親に向けた，殺したいほどの報復衝動があったことに，私たちのいずれもまったく疑問がなかった。彼女らは皆，彼に対して適切に世話をすべき人たちであり，私がコンサルテーションで待ちの姿勢で聴いている態度もまた「適切な」世話のもうひとつの失敗のように感じられていた。これらの考えに彼はひどく驚いた。というのは，麻酔医というのは単に痛みのみならず，生死をもまさに現実的なやり方でコントロールするからであった。彼は，これらの殺人的な衝動の記憶を抑え込んでいた（すなわち感情を切り離した）が，少なからず象徴的な意味をもつ（働けなくなるという）症状が生じていた。他人の生死を掌握することのできる立場に身を置くことを避けていたのだった。3回の面接を経て，私たちが見出したものによって安心し，彼にも無意識があったことを認識して——彼は無意識は神経症患者のみがもつ「症状」と考えていたのだが——そのことを面白がりさえした。そして仕事に復帰した。車の運転にも戻り，ガールフレンドとは結婚について話し始めた。短期間で，ともかくも行動を起こすのに十分なくらいには問題が解決したと思われた（私がむしろ興味をもったのは，彼の痛みを扱う方法が，すなわち無意識を通してのやり方が，彼がもつ心的苦痛には不適切であったという事実である。彼は，意識を減ずるよりはむしろ高める者に向かうべきであった……）。

　フロイトの外傷的出来事についてのオリジナルなパラダイムは性的誘惑であり，不安は未放出のリビドー興奮からなるという独創的な理解を為した。けれ

どもフロイトの患者が述べていた誘惑の多くが，事実というより空想の産物であったことを知ったときの彼の欲求不満や困惑が論文（1914a）の中に読みとれる。だが同じこの失望は，「この心的な現実は，実際的な現実とならんで評価される必要がある」という乳幼児期の空想の重要性についてのきわめて重大な認識をもたらし，乳幼児期のトラウマが神経症の単一主因であるという考えへのこだわりを維持しなくてよくなった。

すでに1893年にフロイトは，ある出来事がこころに及ぼす**影響**によって心的外傷が生ずることを明らかにしていた。「恐怖，不安，恥辱，肉体的苦痛のような，苦しい情動を呼び起こす体験はすべて，この種の心的外傷として作用しうるのである」。ある体験によって喚起された感情が，興奮や感情のレベルを限界内に収めようとするこころの作用によって同化させるには強烈すぎるとき，次に抑圧が用いられる。

事実から空想へという強調の移行は，トラウマに関するフロイトの思索の展開において分岐点となった。誘惑の空想は普遍的であるが，実際の誘惑の経験はそうでないという認識によって，フロイトの初期の興味は分岐し，発病させる性質をもつ外的経験（「実際的な現実」）に関するそれまでの道筋から，無意識（「心的現実」）の精緻なそして革命的な探索へと向かった。外傷的状況は，いまや無意識的空想と内的世界という点からもっぱら捉えられ，それが彼の中心的な関心事であり続けた。とはいえ，外的な出来事の重要性にそもそも抱いていた関心をフロイトは後になって再び取り戻したのだが，おそらくそれは第一次世界大戦の戦闘が残した凄まじい遺産に刺激されてのことであり，繰り返される外傷夢と反復強迫の重要性を考え始めたときであった。これらの現象によって，たとえば，夢生成の唯一の決定因としての快感原則の役割を再考せざるをえなくなったのである。

というわけで，後期には，現在の私たちのトラウマ理解にとって重要な意味をもつ2つの進展が追加された。第一に，フロイトは1923年までにこころのモデルの最終的な定式化に至った。『自我とエス』の中でフロイトは，心的構造を，心的機能の三様式である3つの審級，すなわちエス・自我（エスの組織化され意識された部分）・超自我（自我のこの部分が自我の活動すべてについて判断を下す）の間の関係からなるものとして記述した。これに対応して，フロイトはいまや心的活動を，それらのこころの部分間に起こる絶え間ない関係・交渉・均衡とみなした。こうしてそこでは，内在化された対象間の力動的

関係からなる内的世界という,より現代的な概念に近づいていった。

　第二に,フロイトは1926年までに,不安の起源についての理解も改訂した。この進展によって,トラウマの影響についての現代の私たちによる理解を構成する3次元構造の決定的に重要な部分がもたらされた。あまりに極端な外的出来事によって心的組織に衝撃が加えられると,その結果,不安に対するあらゆる防衛が消し去られる。不安を引き起こす出来事は外的なものであるとはいえ,そのすぐ後でこころを圧倒する不安は**内的**な源泉からやってくる。普遍的でかつ誰にとっても心的外傷になる可能性があると思われる原初的不安のリストをフロイトは5つ挙げている。それは,出生,去勢不安,愛する対象の喪失,対象からの愛の喪失,そして最後に抗しがたい死滅の不安である。私が思うに,これらの不安には共通したひとつの決定的に重要な特徴がある。それは,生命そのものを含む**生命にとって不可欠**と感じられるものからの分離,あるいはそれらの喪失からなるということである。ゆえにこれらのものは,死の心的な認知へと個人を近づかせる（Freud, 1915a を参照）。

　すべての不安は未放出のリビドー興奮に由来するという考えをいったん離れると,フロイトはこころの新たな構造モデルを用いながら,自我の中に不安をしっかり再定位した。自我は,**実際の危険な状況において体験される不安（自動性不安）**と,危険が**迫っている**ときに体験される,彼が信号不安と呼ぶ不安との違いを区別することができる（1926）。信号不安は,差し迫ったどうにもできない状況を警告する。この区別はたいていの生活状況にあてはまるのだが,いったん死滅の脅威に直面してしまうと,変化が起こる。私がみるところ,ひとたび自我がトラウマを蒙ると,いかなる生命を脅かすトラウマ類似の状況においても,もはや信号不安を信じられなくなる。つまり,**自動性不安が氾濫**してしまったかのような反応となる。これは象徴思考の喪失の中でも決定的な要因であり,いずれにしてもトラウマの領域では,被害経験者の行為の顕著な特徴となる。外傷的出来事に結びついた臭い・音・光景・状況・言葉でさえも,すべてがはかり知れない不安な状態を生み出す。また,フラッシュバックとして知られている心的状態をもたらす。そこには「信号」や「警告」を信じる能力もなければ余地もまったくなく,**すでにその渦中にいる**。

　第一次世界大戦の惨禍に刺激されてフロイトが書いた小論,『戦争と死に関する時評』(1915a) も,最も示唆に富んだ論文のひとつである。それはフロイトの外傷神経症への関心の再燃を示唆するものであり,一連のオリジナルな思

考の頂点となる『快感原則の彼岸』に5年先立つものである。それより前のこの論文では，死そのもの，死への人間の態度という主題が扱われており，死滅が人間の最も基本的な不安であることについて，その内実を与える記述がなされている。とりわけフロイトは，「無意識においては，誰もが自身の不死を確信している」，すなわち個人の死は間近なものとして直面するまで，実質的にはありえないものとして考えられていることを認めている。そればかりでなく他人の死は，「愛する人それぞれの中に，他人の部分もまたひそんでいる」ためにライバルでもあるゆえ，それがたとえ愛する人の死であっても，生存者には勝利感のようなものがある。「最愛の者たちとの私たちの情緒関係を支配している」アンビヴァレンスが意味するところは，愛する人でさえ私たちの中にいくらかの敵意を引き起こし，無意識では，ライバルは死んだのに私はまだ生きているという満足を感じるということである。この論文は，理論上際立って重要であるのみならず，臨床上とりわけ有用である。トラウマとなる出来事の被害経験者は，他人の，または親戚や愛する者の死までもしばしば目撃してきている。外傷的な出来事の衝撃にさらに加わるのは，自分の人生の中で重要だった他者の死を哀悼するという，どんな環境であっても困難な課題なのである。特に死者とトラブルがあったり非常にアンビヴァレントな関係であったりした場合には，生き残っていることが喚起する罪悪感のためにその課題はいっそう困難なものとなるだろう。比較的波風のない関係であったときでさえ，喪はいつでも途方もなく困難な作業なのである。ある人は，自分のパーソナルな世界がバラバラになってしまったと感じている状況では，喪の作業をしていく内的資源をまったくもっていないと感じているかもしれない。しばしば指摘されてきたように，その人自身のために，つまり失った自分の世界やトラウマ以前の生活やアイデンティティに向けて哀悼がなされねばならない。

　生き残った罪悪感や，死者から置き去りにされたことへの憤怒に直面するよりも，生存者によってはもっと抵抗の少ない道を無意識に選択するかもしれない。トラウマ以前の自己と喪失した対象である他者，この両方を哀悼するという課題は，特に取り返しのつかない損傷を被っているとみえる世界においては，手に負えないものと感じられる。被害経験者によっては，この課題から目をそむけ，その代わりに死んだ対象に同一化する。死者を哀悼したり，自分の以前の損傷を受けていないアイデンティティの喪失を哀悼したりするよりはむしろ，喪の病理的代替物であるメランコリーへと身を落としていく。フロイトによる

卓越した論文『悲哀とメランコリー』(1915b) では，これらの諸過程が詳しく描き出されている。実際のところ『悲哀とメランコリー』はトラウマに関する論文ではないが，この論文は，『快感原則の彼岸』(1920) や，不安の性質についての修正された見地とともに，トラウマの分野でののちのあらゆる精神分析的展開にその論拠をもたらした。それらは付随的に，トラウマの打撃と後遺症についての精神医学的理解の多くを大変豊かなものにもした。

本章のはじめに『快感原則の彼岸』の主要な一節を紹介して，ある出来事がこころに対して，トラウマとなる影響を実際に及ぼしていく道筋，その後変化した内的状態をパーソナリティが考慮に入れて適応し始めることについてのフロイトの理論を記述した。すばやく進展するこの過程での重要な要素は，フロイトが1920年の論文でも，「拘束 binding」と呼んでいるものである。彼が「拘束」で意味したものを正確に述べるのは，フロイトの業績の各段階で微妙に異なって使用されているがために困難である (Laplanche et al., 1973)。しかしながら，1920年までにそれは，自由にただよう「興奮」を制限する防衛操作を一般的に意味するものとなった。そしてこれが，トラウマの長期にわたる影響を理解するのにとりわけ重要なのである。刺激保護障壁に破局的な裂け目が発生して心的機能が大混乱に陥るやいなや，問題となるのは「侵入してくる刺激すべてを支配し，心的な意味で拘束して，対処できるようにすること」となる。

私はこの過程の諸側面について，以前の論文で次のように書いた。

　流入したものを既存の心的特徴または機能に組み込むことによって，すでにそこにあるものとの結合を創り出し，自我が機能することができる永続的な構造をもう一度創造しようと自我は試みている……。私が思うに，惨事に遭ったときの中核的な困難は，まさにここにある。すなわち，**考えるための装置そのものが不在な中で**，処理しえない素材の洪水を取り扱おうとする強烈な苦闘ゆえに，その素材を，内的障壁や構造の崩壊で解放されたあらゆるものに強力かつ正確にはめこもうとすることにある。(Garland, 1991)

言い換えると，現在という時点からの外傷的な刺激の流入により，荒廃や残酷さにまつわる早期の空想や，対象間の関係についての妄想的な見方がかき立てられ，やがてそれらは現在の出来事と結びついてほどけなくなる。トラウマとなる出来事が強烈かつ長きにわたるものであればあるほど，トラウマがもたらす情緒的負荷は増大し長く続くものとなり，その出来事に附着した新たに解

き放たれて十分に充填された素材が切り離されることはさらに困難になる。

　早期の空想や対象関係の中で最悪なものを裏づけ強めているようにみえる現在の出来事が，その出来事にもちこたえている人たちにとって特別な意味をもつときが確かにある（第8章を参照）。このような場合は，フロイトなら**拘束**と呼んだかもしれないものが強化され，ある種の融合状態になるだろう。過去と現在は識別できなくなり，それぞれは意味を通じさせ合いながら，さらに過去と現在における最も病的な特徴を相互に確証していくようである。パーソナリティの不均等な発達に関するスィーガルの記述（1957）が，この現象を明瞭に理解していく方法を提供する。彼女は，抑うつポジション（Klein, 1952）が部分的にしか達成されていない場合に，その結果は，より早期の未統合な自我の体験が，「安定性への絶えざる脅威」となる，切り離された脆弱さが密封されたポケットとして保持されている事態となりうることを示した。「最悪の場合，心的破綻が起きて，より早期の不安や切り離された象徴等価物によって自我は侵襲される」。トラウマとなる外的な出来事の体験は，そのような騒乱のポケットを開くだろうし，拘束のプロセスを通して，それを開いたまま新たな生命をその内容にもたらし，過去の重要なものを現在に吹き込み続ける。

　『悲哀とメランコリー』は，『快感原則の彼岸』より5年早いものだが，現代の精神分析の礎となるものである。自我がいくつかの部分に分割することによって，自我はそれ自身の一部分をみずからの対象にできるという認識は，相互に力動的な関係をもつ対象群から構成される内的世界について考えていく可能性に道を開いた。そのうえ，自我のある部分が対象群に同一化しうるという理解は，喪がうまくいかないときに何が起きているかを認識する際の新たな啓示となるものであった。喪のプロセスとそれに対応した病理であるメランコリーは，個人へのトラウマの最終結果として特に重要である。長期での予後が，慢性のメランコリー状態としてあらわれることはかなり多い。この場合は，失った対象と同一化することが，耐えがたい罪悪感――究極的には，何はともあれ生き残ったという罪悪感であり，死因について何らかの責任があるという生存者の感情と混ぜ合わさるときがある――を回避する方法となる。

　臨床例として，治療担当チームから依頼を受けた16歳のヒルズバラの悲劇[訳注1]による被害経験者のことを挙げよう。治療チームはこの少年の状態に

訳注1）1989年，シェフィールドのHillsboroughにあるサッカー・スタジアムで開催された，ユーロ・カップ準決勝の試合で起きた悲劇。

第1章 トラウマを考える 21

困っており，自殺衝動を伴う抑うつに電気ショック療法を施すべきかを検討していた。彼は18カ月前のサッカー・スタジアムでの惨事で，立見席の後方から観客が殺到して前にいた約100人のファンがフェンスとの間に押しつぶされて死んだときに，彼は群衆の頭上に押しあげられて助かった。この少年は抑うつの治療を受けていたが，それには反応せず，回復が進まないことに悩んでいた。地域の精神科医たちは，彼を居住地から遠く離れた南部の大きな精神病院に送った。家を離れて現在までで1年以上になるが，そこでは系統的「脱感作」が施されていた。部屋の壁には，金網に押しつけられて必死にもがき苦しむ顔の新聞写真が貼られ，大惨事を集めたTVニュース映画を観ることが毎日義務づけられた。彼は，自殺を考える抑うつ状態となり，病室で身を縮こませて丸くなって，苦痛に泣き叫びながら，母親を求めて泣きじゃくっていた。私とのコンサルテーションでは長い間，話すことも私の方を見ることもできなかった。私がむしろ通常のやり方で，彼のお母さんとお父さんのこと，弟のこと，幼い頃の生活について聞いたときに，彼は心理的にしゃきっとし始めた。私の感じたところでは，スタジアムでの出来事をまた一通り繰り返し物語らなくてもよいことに，ものすごく安らいでいた。この通常の対話が進むにつれて，両親のことや自宅での生活が少し語られ，私にはこの少年の状況がわかってきた。母親は熱烈なカトリック教徒であり，彼は，母親から善悪についての非常に強力な考え方を取り込み，それに同一化していた。母親へのエディパルな興味がすっかり復活する思春期の年齢にとうになっても，この少年は女の子たちとデートをするような段階にはまだ達していなかった。その代わり移行状態にあり，サッカーという明らかに男性的な世界に与して，父親に感じる獰猛なエディパルな競争心を，対立する両チームによる戦いが，彼の代わりに実演されるサッカー競技場に投影した。この方法によって，彼は父親と同じ側(サイド)で楽しむことができ，ライバルとなる場を回避することができた。しかしながら，その象徴的な戦いが恐ろしいほどに道を誤り，猛々しさと共生とが分かちもたれていた群衆の興奮が死を招いたとき，少年は，既成の大規模な投影によって深く巻き込まれ，同一化したと感じているものに直面させられた。相手チームのサポーターの死について責任を負うという真に耐えがたい罪悪感を避けるために，彼は死者との同一化という状態に入り込み，そうすることで彼の別の部分に彼が殺人者で無益な犯罪者だと告げる，ひどく暴力的かつ迫害的な超自我を回避していた。脱感作療法が役に立たなかった理由は，それが彼の内的世界の問題状況

と，破滅的に正確に符合したからではないかと思われた。その治療は，取り返しのつかない罪悪感と，無益な犯罪者である彼に科される正当かつ公正な拷問を確証するものとして知覚された。彼の中の良いものや生き生きしたものはすべて，彼にある恐ろしい悪によって汚染されることのない医者や看護師に投影（帰属）された。彼は内的に，まったく純粋な死の文化に支配されているように思われた。彼の治療にとって重要だったのは，自殺しかないと感じさせる耐えがたい罪悪感を免れるのに，死者への同一化というこの状態こそが彼が生き残るためには紛れもない価値をもっていたということである。

　面接の中で，このことが痛ましいほどに強烈に明確になる局面があった。ほんの短い間だが，彼は泣き叫ぶことから解放されて（私には，彼は苦悩を感じる頭を絶え間なく空っぽにしようとしているように思われた）しつこい鼻かみや鼻血がなくなり，活気が出てきて，私たちが話し合っている事柄にも関心をもちつつあるようだった。しょんぼり肩を落とした姿勢は上向きになって視線が合うようになり，笑顔さえもみせた。だがその後，禁断の営みに不意に捕らえられたかのように，身体には激しい痛みが再びありひどい罪悪感があるのだから，良く（すなわち抑うつの改善に）ならない，と新たに苦悶して泣きわめいた。面接中ずっと，死者，罪を犯して無価値な彼，無慈悲で過酷な裁き主との間で，彼の同一化が置き換わっていくのをみることができた。また，彼の中にある，より愛情深くやさしい母親対象の側面——そんなに厳しく自分のことを考えないように，もっと自分自身を大切に扱うようにと彼に強く説きたいという私の願いとして現れたもの——に加えて，彼の生の能力に，私を同一化させようと圧迫してくる感覚も私は自覚できた。このプロセスにおいて私はとりわけ，彼にある元気づける能力を自分で攻撃するというやり方に加えて，そうする理由についても彼に伝えようとした。というのは，私に与えられた彼に会う機会は，たった一度だけだろうとわかっていたからである。

　この状態の人に，いかなる援助ができるだろうか。私は治療チームに対して，これまでに概略を述べた理由から，電気ショック療法という発想と脱感作療法を終えるべきであろうと勧告した。私が思うに，治療の焦点はもはや惨事にあるべきではなく，実際のところそれが問題ではなかった。問題なのは，これらの出来事が内的世界につくり出した形状や様式であり，それらに与えた意味なのである。つまり彼の若さを考慮するなら，家に帰り，学校に戻って，週1回程度の心理療法を受けるような段階が役に立つはずであるし，それに加えて夜

の服薬により悪夢を改善するとよいと思われた。(このような私の提案が治療チームに受け入れられたとはこれまで聞いていないが，6カ月後に聞き知ったところでは，彼は自宅に戻って学校にも通っているとのことであり，私はたいへん安心した。)

　あらゆるトラウマとなる出来事で，その外的出来事と心的現実のある側面とがやっかいにからみあう可能性があり，そこに治療が必要となるだろう。この事例の要点は，フロイトが『悲哀とメランコリー』の中で提示した臨床像を正確に裏づけているところである。「慢性的PTSD」あるいは近年の「複雑性PTSD」において，ここに至った臨床像に出会うのは稀ではなく，別の状況下ではそれをメランコリーと呼ぶであろう。

　人の発達や情緒機能についての対象関係の視座が，同一化に関するフロイト，クライン，他の人々による業績から発展して以降，外傷的出来事がパーソナリティに及ぼす影響を事細かに理解できるようになった。その多くが本書の各章に盛り込まれているが，それぞれは著者たちが各章の臨床素材の理解に最も有用だと思われる理論の側面に的が絞られている。外傷的出来事によるパーソナリティへの損傷を理解する際のフロイトによる重要な貢献については，私がすでに触れてきた。スィーガルによる，包み込むcontaining対象を喪失したときの象徴化の破綻に関する業績は，のちのビオンのコンテインメントという概念の展開にみるように，重要なものであった。ビオンは，同化できない生の素材(「ベータ要素」)を，心的に処理されうるものにする(「アルファ機能」)変形過程を描写したが，これは治療結果にかかわる非常に重要なものであろう。この点の詳細は以前の論文(Garland, 1991)で述べているが，本書の3章と7章で，そして他の章でもその重要性に触れている。

　この章では，概念の発展についてひとつの系列を辿ってみた。この他にも，対象関係や，トラウマが人間のこころに及ぼす影響の理解に関するそれぞれ独自の貢献となる主要な著者たちによる論文がある(Abraham, 1907; Ferenczi, 1933; Greenacre, 1953; Winnicott, 1958; Balint, 1969; Khan, 1963, 1964; Furst(Ed.), 1967; Yorke, 1986, 他)。本書の背景をより深く理解したいという読者は，**さらなる読書案内**にある文献から探求を始めたらよいだろう。けれどもここでは，臨床家が直面する実践的な問題に立ち戻ることにしよう。

個人と出来事

　これまで私は，2つのことが常に真実であるものとして記述してきた。それは，トラウマとなる出来事に個々人が同じように反応するということ，そして，こんな出来事に巻き込まれたのは心ならずのことで，ただのまったくの不運ということである。しかしそうは言いながらも，個人差やそれぞれの脆弱性がきわめて重要なのは明らかである。ストレッサーの性質をどれだけ正確に同定したり計測したりしたとしても，個人への影響を理解する方法としては不十分である。個人は，自分の内的世界を形づくってきた構成要素と生活史をもち，そこに性格やパーソナリティがある。また文化ももっている。それゆえ，人は生育歴の中のある特定のときにおける特定の出来事への脆弱性というものを，多かれ少なかれもっている。その脆弱性は，客観と主観，外的と内的な現実の間での不可避な相互作用の結果である。実践において，この問題は複雑である。

　不運とは，個人と出来事の衝突に関係があるとしている限りにおいて，これが実際に問題になるときがある。生活をするというのは，いわば避けがたい何らかのリスクを負うことである。朝に家を出て，道路を横断し，公共交通機関を利用して，銀行へ行き，崖に沿った小道を散歩して，低温殺菌されていないチーズをおいしいからと食べ，牛肉さえもそうで，フェリーで車を運んで，以前に地震やハイジャックがあった田舎で休暇を過ごし，スキーに行こうとか熱気球に乗ろうとか決心する。これらの活動のどれもが，私たちを重大な危機に陥れるかもしれないが，それでもなおリスクを冒すに値すると私たちは考える。

　さらに複雑なのは，これらの活動にはリスクの否認や，不注意に目をつぶる，あるいはわかっている危険を故意に無視することが含まれていることである。これには，喫煙や薬物の使用が含まれるだろうし，この頃では行きずりのセックスや，短い道のりだからとシートベルトの着用を面倒がることが入るかもしれない。ここでは数多くの要因が作用しているだろう。制限を加えたり剥奪または審判してくると知覚された対象への，反抗や挑戦のようなものがあるかもしれない。赤ちゃんが健やかにあるための面倒を十分にみなかったと感じられている，不注意（無頓着？）な対象との万能的同一化があるかもしれない。そのおびえた乳児の感情に対するのと同様の軽視がこれには含まれているかもしれない。たとえば葛藤や喪失や空虚さという，恐ろしい内的状態に取り組まな

ければならないことを回避するために，あらゆる劇的要素や高まった情緒を伴った外的な危機を引き起こしたいという願望があるかもしれない。ある特定の出来事の詳細な分析がどのようなものになろうとも，自分の生命に及ぼす影響がどのようなものであるかをまったく認識しないままに人間は甚大な自己破壊的行動を潜在させていることに，ときに直面しなければならない。

　ある特定の出来事を特定の精神病理に結びつけることをまずはじめに検討するとき，私たち自身が方向性をもつために，タヴィストックのトラウマ研究ユニットで用いている簡単な図をここに挿入しておこう。それは予測可能なものだったのか，それとも天災なのか。どのくらい自分で災いを招いたと言えるのか。内なる破壊性の過程にどれほど気づいているか。それに魅せられていたのか。耽っていたのだろうか。

　この2つの軸は，個人と出来事をあらわしている。出来事は水平軸に沿って分類され，いわゆる天災（地震，洪水）から，人災だがなお不測のもの（たとえば輸送機関の重大事故やビルの崩壊）という曖昧な領域を通って，まぎれも

〈個人の軸〉

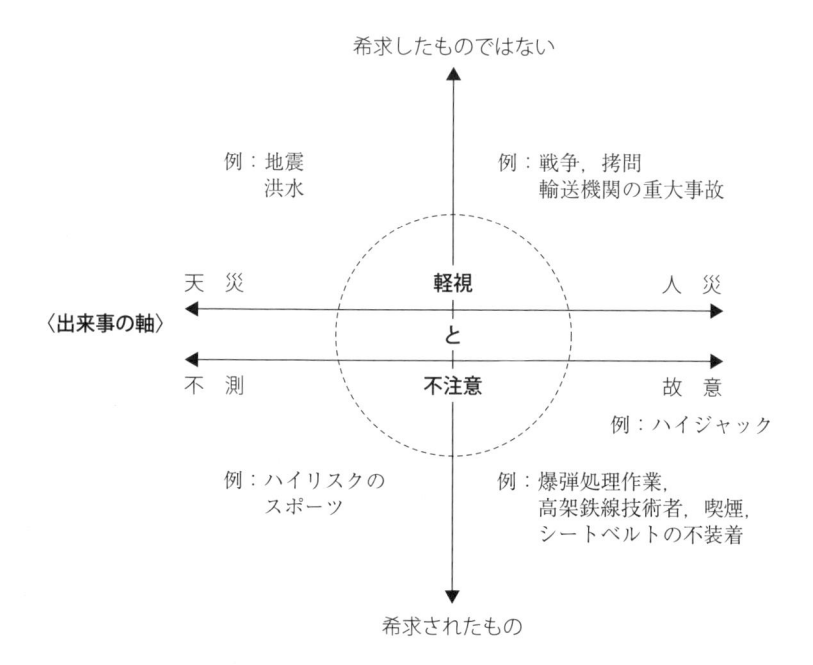

希求したものではない

例：地震　　　　　　　　　　例：戦争，拷問
　　洪水　　　　　　　　　　　　輸送機関の重大事故

天　災　　　　軽視　　　　人　災
〈出来事の軸〉　　　　と
不　測　　　　不注意　　　　故　意
　　　　　　　　　　　　　例：ハイジャック

　　例：ハイリスクの　　　例：爆弾処理作業，
　　　　スポーツ　　　　　　　高架鉄線技術者，喫煙，
　　　　　　　　　　　　　　　シートベルトの不装着

希求されたもの

なく故意の人災——ハイジャック，戦争，強盗や強奪，拷問——へと至る。垂直軸は個人の動機づけをあらわし，希求したものではない（かっぱらい，銀行強盗，列車事故）から，不明瞭な領域（はしごから落ちる，道路での交通事故）を通り，あからさまに希求された出来事にまで移動する。希求されたものだからといって，出来事の外傷性が低いわけではないことを十分知っておく必要がある。試験飛行パイロット，解体作業の熟練者，綱渡りアーチスト，SM愛好クラブの来訪者が，不時着したり，吹き飛ばされたり，落ちたり，叩きのめされたりレイプされたりしたとき（以上はすべてユニットで面接した事例である），これらの人たちのトラウマが，交通事故に遭遇したり火事に巻き込まれたりした人たちよりも軽いというわけではない。彼らそれぞれの現実が，空想とは結局のところまったく異なっていたことが判明したのである。無意識においては死などというものは存在しない，というフロイトの言葉をいつも思い起こすことになる。自己破壊的活動の結果実際に起こった現実を直視できるなら，そこには改善の可能性がある。しかしながらこれらの患者の治療は，彼らをリスクの高い活動に向かわせたもともとのパーソナリティ要因や，いまや彼らが置かれている悲劇にみずからが共謀していることに直面せねばならないという事実によって，複雑なものとなり長期化する。悲劇の一因になったと言うことができる無意識の罪悪感は，その結果実際に起こった損傷によって和らげられてしまっているかもしれないが，それからは損傷に直面してそれとともに生きていかなければならないし，このような事実は，罪悪感による責め苦を和らげようとだけする無意識によっては予期されていたものではなかった。ひどい条件の下で，最善を尽くすことができるのは治療のみであろう。かくして，この座標に位置づけられるすべての被害経験者にとって，死に直面することは，それがともかくも今なお予期されていないために，いまだ強烈に外傷的である。フロイトが『戦争と死に関する時評』の中で述べているように，私たちの無意識の中には，死に対する2つの相反する態度が存在している。「ひとつは死を生の消滅として認識するものであり，他のひとつは死を否定するものである……」。私たち自身の，あるいは愛する対象——それは愛するがゆえに「内的所有物」や「われわれ自身の自我の一部」でもある——の死が現実のものとなったとき，これら2つの態度は差し向かいでやってくる。

死の欲動

　トラウマとなる出来事が人のパーソナリティに及ぼす影響についての研究や，治療によってトラウマの影響を緩和する試みに取り組んでいるなら，遅かれ早かれフロイト（1920）が死の欲動と呼ぶものの臨床的な現れに直面しなければならない。『快感原則の彼岸』において，注意深く辿りついた信念についてフロイトは明確に述べている。それは，すべての人間の活動は大まかに言えば2つのカテゴリーに位置づけられるというもので，構築・結合・生の方向に向かうものと，その反対方向へと引き込む破壊・解体そして究極的には死に向かうものである。「すべての苦痛は生きていることからやってくる」と，ハンナ・スィーガル（1993）は指摘している。その痛みを回避して，苦闘を終わらせたいとする願望は，非常に強力なものとなりうる。「生命そのもの」とは，フロイトが『自我とエス』（1923）で書いているように，「この2つの潮流間の葛藤であり妥協」なのである。

　この2つの大きな相反する力がいかに互いを刺激し，挑発し合って新たな活動となるかをフロイトは指摘した。ある種のスポーツ活動——たとえばヨット，スキー，登山など——を妥当な方法で行ったときに追求される環境との戦いは，死に直面させられながら，前向きに楽しく創造的にすら死が回避されるため，この内的な苦闘を外的に表象し実演するひとつの方法なのかもしれない。だがトラウマを蒙った人たちにみられる定期的に出現するひとつの行動は，直接に認識できる形をとるにしろ象徴的であるにしろ，出来事を反復する明らかな強迫行為であり，決して前向きでも創造的でもない。この反復は，いずれにせよ，何かが行き詰っていて，なし遂げられていないことのサインである。

　フロイト（1920）は，とても愛していた母親が小旅行に出た後の，小さな男の子の糸巻き遊びの記述に象徴的な再演のすばらしい例を示している。男の子は，ベッドの縁の向こうにまで糸巻きを繰り返し放り投げ，悲しみに沈んだ声で「いない！」と言った。それから，紐の端を持って再び引き戻して，糸巻きが飛び越えて視界に戻ると，満足げに「いた！」と言った。どうしてこの小さな男の子はこのように苦痛な体験を繰り返さなければならないのだろうかとフロイトは自問した。そしてこの儀式の一部を，苦痛で受動的な体験（とり残されること）を積極的な遊びに変換しているものとしてとらえ，実演がなし遂げ

られることを通してこの感情を内的に征服したとみた。だが，これがすべてではない。母親その人へというよりむしろ母親の象徴的代理物に対して実演された，復讐の願望がそこには入ってくるであろう。トラウマは，どんなに小さなものであっても逆転され，相手は執念深く不快な体験の無抵抗な受け手にさせられる。

　反復，逆転，復讐願望についてのこの一例がいかに無邪気なものであろうとも，こういった衝動はもっと深刻なトラウマとなる体験をワークスルーしようと試みるときに重要な役割を果たす。本書では，トラウマを蒙った患者を治療している治療者によって生き抜かれるべき，苦痛な逆転移体験を豊富に提示した（第4章，第8章を参照）。トラウマの逆転は，代理物への単なる復讐の表現でもなければ，こころの動揺や苦悩を処理できると期待する対象の中へ排泄しようとするだけの願望でもないだろう。それは被害経験者が，言葉の限界を超えて苦悩や痛みの強烈さを**コミュニケート**するときに唯一利用可能な方法なのかもしれない。最も原初的かつ強力で効果的な私たちのコミュニケーション手段である投影同一化は，患者が**緊急事態にある**ときに，そして治療者によってこころの状態を正しく表す言葉をみつける手助けがなされる前に，患者にできる最善のことかもしれない。

　このように外傷的出来事の被害経験者が，生涯の間に能動的もしくは受動的に，さまざまな形でその出来事をどうしても繰り返してしまうとき——それをいかにうまくなし遂げているかは驚くばかりなのだが——，この現象は簡単に理解できるものではない。小さな男の子がそうであったように，引き起こされた感情の支配を試みる中での，受動から能動への転換なのかもしれない。フロイトが『想起，反復，徹底操作』（1914b）で記述しているように，そもそもの出来事を意識的な心的生活にもち込むという無意識の試みにおける，まだ記憶も理解もされていないものの受身形での反復なのかもしれない。治療設定の中でこの事態が象徴的な形で生起したとき，私たちはそれを，過去について治療者が理解を得る機会である転移の一部，すなわち生命の表現として考える。その一方でそれは，もっと破壊的なものへの引力かもしれない。トラウマの逆転という形（**攻撃者への同一化**（Anna Freud, 1946）と呼ばれてきたもの）をとって他者に向かうにしても，マゾヒズムの現れとして，ゆえに致死的な欲動の表現として自己に向かうにしても，である。ここにもち上がってくるいくつかの疑問は，臨床的設定の中でのみ真に接近しうるものである。

生と死との間の葛藤というフロイトによる定式化は，スィーガル（1993）が自身の臨床例によって明らかにしたように，観察可能な多くの現象を理解するのに役立つものである。日常生活の中にも，同じ事象を見出せる。たとえば，あるスポーツにおいてリスクを冒すことは，まさにこの葛藤の洗練された現れでもある。環境がもたらす障害となるものを身体的精神的に克服することで，生きているのだとの喜びに燃料を補給して，そうするのに必要な技能を良い状態のままに保つことができる。これは，平衡が生に味方して傾斜したときの基本的な葛藤の現れかもしれない。

　このバランスがもっと等しく重みを加えられるときがある。大火災の生存者の1人で，人生を享受していた男性が，地下鉄に閉じ込められたときの，逃げよう，生き延びようと凄まじく苦痛な努力をし続けた苦闘についてこう語った。彼が感じた誘惑は，焼けた身体や痛みそして生命をもはや諦めて手放し棄てることであり，さらにそれらや努力を忘れ去ってしまえという誘惑であった。ものすごい無力感に打ち負かされ，ただ目を閉じて炎に屈してしまいたかったと述べた。唯一，父親を失うことになる子どもらのことを考えて，救助が来るまで生きて戦おうと途方もない努力を続けていたのだった。屈服させ，痛みと苦闘を終わらせようと言葉巧みになだめる魅惑的な動力と言ってもいいような力について彼は語っているようだった。彼は生き延びたのだが，その達成が狭い意味において自分自身のためというより対象たちのためという意志による行為であったことが彼にはわかっていた。ここで私たちは，愛——それ自体が生命と結合の現れなのだが——のみが，彼にあった苦痛を終結させうる死という無であり解消法であるものを打ち負かせたのをみることができる。

　このバランスがあからさまに死の方に傾くときがある。ある雑誌の裏ページの見知らぬ人とのSMセックス広告に応じた若い女性，危険が予測されるのに不適切な装備でさらに恐ろしい単独峰に挑戦する登山家，あるいは喫煙をやめられない者は，普通の目からは死を招き入れているようにみえる。この種の行動に駆り立てる諸要因のいくつかは，危険を冒す人が調査に進んで協力し続けようとするとき，最終的には理解されうるだろう。しかしながら，探究には好奇心が前提となるし，致命的状況になりうるものに向かう反復的な衝迫の顕著な特徴のひとつは，自己吟味や表面的な好奇心を越えて知ろうとする気持ちが著しく欠けているところにある。これらはどれも，欲望，好み，ニーズ，感情の存在を，換言すれば生へと向かうものの存在を認識していく方向から，探究

者をはるか遠ざけてしまうかもしれない。

　だが，どこまで調査をすすめようとも，この見た目にわかる消極性には奥深い中核があり，それは不可解なままで靄がかかってさえいる。そこでは調査者は煉瓦の壁にぶつかったかのようで，被害経験者は調査過程に背を向け，面接室と，その中にいるふたりはどうしようもない絶望に充たされかねない。私たちの探究方法が理解を深めるにはいまだ粗雑であるか，あるいは私たち自身がそれを適切に使えるところに至っていないのだろう。フロイトとクラインの両者が深刻に取りあげていた体質因が作用しているとも想定できる。治療に表面上は繰り返しやってくる患者が，質問や，事態を改善させるための苦闘から顔をそむけ，それまでの面接で苦労してなし遂げた進展を帳消しにしたり，理解する試みからこっそりと身を離すようなとき，面接室のふたりを超えた貫き難い負のものにぶつかっていると感じずにはおられない。スィーガル（前掲書）は，いかに「死滅の願望が，知覚している自己と知覚された対象の両方に向けられるか」，つまりこの場合では，患者－自己と分析家－他者のどちらに対してもであるが，それらは「互いをほとんど区別しえない」と指摘している。それが，生の力と死の力との間の葛藤という残忍な現実なのである。

　しかし，生の欲動が死に引き寄せる牽引よりも勝っている患者に治療は多くをもたらす。治療は，それがうまくいくと，つながりをつけることや，情緒的接触，表面的には意味をもたないものの理解，そして良い対象の再発見をめぐるものとなる。とはいえ，これらの目標への道程は，長く困難な血のにじむものである。

治　療

　臨床的な経験と知識が理論を形づくる。けれども，予期しない猛々しい出来事が被害者に及ぼす影響を治療者が理解したり説明したりするのに，理論はなくてはならないものである。私たちの背景に理論が必要な理由は，少なくとも２つある。第一に，家族や友人，隣人，同僚たちによる同情や支持だけでは，損傷を修復する手助けとして事足りていないために被害経験者が治療にやってくるのを私たちは知っているからである。徐々に回復していく代わりに，自分はだんだん悪くなっていると感じるとき，それが彼らを専門家のもとへと向かわせるのであろう。専門家は，彼らの知識やしばしば広範な体験を**組織化する**

ために理論を用い，なぜ他のことではなくこれが起きているのか，どうしてこの人は他のやり方ではなくこのように反応しているかを**理由づける**のに理論を使う。第二に，ひどいことが起こって深く苦悩している人の話を聴くことは，聴き手にとってもまた非常に苦痛なものとなりうるからである。真に聴くということの一部には，話し手や，話し手の体験への想像を働かせた同一化が含まれる。患者の体験の強烈な生々しさに圧倒されて，患者が話していることを本当には受け入れないでいようと，情緒的なインパクトから身を引いたり閉め出してしまわずに聴けることが必要である。もし私たちがそのように退避してしまったとしたら，被害経験者に起きたこと，そして今なお彼らの内部に起きていることが実際のところ耐えられないものだという彼らの見方を私たちが確証することになる。人生をもう一度取り戻したと言ってもよいところまで，その体験をした被害経験者の側につき，それを見続けていくことを援助する人は誰もいなくなってしまう。

　だが，圧倒的で抗しがたいことがトラウマの本質である——それは，通常の思考や行動，つまりきちんと考え分別をもって行動する能力を破壊する。被害経験者は，自分の均衡を取り戻すための援助を探し求めている。援助となるやり方でこの過程を理解したいのであれば，自分自身が圧倒されてはならない。私たちは，被害経験者の経験をそのままの状態で取り入れるほどに十分開かれている一方で，そのことによってバランスを崩されないくらい十分に安定している，という複雑なバランスを維持しなければならない。精神分析の治療では，このことを行う能力（コンテインメント）が中軸として重要であり，かつとても困難なことである。**重要なのは**，コンテインメントという再体験なしに真の治療はないからであり，**困難なのは**，被害経験者が私たちを理想化や全能化しないで，あるいは危険で悪意に満ちたものとせずに，私たちを頼りになる人間的なものとして現実的に信頼できるようになるまで，私たちは長期にわたって恐れられ憎まれるだろうからである。そのときに理論は，治療者にとって大切なコンテイナーとしての役割をとり，治療者が自分の均衡を保つことを助ける支持的構造となる。（これらは理論の好ましい活用である。理論はもちろん防衛的にも用いられ，「専門家意識」という偽装によって情緒的接触を妨げるものともなりうる。）

　私たちの治療は，すべての精神分析的な治療と同じく，患者を導くというよりは患者について行くものである。最も重要なのは，外傷的出来事に限局し集

中するというような意味で「焦点化」するのではないことである。そうではなくて，転移——治療者と患者の関係性が前進的に展開していくもの——を，もちろんすべてが転移ではないにしても，基礎としている。転移に注目する理由は，この章で概略を述べてきたように，出来事は，ある関係性やいろんな種類の関係に変換されていくためであり，それらのすべては面接室内の患者–治療者間において最終的に活性化し見える形になる。

　治療者によって提供されるのは，新たなコンテインメント体験をもたらす治療設定での特別な理解の仕方である。転移に注目することで，フラッシュバックによって圧倒されてしまわずに，外傷的出来事とそれらの重要性について考える能力の再確立を少しずつ手助けしていく。それと同時に，長期にわたるトラウマによる衝撃がもたらした内的世界への損傷を徐々に改善する機会が提供される。コンテインメントは困難な作業である。それは，すべての情緒的衝撃，もととなる出来事によって解き放たれた罪悪感や恐れや憎悪を含んだ外傷的出来事を改訂することを必然的に伴うものであるが，そこに，逆転移による深刻な内的打撃にもかかわらず，新生児が不安に押し潰されそうなときに母親（または主な養育者）が無意識にもたらすものを被害経験者に供給することができる人物がともにいる必要がある。これはたやすいものでも単純な課題でもない。トラウマを蒙ったあらゆる人に援助ができるわけでもない。人によっては，子ども時代に容赦なくひどい扱いを受け続けてきた被害経験者の場合は特に，一対一という治療設定の緊張や要求に耐えられずに，強烈な破局的または妄想的な不安をかき立てられる (Garland, 1997)。このような患者がしばしば最も治療を必要としている。このときは集団療法や，緩やかだが安定したコンテインメントが，各地域の精神科や司法機関において提供されることが大変役に立つだろう。

　けれども本書のこれ以降は，援助が必要であると感じており，かつ自分たちが望むもの——自分に安心できること——をめざす途上にありうる動揺に耐えていける患者への，個人治療の課題に取り組む私たちの試みを述べていく。何とかそれに取り組んでいく人たちは，彼らの人生がどこか改善したと最終的には気づくであろう。事態は内的に，ときに抜本的かつ建設的に移行する。自分自身に対する知は深まり，何が優先されるものかということがより明らかになる。とりわけ，生きていることのあらゆる喜びや大切さが，より強く認識されるとともに，それらを求めて奮闘するようになるのである。

第2章 人間による過誤(エラー)

デイヴィッド・ベル

　今世紀の始まり，科学の想像力は文学の想像力に著しく後れをとっていた。『フランケンシュタイン』，さらにまた『ジキル博士とハイド氏』の成功が証明したのは，いわゆる洗練された文明的価値観をめちゃめちゃに打ち壊すような，通常の認識を越えた力への大衆の文化的関心だった。フロイトその人こそが，無意識の精神生活についてのさまざまな観察を寄せ集め，それらの事実を正しく評価する理論を構築したのだった。よく言われてきたことだが，フロイトはこの仕事によって，「偉大な脱中心化する者たち」の系列——人間を宇宙の中心の位置から脱中心化したコペルニクス，生物の中心・頂点から人間を追い出したダーウィン，人間は自分たちの歴史を自覚的に決定できるとの考えを脱中心化したマルクス——に加わった。フロイトは，私たちがもっているナルシシズムに最大の打撃を与えたと言えるかもしれない——フロイトを支持する圧倒的な証拠があるにもかかわらず，今なお抵抗にあっている。フロイトに従うなら，人間はもはや自分のこころを意識的かつ合理的にコントロールしているのではないばかりか，まったく自覚を越えた力によって，ときに支配されているのである。
　この章では，過誤や事故が無意識の力や葛藤の役割についての理解なくしては説明できないことを示したい。私たちは誰もが，事態を悪化させることで得をする面があるということに気づかないわけにはいかない。これは，（たとえば社会学的な，あるいは意志決定理論から導き出されるような）別のタイプの説明を排除すべきだと述べているわけではない。けれども精神分析的な観点には，探索している問題のまさに本質ゆえに，それをより受け入れがたくさせているものがある。
　人間による過誤は，その一部は日常のありふれた目立たない過誤であり，フロイトは言い違い，偶発行為，度忘れなどを「失錯行為」の項目にまとめて分

類した。ここに私たちは，無意識の精神生活が存在している明白でゆるぎない証拠を見出すのであり，誰でもが自分の経験から吟味できる。フロイトは専門知識をもたない聴衆に向けて話すとき，無意識の精神生活についての自分の理論を始める際にこうした一見して取るに足らない事象を特に好んで用いた。

　『夢判断』の翌年1901年に，フロイトは『日常生活の精神病理学』を出版した。これから平凡でなじみのある一，二の過誤に関する主な議論を具体的に説明していきたい。あなたが約束していたが，会いに行くのを忘れたとしよう。ある人はとても率直に，「行きたくなかった。忘れたのはそういうわけだ」と言うかもしれないが，それは言葉の普通の（意識的な）意味での，故意にそうした，というわけではない。別の人は，これを意識的には考えず，度忘れを「ただの不注意」のせいにするかもしれないが，それが守りたくない約束だったのではないかと疑義が挟まれることには同意するであろう。予定表を見るつもりがなぜかしらそうすることから引き離される気がしたことはぼんやりとは覚えていたのだが，説明できない理由によってその日は予定表をチェックしなかった。そんなことはこの架空例ではこの男性がいちばんやりそうもないことだった。結局，いまやこの人が受け入れる最良の説明は，通常の認識を超えた彼の部分が約束を守るのを妨げた，というものかもしれない。しかし今度は，問題を最も多く孕んでいてかつ最も興味をそそる第三の例に取り組んでみよう。ある人が約束を忘れてしまい，それはおそらく約束を守りたくなかったか，少なくとも葛藤を感じていたかが示唆されるが，この示唆を猛烈に拒絶して，「単なる偶然だ。それでおしまい」と断言する場合である。この偶然の出来事を推し進めたかもしれない，自分の自覚を超えた部分があるという示唆を，その人は特に強く非難する。この架空の人物は，私たちの示唆に対して，これっぽっちも関心を示さないようにみえる点で，いささか非理性的であり，私たちを困惑させるかもしれない。「彼が示しているのは」とフロイト（1915c）が言うには，「自分の失錯行為に意味などないと意思表示することにある，強力な個人的な利益である」。

　過失についてのこの見方の中心は，人間のすべての行為と思考には**意味があり**，それはコミュニケーションだという考え方である。これに反対する側の論拠を簡潔にみてみよう。第一に，「ほんの」偶然のランダムな出来事だという見解である。換言すると，あることがただ起きるだけ，それでおしまい，である。しばしば強力に擁護されるこの主張は，念入りに検証するなら，最もおか

しな考え方である。そこでは，「世界の諸事象の連鎖から抜け落ちた，あってもなくてもいいような些細な事象」があると主張される。「もし，自然界の事象の決定論をどこかただの一点ででも破るようなことをするならば，科学の**世界観**はすべて放り出されてしまうことになります」(Freud, 1915c)。素朴な観察が示しているのは，精神生活のいかなるものもランダムには存在しがたいということである。たとえば，名前をでたらめに思い浮かべることは不可能である。つまり，選んだ名前が意味をもつのは避けられない。無意味な文をひねり出すのも，また同様に不可能である。第二は，理解がどこにも向かわないような見方をなぜ提唱するのか，というものだ。偶然に任せるのは，神に身をゆだねることに似ている。まったくの偶然を仮定する代わりに，綿密な研究によって特定の現象は説明可能になると仮定して始めることで，すべての科学的な問いと同様に，より多くの実を結ぶものとはならないだろうか。「偶然」という主張は，ひとつの利得をほのめかすものである。次なる議論はこういうものだ。間違いや過誤は，注意力を妨げる身体生理的不全という，精神生活とは別の要因のみから説明されるべきだ。Aさんが約束を忘れたのは疲れていたから，と言うことができるだろうし，そこに自覚を越えた内部の相反する意図を引き合いに出す必要はまったくない。私たちが緊張したり疲れていたりすると，ちょっとしたミスはさらに頻繁に起こるではないか。しかしこれで説明は十分だろうか？　疲れていないときに起きた，繰り返される，あるいは注意の欠如ではなく，一生懸命に注意を向けていたときにミスが起きた失錯行為という明らかな反証を，私たちは無視している可能性がある。意識的な注意がほぼ完全に欠けていても，容易に遂行できる課題もある。しかし，それはさておき，フロイトが示しているように議論自体に何かおかしなところがある。疲労のような生理的な不全が過誤や言い違いの頻度を増やすのは確かにそのとおりだが，この議論には特異性がなく，それゆえに十分な説明にはならない。頻度の増加は説明するけれども，ほかでもないこの特定の誤りがなぜ起こったのかを説明しない。フロイトは，この議論の弱点を以下のように説明している。

　こう考えてみてください。どこか暗い夜道を歩いているとします。その夜道でごろつきに会い，時計と財布をとられます。だが，この犯人の顔がはっきり見えなかったので，近くの交番へ行き，「1人で歩いていたのと暗かったのとで，いま，金目のものをとられました」と訴えます。それを聞いた警官はこう言うに違いありません。「どうもあなたは極端に機械論的な考え方をなさいますね。それはい

けません。私ならばその事態を，暗いのと独りぼっちで歩いていたのを盾にして，泥棒が貴重品をとったと説明するでしょう。あなたの場合いちばん肝心な点は，泥棒を捜しだしてつかまえることではないでしょうか」。(Freud, 1915c)

言い換えると，疲労などの生理的不全は容疑者にはなり得ず，無意識の意図が働くための必要条件を与える「盾」にすぎない。

さて，自分の偶然の失錯行為には何らかの意味があるという，あらゆる示唆を強く拒絶した男性の例に戻るとしよう。そこでは，次のようにさらに広がる議論を予想しておく必要がある。「ある種の科学は，つまりあなたがたのこの科学は，その理論にどんな事実でも適合させる！　約束を守りたくないという願望によって自分の物忘れがたやすく説明されるのに，ある人は同意する。別の人は，内省し他の証拠を考慮に入れたのちに，この説明に満足する。これらをあなたがたは，過誤は意味をもち，そのときには意識に上らず，意識的な意図に抗して作用する力の働きに由来するという見解を支持するものとして採用する。しかし，第三の例では，あなたが言うことのすべてを積極的に退け，そんな意図は彼自身の中に微塵も見出せない——それなのに，これを自分の理論を支持するさらなる証拠としてあなたがたは採る。なぜなのか。あなたがたの理論を裏づける素材を患者がもってくるときにはそれでよしとする，しかるに患者が同意しないとしても，同じように条件を満たすものと言っているも同然ではないか」。

もちろんここには，主張を退ける男性について，私たちが何を述べようとも推論の部分は残るという問題点はある——彼が私たちの患者でない限り。患者なら，問題はさらに慎重に研究されうるだろうが。さらに重要なのは全体の文脈であり，その男性や彼の境遇について詳細にわかっていることから，どんな証拠となるものが引き出されうるかである。この第三の例では，この論点を立証することができない一方で，それを即座に排除する論拠もほとんどない。私たちの行為の意図は，私たち自身よりも，たいていは近くにいる人たちによって見出されるものである。しかしながら同様に，すでに述べたように，心的生活のいかなる側面にも意味がないとか解決済みだと力説するのも，弱い証拠に基づいて尋常ならぬ断言をし，問いを生じさせずに破棄してしまうことである。

ここまで，最も単純な事象に限って検証してきた。それらは，少なくともちょっとした検討では，隠蔽されたより深い意図を示唆する必要のない，表層的

な心理の文脈で理解可能なように思えた。けれども，そうした表層的な視点からはまったく接近できない，ひとまとまりの事象がある。

　私が言及している過誤の種類は反復性のもので，ここにこそ見出されるべき根本的な動機についての最も強力な証拠のいくつかがある。たとえば，物をなくす常習者がいる。こうした反復は，性格的な過誤と呼べる。つまりこうしたタイプの間違いは，繰り返され，深層の囚われごとにまつわるある特定の象徴的な意味をもっている。それらは性格の一部分である。面会の約束を常習的に間違う人は，意識レベルでは実際に**楽しみに待ち望ん**でおり，約束を守るための策を熱心に講じているが，それでもなお反復的にミスをする。というわけで，**意識的**に望んでいたことに基づく説明はすぐさましどろもどろになってしまう。

　これから2つの「過誤」の例を挙げて，その事象と精神分析的説明がいかに「有効である」かをさらに例証しよう。Hさんは，母親の死が近いという事実にひどく滅入っていて，その母親が首からかけていたペンダントを病院でなくさないだろうかということで頭がいっぱいだった。彼女はペンダントを，取られる心配のないところに取り外しておいた。翌日，それがどこにも見あたらなかった。捜し回ったあげく，すっかり絶望的な気持ちになった。彼女は，それを父親に渡したと思い込み，父親がなくしたと腹を立てて非難し，「お母さんが死んだら，それを持っておくのはとても大事なのよ」と言った。父親は怒って彼女にこう言った，「まだ死んではいない，そうだろう」と。その翌日，Hさんは居間で鏡台に向かい，「お母さんがいつもしていたように」と言って，出かける前に自分を眺めた。鏡に映った姿をじっと見たときに，自分の首にそのペンダントがかかっているのが目に入った。このお騒がせな出来事は，母親をこころにしまい，失わないために，いかに母親に同一化したか――ある意味では母親に「なった」――を示している。同時に明らかになったのは，それは彼女をひどく狼狽させたのだが，母親の大事な持ち物を奪って自分のものにするための，母親に対する乳幼児的な死の願望の存在である（父親が反応したのはそれだった）。

　Kさんは，私の患者なのだが，ものすごく重要な書類をなくす習癖があった。そうした書類をなくすと自暴自棄になった。恐ろしい罪を犯したように感じ，自分は無価値で罰されるべきだとあちこち捜し回って自分自身をいじめ苦しめた。けれども分析で洞察が得られるにつれ，これらのエピソードの間ずっとこころの中で起きていることに注意を傾け，こうしたことが起こる文脈もまた観

察できるようになった。彼は次のことを発見した。第一に、なくすことが多いのはキャリアの昇進にとりわけ重要な書類であり、第二に、「成功する寸前にまんまと失敗に飛びつく」と言ったように、成功に対して猛烈な罪悪感を抱くことである。これは、死んだ父親よりも成功し勝利する願望にかかわる罪悪感と関連していた。第三に、なくした書類をみつけたときはいつも、安心や喜びではなく失望を感じることであった。この失望感には少なくとも2つの構成要素があった。彼の物捜しの激しさは、父親の死亡後、外界に父親を必死にみつけようと興奮して捜し回っていた状態の正確な再現であった。だから、(捜し物が)見つかることには、彼が**無意識的**に捜してきたもの（すなわち父親）が発見されなかった失望感が伴った。と同時に彼のその側面は、大部分は無意識だが、夢の中に頻繁に現れた――それは、成功を収めるや迫害され、つまらない人間だと感じさせられ、失敗によって和らげられるというものだった。彼は失敗したほうが安全だった。それは、あたかもKさんがこう言っているようだった。「お父さん見て。僕は失敗したのだから、お父さんに打ち勝ったと僕を罰する必要がなくなったね」と。書類をみつけるのは成功を意味し、ゆえに、それはさらなる迫害の恐怖となった。父親に生きていてほしいという意識的な願望と同様に、父親に対する死の願望を受け入れられて、これらの衝動がもたらす罪悪感に耐えられたときに、ようやく初めてさらに罰される状況を求めることなく、迫害から解放されて自分のキャリアを追求できるようになった。

　こうした例によって新たな領域に入っていける。ありきたりの過誤ですら複雑であり、内界との関連や、さらには性格と呼ぶものにこの内界が及ぼす深い影響力について例証してくれる。

　これまで私は、正常な人間に起こる最もありきたりな日常生活での偶然の出来事を例に用いて、偶然の出来事や過誤には**意味と意図がある**という考え方を含む説明が不可欠だということを示そうと努めてきた。こうした事象の注意深い研究から、意識的な自覚を越えた意図があること、その意図は意識的な意図とは矛盾しており、私たちの行動に多大な影響を及ぼす内的生活を形づくっているという結論へと導かれる。

　患者が分析治療にやってくるとき、人間の動機づけや、内界と外界との間の結びつきについての緻密な研究を行う理想的な機会がそこにもたらされる。精神分析療法は、治療であると同時に探索の営為でもある。個人についてのこの綿密な研究は、偶然の出来事についての私たちの理解に多くの情報をもたらす。

分析治療の間に起こる偶然の出来事は，さまざまな内的要因と外的要因の関連を詳細に研究する機会を提供する。偶然の出来事が，個人とはまったく別個に起こる場合がある（たとえば，いつも利用している列車が衝突事故を起こすなど）。他のもの，多くの自動車事故などは，私が思うに，それほど無関係に起きているのではない。その他のものは，ほとんど全面的にその個人に左右されるものであり，外的源泉とは関係していないようにみえる。最後のカテゴリーの中には，自分の性愛についての怖れ——自分のペニスが傷つけられるという，まったく文字通りのものすごい恐怖——に関連した非常に動揺した素材を持ち込んだ後，安らぎを得て，近いうちに性体験がもてるだろうと希望を感じたある患者が入る。けれども彼は週末のあるとき，料理中に指を深く切ってしまい，象徴的に表現されたものすごい恐怖が週末のあいだ復活した。

　患者によっては，種々の多くの事故に遭うニードに私たちを着目させ——「事故頻発者」と呼ばれる人たちだが——それは特定の偶然の出来事に特定の象徴的な意味があるのと同じくらい重要なことに思われる。ある患者にとっては，自分を罰するやり方かもしれない。というのは，実際に，休みなく処罰されることでやっと生きていけるようにみえる人たちがいる。彼らは，フロイトが「無意識の罪悪感」と名づけたものに苦しんでおり，付け加えれば，処罰されることが罪悪感の痛みを避ける方法となっている場合が多いのに注目される。これはとりわけ，自分の犯罪が見つからないようにする気がまったくなく，見つかって安心するような，衝迫的な常習犯のケースにあてはまるようである。こうしたケースでの罪悪感の真の源は，その個人には通例まったく知られないままであり，ずっと無意識的罪悪感の源泉となっていた，はるかに早期の生活状況に遡る（フロイトの『罪の意識から犯罪をおこなう者』（1916a）を参照せよ）。

　無意識の罪悪感がもたらした「偶然の出来事」の例を，精神分析家のマリー・ランガー Marie Langer（1989）が述べている。サンディニスタ（民族解放戦線）兵士と一緒に最前線で働いていた，彼女が教育したニカラグア人心理学者による話である。その心理学者は，退院したばかりの「同士」について報告したのだが，彼は「下手をした瞬間に」負傷し，それは生涯を犠牲にしかねないものだった。彼はとても尊敬し羨望していた兄を戦闘で亡くし，それが羨望していた兄への隠蔽された殺人願望の現実化となって，深い無意識の罪悪感を引き起こしたとのことをその心理学者は発見した。この罪悪感を和らげるた

めに，きわめて危険な状況に身を置いたのだった。以上について話し合った後，心理学者は彼にこう言った。最前線で死ぬ覚悟をしているのは立派なことだが，「敵に自分の死骸を贈らなければならないということにはならない」と。

　30代半ばのロシア出身のXさんは，失錯行為をとりわけ嫌悪しており，分析の場面で起こることを特に嫌がった。分析の時間予約やセッション中の発言や行為で過ちを犯したとき，それが意味をもっており，それによって彼女の理解が豊かになるかもしれないエピソードであるとは捉えなかった。その代わりに，「単なる偶然」を超えた過誤を理解しようとする試みすべてを，彼女の高潔さを愚弄し，ナルシシズムを深く傷つけるものとみなした。彼女が引き合いに出したのは「単なる偶然」であり，自分のこころに進行していることの何もかもは支配できないという，別の言葉で述べるならば，そうしたある行為や思考が自分の与える以上の意味をもちうるという可能性には向き合わなかった。

　Xさんの内的世界は，すべての人間的な脆弱さを侮蔑であしらう残忍な力によって支配されていた。ある日，彼女は分析にやってきて，カウチの上に本を置いた。私からはタイトルが見えないようにそれは置かれた。カウチに本を置くことで何を伝えてきているのだろうかと思いめぐらしていると，彼女は激しい怒りを爆発させた。「どこへ置けって言うの。今度は床に置くようにするわ！」彼女の行為の意味への私の関心を，自分をすべて掌握しているという彼女の信念への攻撃として受け取ったようだった。カウチの上に本を置いたのにはいかなる意味もないと激しく否認した。後日判明したのは，その本にはスターリン主義者による迫害下で生きる恐怖が記述されており，ある水準ではそれは，「カウチの上に置いて」，文字通り分析に持ち込むことがまさに望まれていた，彼女の内的世界の正確な描写にほかならなかった。Xさんのケースは反応がひどく極端だったけれども，誰もが自分の失錯行為に気づかれることへの嫌悪感をいくらかはもっていると私は考えている。それを私たちは，傷つきや恥辱感として経験する。それゆえ事故や惨事を検証するとき，表面的な説明ですませてしまう。たとえそれが意識的なコントロールを越えたものであるにしても，ある惨事には故意の部分があるかもしれないと示唆する説明は回避される。事故の場合，こうした抵抗の理由のいくつかは明白で，それは無意識の意図が，責任や非難という問題と明瞭かつ直接に関係するとほのめかしているようだからであろう。これは明らかにそうではない（この論点にまた立ち返るつもりだ）。

精神分析家としては，過誤や事故の無意識的な意味についての証拠のみならず，内的状況をそのとおり正確に表現しうる状況を外界に引き起こす無意識の精度には感嘆のほかない。たとえば，請求書の支払いを忘れることは，絶対必要な供給とコミュニケーションとを打ち切ると脅かす迫害源を恒常的に外界につくり出す。私たちの中にある破壊的な力の存在に直面するのは苦痛である——もちろんこうした事柄を他者の中に置く方が好まれ，私たち自身の外側に破壊的な力を投影することを通してそうするのだが。けれども，これらの力の否認は，それに反撥する行動がとられないことを意味する。私たちは誰もが，見て見ぬふりをしがちな特定の偶然をもつ。自宅が火事にならないよう特に配慮を行き届かせる人が職場ではそうでないとか，自動車の最先端の安全装置をもっていてもタイヤは一度も点検していないとか。概して，通常の用心から引き離し，特殊な象徴的な意味をもった特別に好む偶然へと向かわせる，破壊的な力の身を潜めた活動を，私たちは皆でこのように実証している。

　これらの破壊的な力が存在する最も鮮明な例を，自動車の運転にみることができよう。精神分析家は，人々が車に張りつける深い象徴的意味をよく知っている。患者の多くは，車について，そして車との関わりについて，彼らの身体や自我や自己との関連を表現するように語る。ちょっとした自動車事故であっても，少なくとも一時的にはきわめて壊滅的な影響力をもちうるのは，この理由のためである。車を非難したとたん，それは自己の統一性への非難として経験される。同僚が最近私に教えてくれたのは，数多くの車でひとつ以上のへこみ傷が同じ箇所にあるということだ。それからは，誰かが車の流れから出てぶつかりそうになるとき，そのほとんどの場合がそうした車はすでに車体のその部分がへこんでおり，それは以前の衝突時のものだろうと目に留まるようになった。車のフロントをぶつけるのを特に好んでいるようにみえる人がいるかと思えば，後方部ばかりをぶつける人もいる。このことの考えられなくもない意味を推測するのは，読み手の皆さんに残しておきたい！

　しかしながら，ハンドルを握ったとたん急に人が変わるのを見るとき，さらに混乱させられる。私のある患者は普段は自信のある思慮深い男性で，彼が自分で言うように，極端なほどに礼儀正しかった。人生においては思ったほど成果をあげてきておらず，ほしいものを手に入れてさっと通り過ぎていくように見える他人を常に気にかけていた。その彼が運転するや，急に攻撃的でせっかちになった。夏期休暇後のセッションでは，事故寸前にまでなった運転中の

数々の出来事を語った。あるときは3車線の道路で，スピードをあげた大型車が後ろに迫ってきて，追い越そうとライトをフラッシュさせた。彼は車のスピードを落とさずに，こう言っていた。「でっかい車に乗っているからこそ，前になんて入れてやらない」と。その運転手は車線を変更し，追い越し始めようとした。Xさんはアクセルを踏んで，前の車との車間距離を縮めながら，その車の追い越しを妨げた。中央車線の3番目へとその車が後退したのを見て，勝利の感覚が増していくのに彼は気づいた。そのとき突然，そこで起こるかもしれないことを悟り，彼が言うところの「まるで夢から覚めたように」アクセルを放し，ブレーキを踏んで，大型車を間に入れた。この終わりの部分は，大型車の運転手への激しい怒りと愛情との性急な交錯を連想させた。Xさんが使った言葉に含まれるイメージの意味を察知するのに精神分析家でなければならない必要はない。それは，まったく通常のエディパルな対抗心を示唆している。すなわち，幼い少年の競争心と，「よりでっかいものをもち」優位な地位ゆえに，小さな少年には拒絶されている，ほかならぬその間隙に入り込む立場を独占する権利が与えられた父親への死の願望であった。Xさんの「極端なほどの礼儀正しさ」が，とりわけ権威をもつ男性に向けられるのも付け加えるに値する。男性と競り合う能力のなさこそが，彼が思うほどに成果をあげられないのにつながっていた。この素材には，彼がもつ競争衝動の真の暴力性に直面することへの彼の恐怖に関連した制止を見ることができるだろう。

　過失をもたらす怠慢 delinquency の誘惑はいかなるときにもある。ある同僚が最近パイロットの資格を取り，小型機に乗せてくれた。離陸した直後に空模様が悪くなって彼は心配し始めた。彼は優柔不断なまま，続けて飛行できないかという考えをもてあそび，不安げだったけれども引き返すのはあまりに恥ずかしいと感じていた。引き返すには引き返したのだが，私たちがラウンジで飲み物を飲んでいたときにすっかり晴れたのをみると，彼は，引き返してきたのが愚かでけちくさかったと感じた。ここに，会話を聞いていた経験豊かな航空インストラクターが加わって，こう言った。「上にいてここに降りられたらと願うよりも，あそこに上がれたらと望みながら下にいる方が，私はいいですよ」——とても健全でバランスのとれた態度ではないか。

　これらの例は，苦労して手に入れた思考の能力を放棄し，プライドの傷つきを怖れて危険なまでに義務を怠った衝動に道を譲るのが，人によってはいかに簡単かを示している。この傾向は，集団状況でよりいっそう顕著になる。

数年前私は，タヴィストックの，惨事に関する第1回カンファレンスに参加した。最初の論文発表が終わってコーヒーを待っていたとき，カンファレンスのある参加者が立ちあがり，会議中の安全が適切に確保されていないと座長に注意を喚起した。椅子の間に通路がないので，火事が起きたら外にすぐ出ることができないと指摘した。この男性を変人のように見たのが，そのカンファレンスでの反応だった。「やれやれ！　どんな会議にも1人はこういうのがいる」という感覚を伝える一瞥を人々は交わした。カンファレンスの座長は最初はこの雰囲気に呑まれて，この発言を真剣にとらなかった。

　後になって，そう言った男性が，ブラッドフォード大火災[訳注1]のときに働いていたと判明した。のちに，私たちはこの行為のいきさつを検証して，その重大な意味を理解するに至った。ジョンズ Johns (1989) は，この出来事を解明する大変有益な論文を書いた[訳注2]。カンファレンスは全体として，多くの惨事に至らしめる因果の連鎖に実際のところ大きく寄与する典型的な怠慢に巻き込まれていた。これは，授業中に火災報知器が鳴ったときに，それを無視するのがいいと考えて，建物から退去しようという友達の訴えを「お利口さんたち」とからかう思春期の若者とよく似た性質をもっていた。このように人々は，ありきたりの人間的な懸念と思慮深い行動とを，カンファレンスで起きたまさにそうしたやり方で嘲り笑う。

　多くの事故は，ほとんど通常の安全策を無視した結果として起こる。この結果は部分的には，私が思うに，この怠慢な姿勢の理想化による。危険を警告するこうした人たちは，ギリシャ悲劇での運命の予言者のようにしばしば嘲り笑われ無視される。

訳注1）1985年5月，ブラッドフォードのサッカースタジアムで発生した火災。木製のメインスタンドから出た火はたちまち燃え広がり，死者56名，負傷者約250名という大惨事になった。

訳注2）論文では，全体会後のジョンズが座長をした小グループの経緯が詳細に検討されている。その「変人」がいると気づいたときにはグループ構成員は当惑したが，被災者だと打ち明けられて安全への懸念が説明されると，警告が権威によって無視され「トラブルメーカー」だと受け取られた全体会で起こったことが振り返られた。不安を否認する病理的な自己満足や，大惨事の被害者を情緒的に理解することの不可能性が主に議論された。一方では，もしこの会議中に火事が起きたらと敏感になって話し合いよりも休憩が待ち望まれ，また，全体会場の通路確保を，座長の提案にもかかわらず「誰かがやってくれるだろう」と各参加者は思い続けていた。本論文では，この一連の流れは多くの惨事が起こる前の状況の実演として捉えられることや，盲目へと向かわせる無意識の力の強さを認識し，起こりうる危険への私たちの不安の反応をさらに深く理解していくことの意義が考察されている。

つい最近，名声ある心理療法クリニックと，適切な火災予防策の欠落に関して手紙をやりとりした。私は，避難訓練を随時すべきだと勧めていた。そのクリニックの当局が強く懸念したのは，避難訓練が患者への心理療法を中断させることだった。普通は中立的なスタンスをとっている治療者にとって，患者と一緒に大急ぎで建物から退去しなければならなかったりするのは，気まずくやっかいだろう。避難訓練は，建物内で患者への治療が誰ひとり行われていないときに実施するのがよいとさえまじめに提案された。適切な備えがないところでの実際の火事が，避難訓練よりもはるかに大きな妨害を心理療法の実践に与えるとのことが，この当局者には思い浮かばないようだった。

というのは，人々はたやすく見て見ぬふりに引き込まれやすく，他者へと責任は投影され，ほとんどたいてい通常の警告は受け止められない。そこには，まったく文字通り事故が起こるのを待っている状況がつくられる。けれども，こうした過誤や見落としには意味があり，深い無意識の破壊願望を表しているとも考えられる。私たちは，ウェールズの村々の見上げたすぐ真上にボタ山を築きあげた人々の，あるいはそんな村に住み続ける人々のこころの状態をいかに凝視したらよいだろうか？ ほとんど死の危険を冒しているようであり，それは障害のより重い患者に通例みられるものである。

頻繁に自殺を企てる患者には，意識的には死のうという意図はなく，死を賭けることによって興奮を得ている人もいる。そこには，「私が本当に死ぬはずがない」という妄想に近い確信がある。救い出されるたびに万能感は増大する。こうした患者が，最終的にはなはだしい過量服薬をし，間に合う時間内に発見されないとき，それは故意の計画的自殺のようにみえる。しかし逆説的ではあるが，そうした状況もまた偶然の出来事だと考える。つまり，患者は自分にある万能感をますます信じるようになったので，死の現実感との接触を完全に失ってしまったのだ。

死の賭けは，私が実感する以上にありふれており，たとえば，危険運転や飲酒運転をする人たちにみられる。あたかも，抑うつ的かつ狂暴な気分のもと，「死にチャンスを与えてやる」と独り言を言っているようだ。興奮状態やほとんど完全な解離状態にある人たちの場合は，死の実感との接触を失っている。それは，「理由なき反抗」で描かれた，3車線の高速道路での「度胸試し(チキン)」ゲームを思い出させる。路上の明らかな事故死にも，偽装された自殺がある。乗用車の中の個人はまだしも，バス運転手や航空機の最終チェックをしているエ

ンジニアが，このこころの状態だったらどうなるだろう。その人が，「私は一緒にやれない」と言う人への侮蔑を生み出すあのタイプの興奮や虚勢に支配された雰囲気の中で働くならば，事態はずいぶん悪くなるのではないだろうか？

　私がここで強調したいのは，怠慢による見て見ぬふりの危険性のみならず，そのまさに誘惑性である。FoE[訳注3]や緑の党といった，つい最近まで周縁にいた「変なやつら」，「カッサンドラ」[訳注4]による惨事の警告は，今日では正説として少なからず受け入れられ始めている。

　この章では，過誤や事故の原因となる無意識的要因の重要性を例証しようと試みてきた。事故の原因に関するどんな理論も，この視点を排除できないことを示せたのではないかと願う。もっとも，排除しようとしたがる力がいつも働いていると私は考えているのだが。私が特に強調してきたのは，過誤や事故にはいつでも意味や目的があり，私たち誰にでもある無意識の破壊的な力を表しているのを正しく認識することの重要性である。惨事に続くおきまりの魔女狩り——パーソナルな責任を投影し否認するのに役立つ，非難されるべき特定の個人を捜し出すこと——を避けるためには，この認識が大切である。惨事の原因を理解することと，惨事の責任を負わせることを識別するのも不可欠である。この混乱はしばしば，都会での暴動に引き続いて起こる典型的な議論において明白である。たとえば失業，社会的疎外，貧困など，原因を理解し名前をつけようとする人たちがいるが，そうした人たちは暴力を正当化するかのように取り扱われ，その原因を理解しようとしている人としては扱われない。

　どんな状況においても，受け入れられる「適正な」リスクの水準はありえない。容認される水準とは，（リスクが完全にないように万能的に求めるのではなく）事故を防ぎ回避しようと努める力と，私たち自身の最も破壊的な衝動の実在をはぐらかそうとしながらも，同時にその破壊的な力を表出しようと努める私たちの誰もにある力とのバランスのとり方にかかっているであろう。

訳注3) The Friends of Earth. 1971年，米国の環境運動家デビッド・ブラウアーが「国際的な環境保護のネットワークを作りたい」と提唱して始まった国際環境NGO。
訳注4) ギリシャ神話で，トロイ滅亡という真実の予言をしたが，アポロンに呪われて誰にも信じられないようにされた予言者。

第Ⅱ部

アセスメントとコンサルテーション

ノーサンバランド伯の息子であるヘンリー・パーシー（ホットスパー[訳注1]）は，王との戦争に行くのを決めていた。行動を挑発する手紙を彼が部屋で読んでいるところに，妻が入ってきた……

ホットスパー：ああ，ケートか。2時間後にはおれは出かけるぞ。
パーシー夫人：まあ，あなた，なぜそのようにいつもお一人で？
　　　　　　　私にどんな落ち度があるのでしょう，この2週間，
　　　　　　　夫ハリーのベッドから遠ざけられねばならぬような？
　　　　　　　どうかおっしゃって，いったいなにがあなたから
　　　　　　　食欲も，快楽も，安眠までも奪ってしまったのです？
　　　　　　　なぜ下ばかり向いていて，一人でおいでのときなど
　　　　　　　突然ハッと驚いたように立ち上がったりするのです？
　　　　　　　なぜ，生き生きとしたお顔の色もなくしてしまい，
　　　　　　　妻への愛と夫にたいする妻の権利とを私からとりあげ，
　　　　　　　うつろな物思いととげとげしい憂鬱に沈むのです？
　　　　　　　ときどき浅い眠りに入っても，おそばで眠られぬまま
　　　　　　　聞いていると，うわごとのようにつぶやくのは
　　　　　　　激しい戦（いくさ）のことばかり。はやる軍馬に号令をかけたり，
　　　　　　　「ひるむな！　進め！」と大声を出したり，
　　　　　　　突撃だの，退却だの，塹壕だの，テントだの，
　　　　　　　逆茂木（さかもぎ）だの，橋頭堡（きょうとうほ）だの，胸壁だの，あるいは
　　　　　　　バジリスク砲，キャノン砲，カルヴァリン砲，
　　　　　　　捕虜の身代金，戦死した兵士，といったような，
　　　　　　　なまなましい戦闘のことのみ口走っておいでになる。
　　　　　　　そのようにあなたのお心のうちに戦いがあればこそ，
　　　　　　　そのようにおやすみの最中にもお心が乱され，
　　　　　　　額には，いまかき乱されたばかりの川面（かわも）に浮く
　　　　　　　泡のように，大粒の玉の汗が浮かびあがり，
　　　　　　　お顔には，突然重要な命令を与えられた人が
　　　　　　　思わず息を飲むときに見られるただならぬ表情が
　　　　　　　見受けられるのです。これはなんの前兆でしょう？
　　　　　　　なにか容易ならぬことを考えておいでにちがいない。
　　　　　　　ぜひ聞かせてください。私を愛してくださるならば。

　　　　　　　　　　　　ウィリアム・シェークスピア，ヘンリー四世　第1部[訳注2]（1596）

訳注1）"熱い拍車"というあだ名。
訳注2）小田島雄志訳（1983）白水Uブックスより。

第3章　心的外傷後の状態の精神力動的
　　　　アセスメント

デイヴィッド・テイラー

　この章では，外傷的出来事による衝撃の意味とその影響を受けた個人を理解するために，精神分析的に方向づけられたアセスメント面接がいかに用いられるかを示したい。トラウマ特有の性質が何であれ，出来事と人との相互作用はいつも複雑であり，それに続くこころの配置 configurations に関する見解を得ることでそれ以降の治療法を予測する基盤が得られる。面接が誘発するこころの動揺によって一時的に悪化するときもあろうが，このアセスメント過程そのものが，回復に本来備わっているプロセスを解放すると言えよう。

　アセスメント面接での心理的視点の獲得は，患者と面接者の相互交流の中で，意味あるふれあい contact の局面に達するかどうかにもっぱらかかっている。面接者は，患者自身と患者の表現の重要な側面に対応しようと，さらには患者とのコミュニケーションの中で得られた理解を活用しようと努める。それがうまくいけば，他者や面接者そして患者自身への，さらには外傷的出来事を含めた体験への患者の関わり方の諸側面が生き生きと鮮明になる。そうしてふれあいの局面は広がるかもしれず，ゆくゆくは面接者と患者の双方またはいずれかが，患者の人生とその中で起きた出来事への，より意義ある見解を形づくることができる。

　ふれあいの特定のポイントの選択やふれあいから広がっていくつながりのネットワークは，面接においては，その始まり数分のうちに両者が発する多くの非言語的な手がかりやコミュニケーションに基づくのに加えて，もちろん患者による素材内容に拠っている。しかしながら，これらのふれあいの実質は患者がもたらすもののみによって決まるわけではない。面接者の側もそれまでの臨床知識や理論的アプローチに従って選択している。この枠組みは経験的知識と理論と臨床方法の混合物アマルガムであり，無意識にあるいは前意識的に用いられる。こ

の枠組みに寄与する最も重要な2つのものを述べ、引き続きアセスメント過程の臨床例を示していく。

疾病分類学と疫学による寄与

　近年、より信頼できる診断カテゴリーを作ろうと数多くの研究が費やされ、それらは疫学研究や治療的リサーチに利用されてきた。この仕事の欠点は、たとえばメニンガー Menninger（1959）が記述したような、精神科診断を決定する他の数多くの不可欠な構成要素との接触を失った現代精神医学の傾向にあった。患者や、患者をとりまく環境や社会的文脈、生育史、個々のパーソナリティ、つまり長所と欠点の形成、病気の発現率、生涯にわたるパターンについての緻密な理解と、それらの縦断的および横断的な人間の見地からの最終的な統合を伴う伝統的なこの事例研究法は、それに続く臨床的なマネジメントできわめて重要な土台となる。そうでないといういかなるあからさまな否定的意見があるとしても、リサーチ診断の見かけ上の整然さに支払われる代償は、総合的な臨床的視座の喪失である。項目別に示された問題に対して解決方法も項目ごとに採用される。それとは対照的に、精神力動的アセスメントは事例研究法と目的の多くを共有し、さらにそれ以上のものをつかもうとするために、そこで用いられる技法と方法は精神医学での病歴聴取や精神状態検査とは異なっている。

　とはいえリサーチ診断こそが、別々の研究や患者グループの比較を可能にした。常識に基づく印象は照合されうるものとなり、実証されている範囲内に個人と出来事が位置づけられた。たとえば私たちが人生を安全で安心なものと思うか、それとも悲痛に満ちているだろうと予想するという意味で予測可能なものと思うかは、各自の生活体験やこころの傾向による。「事実」とはこんなもので、私たちにどちらの見方が「正しい」とは教えてくれないが、考慮すべき別の所見を供給する。ケスラー Kessler ら（1995）の報告では、アメリカ合衆国の人口を母集団とした標本では、なんと男性60％と女性50％が生涯のうちに少なくともひとつは重大な外傷的出来事（レイプ、自然災害、戦闘、事故などと定義されているもの）を経験するという。

　これらのほんの一部が PTSD 症候群を発症するのであるが、PTSD はまれな障害ではない。同じ著者たちは、合衆国の人口を母集団とする代表標本にお

ける生涯罹患率を7.8％と予測した。この標本の3分の1以上が長い年月を経ても回復しなかった。予測される通り，危険因子のさらに高い集団の調査ではそれに応じてより高い罹患率を示した。クルカ Kulka（1990）の報告では，ヴェトナム戦争退役軍人の生涯罹患率は31％で，長期にわたり障害が残ったという。エンダール Engdahl ら（1991）は，第二次世界大戦でのアメリカ人捕虜の PTSD 生涯罹患率が50％であったと報告している。50年を経てもなお，このうちの29％がいまだに PTSD を患っていた。自然災害などの非戦闘的なストレッサーとの関連でも，罹患率や重症度や慢性化について，似たような実情が明らかになっている（Green, et al. 1992）。

まさに PTSD は稀なものでも一時的なものでもなく，ときに期待されるようなはっきりとした診断概念でもない。研究対象となったすべての集団で，「合併疾患」として記述されるものが高率で報告された。たとえばブレスロー Breslau（1991）の報告では，抑うつ，不安状態，行為障害，物質やアルコールの濫用など他の障害をその80％が抱えていた。ケスラーによる全人口を対象とした研究では，過去に精神疾患に罹った人に高い頻度で PTSD が生じるのを確認した。それよりさらに高い頻度で，PTSD は他の精神医学的エピソードに先行していた。最新の知見では，PTSD は単一の障害として時間をかけて悪化し，しばらく経ってから物質濫用や重篤な抑うつがそれに伴って進行することがあるという。

これらさまざまな様態の診断的区別が明確でないために，こうした知見の解釈は複雑である。抑うつ症状には PTSD 症候群と重なるものもあれば他の不安状態と重なるものもある。さらには，「発病前」の動機が外傷的出来事への自己暴露の率や PTSD に対する脆弱性にはっきりと影響を与えている。

予想される通り，PTSD 治療の専門サービスに紹介されてきた患者は混成の集まりである。キーンとウルフ Keane & Wolfe（1990）によると，PTSD センターに紹介されてきた患者の無作為標本の70％がアルコール依存を，42％が薬物依存を伴っていた。抑うつの生涯罹患率は68％であり，少なくともひとつのパーソナリティ障害を25％が患っていた。外傷的出来事の後遺症を患って紹介されてきた患者たちは一連の症状を呈したが，DSM-IV の PTSD はそのひとつのタイプにすぎない。

精神分析による知見と技法による寄与

　患者と面接者の相互交流のうちに接点をつくろうとする手法は，もっぱら精神分析的な方法が提供するガイドラインに基づいている。精神分析的に方向づけられた査定者による分析関係の微細な特徴へのきめ細かな着目や転移についての知識は，アセスメント面接がうまくいったときの特徴であるふれあいの深化を促進するために用いられる。明らかに，深刻な外傷的出来事がパーソナリティに及ぼす典型的な影響を知っていることが面接者の役に立つ。

　心的外傷後の状態が最初に記述されて以来，外傷に苦しむ人およびその心的装置が，衝撃的または暴力的な出来事からくる印象にすっかり圧倒されているように見えるその様子に観察者たちは当惑してきた。外傷に苦しむ人たちの主観的経験では，体に殴打をくらうのに似て，「もの stuff」によってこころが侵襲されたと感じられやすい。フロイト（1920）によれば，こころの中には，こうした加工処理されないものが存在し，外傷的出来事の後に典型的にみられる反復夢へとつながり，どうにも消しようのない出来事を繰り返し表象することによって外傷的出来事に含まれるほとんど身体的な「興奮」をワークスルーしようとする。

　最新の精神分析的発達理論の中には，このような初期の考えと同じ基本的な見解を含むものがある。ビオン（1962）は，クライン（1975）の概念をさらに推し進め，乳幼児の情緒発達が母親の心的援助に依存する有り様を示唆した。ビオンは，乳幼児の生(なま)の経験の諸相はその子には耐えられないと考えた。助けなしには，乳幼児のこころは，生(なま)の経験を意識外に追いやり，ときにこの消化できないものを糞便や尿のような身体の産出物であるかのように排泄できるという空想を通してしか，こうした状態を取り扱うことができない。母親が子どもに没頭し，人との関係をもつのと同じように子どもに対応し世話をするやり方を通して，こうした心的状態を母親が加工処理できるようになる。

　乳児の生(なま)の体験は，恐ろしいものか悪性という性質を帯びていると言うことができる。私が見るところ，心的外傷を蒙った自我を満たしているものは似たような感情である。そうした感情が心的外傷を蒙った自我にもたらすワークスルーの課題は，乳児の自我がその発達の中で直面するものに似ている。当初はこの，漠然としつつも強力な「もの」に中身はないが，そこにはこころを迫害

的な状態に変え，続いて動揺や激変を生み出す大きな可能性がある。心的外傷を蒙ってこころが崩壊した人が，外傷前の適応状態やアイデンティティに戻るのはきわめて困難である。こころの別の組織化をめざしてワークスルーするか，あるいはパーソナリティの劣化が生じるかのどちらかの選択となる。

　第1章，第6章，第8章で述べているように，心的外傷後の状態と，対象喪失と悲嘆との間には多くの関連と類似点がある。しかしながら心的外傷後の状態をワークスルーする過程は，死別における対象喪失や悲嘆と似たようではあっても，さらに著しく困難なものかもしれない。対象喪失のときに比べて，世界全体の骨組みや構造の損傷によって引き起こされた問題を扱うには，その自我はあまりに能力がなく用意を欠いているかもしれない。外傷的状況の猛威によっては，心的均衡の感覚を取り戻すのはきわめて困難なものとなりうる。クラインが繰り返し強調した別の問題に，早期の罪悪感のひとつである内的迫害と呼ぶ状況があるが，それは自我にとって特に耐えがたく，そうした状況を知ろうとするよりも，その状況自体を取り除こうといつも駆り立てられる。このやり方のひとつが，外界と外的な人物を巻き込んでこの状況を投影することである。

　こうした多様な特徴は，内的世界が直接には扱いがたいことを意味する。対象関係は外在化されねばならない。内的世界という概念は，こころの状態，外的対象関係，夢や記憶や空想の世界の間に存在する相互関係性のパターンについての観察に基づいている。体験している主体は，内的世界をわずかに垣間見ているにすぎない。というのも，私たちは内的世界をただ内に含んでいるだけというよりは，内的世界によって私たちは構成されているからである。このような外在化の過程はうまくいかないかもしれず，そうなると再取り入れされるのは，もっと悪化した状況に違いない。一方，適切な環境では，これと同じ過程がこころの動揺をワークスルーする方法となる。そのまますぐには象徴的には取り扱えない不安の代謝を徐々に可能にする状況もしくは対象に出会うことによって，内的人物像と不安は好ましく修正されうる。ときに説明がつかないと思えるのだが，トラウマの後になって事態は悪化し始めることがある。これは，深刻な事故が自我と内的世界に与えた影響の残響なのだ。

アセスメント面接——2つの症例

　比較的健康なパーソナリティに偶然ふりかかった外傷的出来事が及ぼす影響と精神力動的アセスメントの技法を解説するために，ある初回面接を詳細に述べよう。その次に，別のタイプの患者を要約して，どんな状況がありうるかについて何かしら印象をつかんでもらう。このタイプの面接の目的に，既存の知識から得られるポイントと関連させて患者の臨床像を位置づけることがある。患者との適切なふれあいを築いてこそ，その患者の症状や内的世界の評価が可能になる。ワークスルー過程の担い手とみなされるその患者の人間関係はこうして理解され，患者が直面しているパーソナルな課題の正確な理解がいくらか形づくられていく。

　患者は20代前半の若い男性であり，休暇を過ごしていたメキシコで友人や知人を含めて数人が死亡するすさまじい火事に遭った。患者はホテルから無事に逃げおおせたのだが，それはきわめて幸運なことで，ほんの数分の差で死を免れたにすぎないのを知った。火事は危険な配線が原因だった。非常階段はふさがれており，消防への連絡も遅れて火事は手に負えなくなった。

　患者は，この出来事の1年前から父親の死をはじめとする重大な死別を相次いで経験していた。火事はコンサルテーションの3カ月前に起きたのだが，それは，悲嘆をやっとのことで包み込んだ状態のときだった。彼は父親を亡くして寂しく感じ，いまだ父親に世話される子どもでいたいという強烈な望みを抱き始めていた。火事に遭う前も調子はよくなかったが，被災後は憂うつになり，職場でプレッシャーを感じてびくびくしやすく，すぐに腹を立てた。

　面接の最初から，長身でハンサムなこの若き法律家は多弁であり，それは不安の現れのように私には思えた。まず彼は，連絡をとっていたこの部門のメンバーのXがいるかと尋ねた。代わりに彼がよく知らない私と一緒にいることを礼儀正しく，しかしいくらかためらいながら受け入れたが，「次はどうなるのかな？」と口にした。将来にもたらされるかもしれないものへの不安に満ちた予期は，将来に対する悲観的な**考え**を越えて広がった。おまけに絶えず身構えている状態にあり，周囲の多くのありふれた出来事を侵入的かつ警戒すべきものと体験していた。彼は火事からそう経たないうちに救急車で長い時間運ばれた。その道程について，「通行が激しいし，速くはないけれど，砲撃されてい

るみたいに，あらゆる方向から車が自分に向かってきた。それで私はひどく神経過敏になったのだと思う」と述べた。

　こうした過覚醒は，心的外傷後の状態の特徴である。事態は恐ろしげだが，それ以外の点では明らかな意味をもつ内容はほとんどない。患者は恐れている——妄想－分裂状態であった。コンサルテーションの後半，ひどく労力のいる仕事を被災直後にやり遂げたとき，自分のことをゾンビのように感じたとＪさんは述べた。生気がなく孤立し，それからさらにむき出しになって傷ついている気がした。初回面接のときの状態もだいたいこんなだった。加えて，こうした出来事に対処してバランスを取り戻すために心的な時間と空間が必要であるとＪさんは強く感じていた。

　Ｊさんとの面接の以下の部分が，こうした出来事を加工処理するひとつの方法，つまり心的外傷が作用した結果として生じてきた困難な内的状況の外在化を例証している。すでに指摘したように，これは不成功に終わるかもしれないが，回復過程において不可欠な部分にもなりうる。彼は火事から数週間後には仕事に復帰し，たいへんな試練の時期を切り抜けた。当初は同情的で支持的だった代表パートナーが，やがてＪさんの能力に疑念を示し始めたと彼は語った。そのパートナーの「しっかりしろよ」式の発言によって，事態は頂点に達した。そのときの面談で暗に示されていたのは，「君にこの仕事ができると思うか？」だった。Ｊさんは代表パートナーがこのとき厄介な案件を抱えてパニックになっており，結果として彼をスケープゴートにしたのだと頭ではわかっていたが，それでも彼はひどくぐらついていた。

　これが決定的な局面だった。彼は退潮のきわみにあり，このまま辞めたら志気を壊滅させてしまうだろうと思った。翌月はただ仕事に打ち込んだ。「ともかくも私は２人の人間になった。それしか道はなかったのだ。ただ仕事に，仕事にと没頭して。どんな痛みも家に完璧にしまい込んだ」と述べた。この方略はうまくいった。打ち込んだ案件は成功裡に終わり，代表パートナーが祝福すると，Ｊさんは「いやもう，本当のことを言えば辞めようかと考えている」と疲労困憊して答えた。彼は私に，「外では首尾よくやっていたけれども，私的には大変な犠牲を自分に払わせてきました」と言った。

　Ｊさんは，職場で自分の力量を証明する努力が，彼も言うように象徴的なものと気づいていた。自分は良心的な人間なので，自分のしてきたことは自分の通常の基準に達していないのだと彼はコメントした。困難なこの時期を通り抜

けるまでに，自分の能力への信頼を回復して代表パートナーにそれを示すことができていた。成功によってプライドは回復し，外的対象からの，この場合であれば代表パートナーからの評価を取り戻した。けれども，この時期になし遂げられた回復には限界があり，内的世界の修復には成功していなかった。なぜなら気分は良くなく今なおゾンビのように感じていたからである。

　患者がまさに述べた，このすべてが起こったのに間違いないと私は思う。代表パートナーはおそらくそうやって患者の不安定さを取り除いたに違いない。とはいえ，この一連の経過は患者の中で生じていた内的ドラマの実演に思われた。疑念を抱き，要求がましく，共感性の乏しい代表パートナーが患者への影響力を獲得したのは，この観点からみれば，患者自身の中のこれらの特質を備えた対象の役割を彼が実演していたためだった。

　とてもよく似た関係性がこの面接でも再現されているように思われ，コンサルテーションの次の段階では，最初の20分か25分間に進展してきたJさんの私への関わりの諸側面を取りあげることになった。それまでのところ，Jさんは控えめで不安げだった。私は，面接を始めるにあたって事前の面接で心安まると感じた（トラウマ）チームの一員であるXに会いたがった様子を指摘した。それまで彼は幾度となく涙を流しそうになりながら，そのたびにそれをはねのけて落ち着きを取り戻していた。面接の目標に役立つようにと協力的だったが，ただそれだけだった。深い関与はなく，十分にこころを開いているようでもなかった。（事前に彼の許可を得て）面接はテープ録音されたのだが，面接開始にあたり，録音が不快さの一要因になるかもしれないと私は感じた。彼はそれを否定し，研究に役立つならと了承したのだからと言った。テープ録音が彼を動揺させているもののひとつであるのは間違いないようで，彼の否認の言葉には説得力がなかった。

　Jさんが，まるで2人の人間のようになって対処したと続けたのはこのときだった。1人は働いて仕事で成果をあげ，もう1人は家庭に留め置いてもっぱら痛みを感じていた。ここで私は，彼の内側には破局に近いものがあると感じ，そのためこころもとなく無能さを覚えてきたのかもしれないと言った。その状況をやり繰りするのに，いわば2人の人間のようになった。私はさらに，今日ここで喪失についてのすべてを何とか私に語ろうとしているが職業的にであって，残りの感情を職場にではなく家庭に置いたままにしたのとちょうど同じように，どこかに置いたままだと思うと続けた。

Jさんは私の指摘には防衛的であり，「破局に近い」という私の言葉がことに難しいと気づいたのだろうと私は思う。彼は，ここに来るのも，あなたにこころの内を明かすのも決してたやすくないと答えた。外的にではなく内部に崩壊があったと言っていたのは**自分自身**であったと，あなたは感じているのではないだろうかと私は伝えた。再び彼は防衛的になったが，それは，彼の側に失敗があったと，あるいは彼が崩壊した人物として罵られる状況があったと，私に見抜かれたように感じたからかもしれなかった。それは彼がまさに怖れた事態であった。実際にどうだったかよりもどう**感じた**かについて私は話していると明確化すると，彼はひどく違った声色で，深刻に暗い調子で，ものすごく恐ろしいと言った。それから彼は涙ぐんで，どのように「実際に感じている」かをわずかに語った。

　実験動物のように感じると彼は言った。このコメントを文脈に載せるには，動物実験に関与している科学者の車に動物権利擁護者が爆弾をしかけたという事件のわずか2，3日後にこの面接が行われたことに触れておくべきだろう。非言語的な手がかりに加えて患者がこれに言及したことにより，Jさんはとりわけ怒っているという確信を私は深めた。私との面接やコンサルテーションの性質への実際の感情には憤慨が含まれており，テストされているという感覚は，あたかも実験動物のそれだった。ここで私が言ったのは，実験動物のように感じるという彼の選んだ例が，まさに暴力的なものに直接に結びついているということだった。目下のところ，動物の実験者であるのはあまり安全とはいえなかった。

　Jさんは，将来に厄介な出来事を切り抜けていく必要のある人たちに役立つであろうと考えてこの研究にやってきていると言って反応した。これがそもそも感じていることだ，原則としてそれはすばらしいと彼は言った。けれども実際問題としては，当惑させられ監視されていると現に思ってしまうので難しいと続けた。短いわずかに緊張した沈黙の後で，Jさんが猛烈に腹を立てていることを私が示すと，「相当にイライラしています」と同意した。再び彼は動転し，自分に起こったすべてのことから，詫びねばならないかのような，そして自分の反応に関して，その埋め合わせをせねばならないかのような気持ちになってしまったと述べた。彼は代表パートナーとの状況に再度言及した。このとき私は，代表パートナーとの問題はここでのものよりはもっとなじみがあり，もっと説明しやすい状況だと示唆した。私はさらに，彼が腹を立てており，そ

れは私がここで彼を暴き立て，不快なものをこころにもたらし，苦痛や戸惑い
を感じさせ，おまけに私が彼のニーズや反応には不服であると彼が感じている
からであり，このすべての埋め合わせをさせられると彼は感じている，と伝え
た。

　Ｊさんはほっとしたようで，このコメントに同意した。そして，これは「人
に見せるものではなく，だから人々が同情を寄せるような類の傷つきでもなく，
自分の内側に隠しておくもの」だからと思うと述べた。それに続けてＪさんは，
通常自分は，ちょうど今も「敏感」なのだと言った。恋人はその反対で，「夕
食会から出てきて，私が『ねえ，あの人たちはちょっとヘンじゃない？』と言
っても，彼女はまったく気づいていなかった，という感じです」と，恋人と比
較して自分をけなした。

　この素材が示しているのは，Ｊさんには「あの人たち」をちょっとヘンだと
感じる傾向があることだと私は思った。ときには，「あの人たち」は，ちょっ
とヘンどころではなかった。「あの人たち」は，苦痛を誘発して見物し，その
後はそのために苦しんでいる者を非難する冷酷な動物実験者であると感じられ
ていると私には思えた。「あの人たち」をあるレベルでは恐れており，暴力的
な爆発は的外れなものではなかった。傷は見せるようなものでないと彼は強調
した。その傷は意識的な感覚の領域においてのみならず，彼の内的世界の状態
への損傷なのだ。彼はこの作用に感づいていたが，それを直接知覚したり叙述
したりはできなかった。見せられない傷であるゆえに，それを伝える努力をし
なければと思いつつも，そうしたらぶざまな思いをするため，内的対象に無視
されている感じへの憤懣はますます大きくなった。

　ここに，対象への期待というＪさんの内的状態と外界の実際上の人々との間
の不断の相互作用をみてとることができる。代表パートナーと一緒にしてい
る仕事の様子を説明しながらＪさんはこれを語ったが，それは，面接をしてい
る人物である私との関係でも実際に生きられているものだった。夕食会の人々
である「あの人たち」にはもうひとつ，別のバージョンもあった。代表パート
ナーと私は，潜在的に悪い危険な対象のようだった。外界に悪い対象を探し出
すことにより，ある種の安堵がもたらされるのは想像にかたくない。それは群
衆の中になじみのある顔を探すようなもので，その人が自分の苦しみに責任が
あるとわかるのである。同定できない迫害という心地悪い感情に耐えるよりも，
自我にとってははるかに簡単だろう。それはまた，内的不安を再作業し，経

第3章　心的外傷後の状態の精神力動的アセスメント　59

験によってそれが修正される機会を提供することでもある。

　面接へのあまり「正しく」ない見方である．爆発しそうな恐怖と憤慨が自分の中にあるかもしれないとの認識は彼を自由にした．一時的にではあるが，いまや面接者と前より良い関係をもっていた．よくなったこの雰囲気のもとで，はるかに自由に関われるようになり，火事と火事にまつわる出来事をずっと感情をこめて語り始めた．このときの説明は生々しく，個人史の細部が意義深い結びつきを作れるように現れてきたのは，面接のこの局面だった．

　Jさんは火事をめぐる手抜かりや不注意に衝撃を受け，懐疑的になって腹を立てた．消防団の遅れと医療スタッフの不慣れにはことのほか愕然とさせられた．こうした事柄は，それまで生きてきた世界では当然だった秩序観への打撃であった．帰国するとある消防士のところへ行ったが，その消防士の専門的のみならず実際的なアプローチは役に立つと思った．死んだ人たちを救う機会は実際にはとても限られていたのだが，そのことに消防士は真に現実的だったのでJさんには大きな助けとなった．というのは，Jさんは彼らを助けようともっと努力しなかったことに罪悪感を抱いていたからである．私が考えるのは，有能で安心できる人物が存在していたという，重要な一般的証拠としての役目もその消防士は果たしていたことである．Jさんは物理的に非常に近くにいた人たちの死を描写していたとき，その一，二箇所で命をまさに失いかけていたのだと初めてではないにせよ実感し，ひどく圧倒されてしまった．

　Jさんの脱出が，最初に思えたような幸運ではなかったことも明らかになってきた．火事から数週間後に法医学調査官による詳細な調査面接を受けた．この調査面接の間に，ホテルの別館へとロビーを通り抜けたとき，巻きの解けた消防用ホースがロビーの向こうに置きっぱなしにされていたのをはっきりと思い出した．アセスメント面接では，「消防用ホースも見たのを覚えているが，そのときは別に気に留めなかった」と述べた．Jさんは階上の自分の部屋に戻ると，いつになく火災避難図を見て避難経路を右へ左へと指でなぞった．だから半時間後に火災報知器が鳴ったときは，「よし．さあ，うまくいくぞ！　不思議なこともあるものだ」というふうだった．彼は法医学調査官による長時間の面接について再び話し，その面接の後しばらく考えにふけっていたとき「起こったことが閃光のようにひらめき」，ロビーのフロアを通り抜けている数本のホースを思い出し，「知人と『おや，おかしいなあ．いったい何があったんだ』と冗談を言ったのを覚えています」と話した．それから，「排水の問題が

あるのか。そうそう，掃除機をかけるにはおかしな時間だなとか，まあそんな意味のないことを」ひとり考え，「やがて，そうしたことはすべて私の頭から完全に消え去ってしまっていた」。

　私はJさんに，火事の経験は無関心な両親と接しているようなもので，帰国して消防士のところに行ったのは，良い親となる誰かを再び捜そうとの試みだったようだと示唆した。Jさんは，父親の死に続いた感情と明らかに結びついているに違いないと答えた。ここで，Jさんがそれから話した多くのことを要約しよう。彼には父親を失ったのはとても寂しく心許ないことであり，父親を，消防士と対照させて私が述べたような保護者と感じていたのだった。次にわかってきたのは，父親はとても安全を気にする人であり，安全の習慣を常に言い張って，火やマッチや日曜大工の手順では用心深かった。子どもの頃，これにはうんざりしたという。「私がほんとうに火にぞっとしたことは一度もなく，実はいつも火に魅了されており，映画に出てくる火事でも確かにそうだったし，火事に，それからほら，蠟燭やマッチもそう。メキシコで，それが初めてだったのだが，火がすべてをどうやって呑み込むか，そうそう，いかに速く焼き尽くすのかを知ったんだ」となにげなく語った。

　コンサルテーションのこの時点でJさんは再び，私が結びつきを探しているのに懐疑的になりだした。以前のように距離を置いた用心深さに戻った。今では意味を探すにはあまりにも離れすぎてしまっているようだとも言った。「このことの私にとっての深い意味って何ですか。おそらく何もないでしょう」と述べた。このとき，Jさんは知ろうとしたくないように思えた。私は，父親がそんなにも安全にこだわっていたのはどうしてかと突っ込んでみた。Jさんはすぐにわかる答えをさまざま出してきたが，そのほとんどは，それ以上進むつもりのないものに思われた。結局私は，父親は抑うつ的だったという他の情報から知った事実を持ち込んだ。頼りになり，貫禄があって，けれども心配性なこの父親は，抑うつ的になって，人々を傷つけてきたという気懸かりを高じさせてしまっていた。父親は投薬治療を受けて良好に回復してきていた。患者は，正直だがいささか粗野な父親がけんか腰なように感じられて，どうしていいのかわからなかった。

　この長い面接の最終場面でJさんは，面接は気持ちを激しくかき回すもので，気分は最悪を超えており，さらに知ることが必要で有益か疑わしいとほのめかした。いかなるものであろうと治療は始めないとJさんは決めた。Jさんには

数年来の出来事が彼の中にかき立てたものを処理し続けるのに十分な自我の能力があり，この決定をしたのは正しかったかもしれない。

　危険警告のようにロビーに置かれていたものを明らかに無視したことにおいて，彼の自己破壊性はどんな役割を果たしたのだろうか？　私の印象ではこれが主要な要素ではなく，さらには性格においても自己破壊性が重要な部分ではなかった。というのは，避難経路を指でなぞることでバランスはとられていた。すなわち，喪失した対象についての感情が基本的に良質で，父親の喪の哀悼を苦痛だけれども建設的な過程にしたのとちょうど同じように，火事の衝撃の扱い方はさほど込み入っていないことを，たとえばこれは意味した。

　Ｊさんの場合はトラウマがこころの動揺を招いていたが，こころの動揺がトラウマを呼び起こしていた事例もある。こうした状況は少しも珍しいことではない。それは，結果として起こる事態をワークスルーするというパーソナリティにとっての課題を，どうみても複雑にする。いかなる外傷的出来事にあっても，外傷的出来事がもたらす直接的なダメージに加えて，個人は喪失を取り扱わねばならない。そして，本流の外にある出来事をいまや含み込んで，個人史を新しく方向づけなければならない。そのことは，トラウマを求めた，あるいはトラウマを引き起こした罪悪感や責任に向かい合うという困難な課題も含む。そのうえ，探し求めたトラウマがそれに対する待ち望んだ解決法や排泄だったかもしれないもともとの内的状況はあいかわらず変化しないままに残り，ときに悪化さえする。

　こうした状況が明らかになるにつれ，それらは無慈悲な神々に突き動かされたギリシャ悲劇の現代版のようにみえてくる。繰り返し何度も患者の中でそれに出くわしてきたフロイトは，畏敬の念を伴う驚愕を経験せずにおれなかった。これらの強力で予想もしない結びつきと動機を説明するためにこそ，無意識的な罪悪感，処罰要求，反復強迫の作用という概念をフロイトは提出したのであった。自我の内にあるタイプの不安に耐えることはとても困難なのかもしれない。陰惨なダメージを探索する行為は，内にあるものを喚起したり実演することよって外に押し出し，それが実際に起こった何らかの出来事となるようにするニードから生じる。

　これから述べるＧさんという患者はこのタイプにあたる。コンサルテーションの当時，Ｇさんは30代後半の未婚であり，とても知的で思慮深かった。20代のはじめからＧさんは，常に管理され十分に計画されているとはいえ，きわ

めて危険な活動(アクティビティ)に熱中していた。彼はかつて職業軍人であり，大変困難な使命を幾度もなし遂げてきた。その後，非常に危険な高速のスポーツに興味をもってやり始め，数多くの間一髪の経験をして，ついには衝突，火災を起こすひどい事故に遭った。事故で重症のやけどを負い，両眼の視力を失い，他にも多くの障害を残す外傷を負った。自力での移動はできたが，いかにもつらそうだった。ますます挑戦的で危険な状況を求めるように内的に駆り立てられているのを，この事故の前に彼は実感していた。自分にはわかっていた。すぐか将来かはわからないが，いずれはこうなると思っていたと彼は言った。「ただそれほど運がなかっただけで，私には死の願望があるようだと感じていた。意味が伝わるといいんだけど」。

　コンサルテーションの最初，身体障害からの過ごしにくさを考慮に入れるなら，まったく馴染みのないこの場所でも意外なほどに彼はくつろいでいるようだった。しばらくして私は，この弱みのないずぶとい態度は，おそらく不安や恐怖への通常の反応の不在に感嘆し，彼のことを不思議に思う対話者を放っておこうと意図しているものと考えるようになった。知的だが皮肉っぽい彼の態度には奇妙に安心を与えたり，ときに魅力的な性質のものもあった。

　果敢なリアリズムという態度が彼には重要だった。「対価を払えないならゲームはしてはならない。違いますか？」。いかなる後悔や弱みの表出も，当然ながら不確かな，彼の困難な立場にもちこたえる能力への脅威になるのはまったく明らかだった。この不慣れな場にぞっとしたかもしれないと私が言うと，彼は微笑んだ。彼は，「ぞっとする frightened」という言葉を世間では簡単に使いすぎると思っていた。ぞっとするというのはいったいどんなことなのかを彼は知っていたし，そして盲人が知らない街にいるのに比べたら何でもないのを知っていた。どんなことが起こるというのだ。彼が悩まされていたのは欲求不満の感覚であり，それは再び子どもになったようであり，子どものように扱われることだった。しばらく経ってから私は，子どもだということには，ただ単に欲求不満を抱いている以上ものがあると，つまり迷子になった子どもはたいていものすごく怖がることを指摘した。Gさんはすぐに理解し，つまり怖がっていることに怖がっていると私が彼に言いたいのだろうかと尋ねた。用心深くなりつつも面接にはさらに積極的に関わるようになって，自分の背景を話し始めた。

　彼が最初に話したのは，今はどんな痛みも感じないのだが，「注射の前に神

経過敏になる」ということだった。Gさんはオーストラリア南部で生まれ育ち，母親は彼と2人の同胞——姉と兄の世話に専念していた。父親についての情報はほとんどなく，Gさんを妊娠していた母親が出産する直前に家を出た。子どもたちは，北オーストラリアの寄宿学校にやられ，家族での生活は年3回の休暇に限られた。Gさんには10歳頃のはっきりとした記憶があった。兵士になることを夢見て兵隊ごっこをして遊んでいると，母親が慌てふためいて，兵士にはなりたくないわよねと，「遠くへ連れ去られて，あなたは負傷してしまうから」と心配げに言った。数年後に兄は交通事故で死亡し，Gさんは母親からいっそう大切にされるようになった。学校での成績は良く，20代前半には将来のキャリアが約束された土木技師になっていた。この時期に母親は重病を患い，それから2,3カ月して亡くなった。母親の死後数カ月のうちに，Gさんは，将来に何の展望もないという「とても倦怠を感じる」気持ちになったのを覚えていた。今はもはや母親は生きておらず，入隊を妨げるものは何もなかった。さらにリスクの大きな状況を年を重ねるごとに捜し求めていった。

　Gさんは母親の病気と死が引き起こした感情を鮮明に伝えてきた。自分が堂々たる正義漢であったことを想起した。母親は彼のことをあれほど誇りに思っていたのに，彼は母親を救えなかった。Gさんは母親の痛みと病状を強調したのだが，彼自身の喪失感と母親が逝ったことへの怒りに気づけなかったのが印象に残った。結局それから彼は，この堂々たる正義漢を，死や重傷を伴う，反復的な故意のギャンブルに曝した。父親の出奔が彼の男らしさの態度に与えた影響についても私は考えてみた。父親が彼に残したのは，母親を一人占めしているような，けれども不幸なことにそれに相伴った，単独で責任を負うような感覚であった。確かにGさんには自分の心理的な不死身さへの現実離れした信念があり，私が思うに，その信念はそれまではあった家族との生活から切り離された長期にわたる寄宿学校の年月に，ひとつの解決法として強化されたものだろう。兄の死がもたらした影響のひとつは，この重荷をともに背負える可能性が断たれたことである。

　Gさん自身と母親が抱えていた抑うつ不安への恐怖や憎悪と結びついた，幼少期の強力な内的不安に彼は反発してきたのだと私は考えるようになった。見るからに力強い大人像から文字どおり反転して，多くの肉体的な限界と子どものニーズをもつ人物になったことで，Gさんははなはだしく自分自身を貶めたのだった。Gさんの動機と性質についてのこの説明はただ単にもっともらし

い，あるいは手前勝手な再構成としても読み取れるが，それは間違いだろうと思う。Gさん自身が，そのすべてを把握していたわけではないにせよ，人生の出来事に反応してきたのはわかっていた。興味深いことに，この説明にあるように，洞察や責任や自己認識に抗したわけではない。けれども，自分の体を潰すかもしれない状況に繰り返し己をさらす彼のパーソナリティの側面は，彼が感じるようになるかもしれないものへの猛烈な恐怖と憎しみによって動機づけられた。同害復讐法が人生の主要な部分を支配してきており，彼の得た洞察のほとんどは，無力な目撃者のそれのようなものだった。

アセスメント面接では，他にも多くのタイプの人や問題に出会う。トラウマとなる出来事は，それを蒙った人にとって特別に重要な意味をもつだろう。パーソナリティに，部分的に静止しているが，部分的に生活の本流から切り離された領域をもつ人は多い。外傷的出来事の性質とパーソナリティの切り離された側面との合い方によっては，これまで活動せずにいた不安にあらためて取り組むことなしには新たな適応は見出せない場合が多くなる。この事態がアセスメント過程で同定される必要がある。

傷つきの感覚や，ひどい扱いをされていると感じる患者もいる。ひどい扱いが現実に存在するときでさえ，本当の自発的な共感を覚えるのが難しい場合もしばしばある。その代わりに威圧する雰囲気が生じ，面接者は，「正しく」応じられないと，よりいっそう迫害的で妄想的な応答を生み出すように感じることになる。また，患者がひどい扱いを受けてきたことや，たとえばすべての男性は悪人であるとか，今か過去の「トラウマになり」にくい別の治療なら患者はつらかったり動揺しなくてすむ，といったことに同意するよう引き込む患者もいる。何かに賛成か反対の立場を取るように誘導され，プレッシャーをかけられ巧妙に脅かされたりしているという感覚は，こうした状況の診断にたいてい役立つ。それらは複雑であり，臨床での出会いが生産的な結果となるには，面接者に浸透性，オープンさ，忍耐力，堅固さの難しい調合が求められる。これらの過程の多くは第5章でさらに論じられる。

結　論

深刻な外傷的出来事の後遺症に苦しむ患者のための，精神分析的に方向づけられたアセスメントは，総合精神医学の最良のものに伝統的な事例研究法と

同じ目的をいくつか有する。これに追加されるのは，その出来事，発生や影響，患者の内的状況についてより深い水準で理解しようとする独自な試みである。無意識的空想の意義や幼少期の重要性に関する知識もその中に含まれる。この種の理解に到達するには，意義深いふれあいができる局面で患者と深く関わり，その推移を，面接全体を通して辿っていく必要がある。

　この章では，夢や早期記憶の探索，そして患者のパーソナリティや困難さ，関係性についての全体像を築きあげる他の方法を含む精神力動的アセスメントに伴う技法を，詳細に説明するというよりは含みとして述べてきた。ミルトンMilton（1997）は，一般的な精神力動的アセスメント面接の手法のより詳細なものを概説しているが，心的外傷の後遺症に苦しんで紹介されてきた患者への専門的アセスメントにおいても，もちろん同一の目的と技法の多くが有益である。けれども顕著な特徴もまたいくつかある。心的外傷を蒙った人は自分のことを「患者」とはみなしていないかもしれない（第4章を参照）。また，重大なトラウマが自我に及ぼす影響の中には，意味のある出来事を加工処理する能力の喪失があるが，それは当然ながら，トラウマを蒙った自我の回復の端緒にあたって最も必要な情緒的課題のひとつとなる。そうしてようやく，人生での新しい方向づけへのニードが存在するようになり，その混乱の重要な意味とインパクトをそこに含みこんでいくことができる。外傷的なエピソードの後に欠かせないワークスルーのある部分は，障害された内的対象関係の外在化と，それに続く外的対象による建設的な対応の再取り入れを通して起こるであろう。これが生じるところで象徴機能はさらに発達し，より良性の内的対象が確立され，ついにはこうした発達がパーソナルな意味の出現に結びついていく。アセスメント面接において重要な判断のひとつは，このようなやり方でこころの混乱を加工し処理していく個人の能力に関わっている——こうして亡霊は埋葬されるのだ。

第4章　予備的介入：4回からなる治療的コンサルテーション

リンダ・ヤング

はじめに

この章では，家庭医^{訳注1)}からトラウマ・ユニットへと紹介されてきた1人の男性の，私との面接を通して明らかになったストーリーを詳しく述べる。コンサルテーションは，全部で4回のセッションからなり，それぞれ2, 3週を隔てて3カ月に及んだ。各セッションは1時間半，初回は慎重にやや長めの時間がとられた。4回のコンサルテーションは，ユニットに紹介されてきた多くの人に対する最初の介入として行われる。本章では，このようなコンサルテーションのあらましを紹介していく。私が選んだケースは，コンサルテーションで有益な影響がもたらされたように思われたものである。当然ながら，私たちが出会うケースすべてがこの事例とそのまま同じではない。患者によっては，もっと大きな心的破綻をきたすし，言葉で表現しなかったり，来談しなかったり，行動化したりする。しかしながら，コンサルテーションにおいて私たちがしようとしていることは本質的に同じであり，その本質的なものを本章では記述したいと思う。

　生きているという経験はアンビヴァレントなもので，良いものと悪いものとの混合である。おおよそたいていの人は，社会や家族のネットワーク，その人がもつ内的資源という，普通にすぐ利用できる類の支援に頼って困難をどうにか取り扱っていく。私たちによるコンサルテーションは，求めがあったときにのみ提供されるものであり，外傷的出来事に続く標準的な介入というよりは専

訳注1)　英国では病気になるとまず，この登録されている家庭医とも呼ばれる一般開業医の診察を受けてから，必要に応じて専門医を受診するというシステムになっている。

門家の紹介を経由して行われるものと言えるだろう。すなわち専門家による援助が，すべての人に必要なわけではない。私たちのところに来談するのは，彼らの処理能力が破綻したがためである。時間制限のある介入の中で，患者がもっているこれまで生き延びることを支えてきた資源を動員できるように治療者がしたおかげで対処能力を再確立できる人がおり，その結果，それから彼らは自立して機能できるようになる。そうではなく，既存の内的・外的な資源という点で乏しかったり，著しく壊滅的な外的出来事を経験したような人には，長期間の援助が必要となる。

　人を打ちのめして無力化し，**心的に取り扱われることができない**がゆえに，その出来事はトラウマになると定義づけられよう。柔軟で創造的な考えは，悪夢やフラッシュバック，ときには無意識に駆り立てられたその出来事の再演に取って代わられる。経験は，思考を通じての普通のやり方ではこころに**コンテインされない**（ビオン（1967）の用語では，ベータ要素をアルファ要素に変形する能力が損傷されている）。トラウマの影響は，内的世界での対象関係という精神分析モデルから概念化することも可能である。メラニー・クライン（1929a, 1929b, 1945）は，こころを，原初的な無意識的空想という媒介によって，彼女が内的対象群と呼ぶ人物像たちが人生の始めから住まう内的世界として描写した。内的対象群には，優しく助けとなるものや，悪意に満ちて危険なものまで，さまざまあると考えられる。クラインの記述によれば，すべての出来事は空想において，その出来事の性質に応じて，良い対象か悪い対象のいずれかによって**引き起こされた**ものと感じられている。それゆえ外傷的出来事の内的な経験は，保護やコンテインしてくれた愛情ある良い内的対象群から見捨てられ，その代わりに，トラウマを**引き起こした**と感じられる憎らしく嫌悪すべき対象群から意のままにされる経験とみなされよう。現実に外的な災害が存在したとき，このことが特にあてはまる。というのは，誰かの死，さらには自分が死ぬ可能性を含んだこれらの極限体験から護られることこそが，良い対象に**最も**期待しているものだからである。コンサルテーションで関係をつくる^(コンタクト)試みがうまくいったならば，理解されるという，つまりコンテインメントという良い体験がもたらされる。こうして，治療者は短期の介入という制約の中で，こころが健康に機能するために必要な，良い内的対象の再確立の端緒を援助することができる。

　この種の短期介入は，多くの紹介依頼を受けて多忙化している国民医療サ

ービス（NHS）のクリニックの，切迫した事情にかなったものである。しかし，それが唯一の理由ではない。トラウマ・ユニットに紹介されてきたAさんのような人たちは，心理療法を求めてきているのではない。彼らが来談するのは，圧倒してくる外的出来事についての援助を求めてであり，その出来事が起こる前と同じように収めてほしいと望むからである。その時点で，1回や2回の心理療法のためのアセスメント面接が提供されることが最も望ましい援助ではないと私たちは考える。ゆえにこのコンサルテーションは，アセスメントだけでなく，治療的介入なのである。そしてまた，より長期にわたる精神分析的介入を**最初**から提案することが役に立つわけでもないだろう。コンサルテーションの最初に持ち込まれるのは，トラウマとなった**外的な出来事**であり，破綻してしまった，その出来事の意味について考える能力である。コンサルテーションの中で外的な出来事そのものを詳しく語り，考えていく時間をもつことは必要であろうし，そうして，その人自身にとっての出来事とその余波の内的な意味が付け加わるようになる。その人に何が起こったのかを，この別の観点から考え始められるように援助することが必要であり，出来事などまるでなかったかのように「回復」したいという願望を放棄し哀悼することが求められる。すべての精神分析的な臨床作業がそうであるように，コンサルテーションは治療者によって方向づけられたりテーマが与えられ構造化されることはない。治療者は先導するのではなく後についていくことが強調される。そうすることで，転移と逆転移の出現が可能になるからである。コンサルテーションでの作業は，継続的な心理療法への移行を考慮するように導くかもしれないし，あるいは，コンサルテーションそのものの中で十分な援助がなされるものでもあろう。

臨床例

　Aさんは20代前半にアイルランドからイギリスに渡ってきた。ちょうど40歳を過ぎたときに，彼はクリニックに来た。私はすぐに，感じのいい男性という印象をもったのだが，それは明らかに生まれながらのものであった。だがただちに，このたたずまいがまったくの絶望と挫折感に打ちひしがれたものであることに気づいた。彼が語ったありのままの詳しい話は，次のようなものであった。Aさんはだいぶ昔のことだが保護観察官としての訓練を受け，その領域で管理職になっていた。私と出会うより3年前，医療刑務所に収容されていた

クライエントを訪問したときに，たいへん深刻な事件に巻き込まれた。担当していたクライエントと話している間に，凶悪な暴行歴のある別の患者が背後から突然に近づいてきたのだった。その患者は，Aさんに対してすさまじい攻撃を加え，傷口からひどく血を流してついには床に倒れるまで，椅子の脚でAさんの頭と顔面を続けざまに殴った。Aさんが倒れると，加害者は首の上に乗って力任せに踏みつけたため，Aさんは気絶してしまった。そのときの最後の記憶は，ものすごい体の痛みと，自分は死んでいくだろうという恐ろしい確信であった。この間の数分は誰も助けに来てくれず，実際のところ最初に助けに来たのは別のクライエントだった。やっと職員がかけつけて，加害者はもがき叫びながらもAさんから引き離された。Aさんは脳震盪を起こし，顔面にはひどい打撲傷を，頭部には数十針も縫うような大きく裂けた傷を負って救急外来に運ばれた。復帰できる程度に体が回復するまでの数週間，彼は仕事を休んだ。

　その事件からほどなく，医療刑務所の2人の上司が彼の自宅にやってきた。Aさんはその2人とも知っており，一緒に働いた時期もあった。彼らはAさんに対して，今後必ず行われる調査の際には，起きたことを正確に語るべきではないと言って，事件の別のバージョンを示唆した。Aさんは，彼らは自分たちが職務怠慢であったことがわかるのを恐れているのだろうと思った。もし起きたことの真実を報告したならば，Aさん自身の落ち度が非難されることになると脅された。けれどもAさんは，事件の顛末を正確に報告したのだった。上司らは，示唆していた通りにふるまい，そしてAさんのことが懲戒聴聞会で取りあげられた。最終的な結論が出たのはその2年半後であり，その間にAさんは責任の少ない部署へと異動させられていた。聴聞会の結論は，上司たちの方が懲戒調査の対象となり，Aさんの容疑は晴れたというものであった。

　しかしながら，無罪放免となったにもかかわらず，Aさんはその事件から3年経ってトラウマ・ユニットへと紹介されてきた。彼は私に，人生の意味はほとんど失われてしまい，もうどうしても将来を楽観的には考えられないと語った。彼は当時まったく仕事をしておらず，それどころか玄関から外へ出ることすら恐れ，慢性的な不安と強烈な恐怖に苛まれていた。悪夢とフラッシュバックにも悩まされ，他者との関係，とりわけ結婚生活は困難に陥っており，自尊心は消え去ってしまっていた。恐ろしいほど鮮明に，典型的なPTSD症状――不安，不眠，罪悪感，抑うつ，フラッシュバック，悪夢，自信欠如と人間関係の破綻――を呈していた。彼は，自分の世界は崩壊してしまったと感じて

おり，それにはこころの世界も含まれていた。

初回面接

　初めて会ったとき，この男性は身体的にも精神的にも打ちのめされていた。もうだいぶ前に切創や打撲傷は完治していたのだが，彼の立ち振る舞いすべてから，崩壊感と絶望が伝わってきた。肩をすぼめて，床を見つめたままだった。ある質問から彼は始めた――治療者が何を知る必要があるのか教えてほしい，というのだ。彼は協力的でありたかったし，私に役に立つかもしれない情報を提供するためにできることは何でもしたかった。かつては成功をおさめ野心的だったが，今は受動性と従順さがこの男性の特徴となっていることを，ただちに私にわからせようとしているように感じられた。初回面接の中で，彼がこれまでさまざまな医者から何らかの援助を受けてきたと聞いたが，それは驚くことではなかった。こうした援助は疑いなく大きな価値があったようだが，この話が，「物事を自分で解決していた」と彼自身が言う以前の能力と比べて，どれだけ今は依存していると感じているかも私に伝えていることに気づいた。彼は次いでこう述べた。「私はすべてを，職場の保健管理者と，YクリニックのX医師という職場の保健医に報告していました。彼女は，W医師などと一緒に援助し，実際に彼らは私のためになる介入をしてくれました。W医師は私への精神科の援助を統括し，抗うつ剤と鎮静剤を処方してくれました。W医師の診察を受けるのをやめて，私は落ち着きません」と。私は，もっとうまくやらないといけないというプレッシャーを感じ，Aさんは，かつてW医師やX医師に抱いていたような，自分の代わりに物事を解決してくれると頼れる，理想的でゆえに魔術的な対象を私に求めているのだと思った。私がAさんにこのようなことを伝えると，「そう，私はあなたの掌中にいるのです」と彼はコメントした。そのことで私の印象は確かなものとなり，彼がどれだけ私に奮い立たせてほしいか，世話をしてもらい改善させてほしいと望んでいるかが明白になった。

　治療者はもちろん魔法を使わない。幸いにもである。というのは，Aさんが自分で人生を再確立するには，以前にもっていた対処能力をいくらか取り戻しながら，世話をする誰かへの完全なる依存を断念しなければならなかったからである。一方で，世話をしてほしいという彼の望みは強く，また理解できるものでもあった。暴行が起きたそのとき，Aさんの同僚たちはすぐさま逃げ去っ

てしまった。そのうちの2人が勇気を取り戻して助けにくるまでには数分かかっており、そのためAさんの、見捨てられ、どんな助けもないままに取り残されることへの恐れは特別に強かった。そんなことを私にしてほしくないという望みは、まさに差し迫ったものとして感じられた。悪く、敵意に満ち、遺棄しようとする内的対象群による内部からの迫害感に抗うために、私には強力に役立つ人物であってほしかったのだ。私の掌中で世話をしてほしいという望みについて再び言及すると、彼はそれに同意した。私が物事を解決してくれるように強く望んでいると彼は言い、それから椅子に深く座り、目を落とし、自分を良い状態にすることは何でもしてほしいと受身的に私を待っていた。私のコメントへの同意がAさんとの4回の面接の特徴であり、彼の受動性のさらなる証拠でもあった。私はときどきAさんに対してイライラしていることを自覚し、また、しっかりしろと彼を鼓舞したい思いに駆られた。もはや彼は自分から行動を起こせなかった（表通りに出るのはあまりに危険だと感じていたので、カーテンを降ろして、家の中でじっとして自分を守るよりほかなかった）。そのことは私との初回面接の中でもまさに明らかだった。彼は、私からにしろ他の医者からにしろ、助言にはすべて賛成するつもりだった。

　セッションでは、Aさんはいまや押し黙ったままであった。私はこの沈黙について、どんなことを私に話したいのかを決められないようですね、とコメントした。それを彼は認めると、暴行のことを話したいと言った。ほんの短い間だが、再びAさんは自分で考えることができ、彼のために考えることはすべて治療者によってなされるべきとは思っていなかった。それから彼は、止まることなく約20分間、ゆっくりと、苦痛をいとわずに、静かな希望のない声で、事件とその後の余波を細部にわたって語った。

　その事件が異常なほど鮮明に、こころの中にぱっと浮かぶことが続いていると彼は語った。そして次のように言った。「それはまるで、昨日起こったことのようです。私を殴った男が見えるし、その男の特徴も言えます。手の指輪の数も、何をしゃべっていたかもわかります。その男がしていたこと。それが、私の問題の最悪な部分です。私はそれをこころの外に追いやることができない」。Aさんは、みるみるひどく抑うつ的に、そして不安げになっていった。夜には寝つけず、しかも暴行が繰り返される悪夢によって、水を浴びたように汗をかいて突然に目覚めてしまうことがよくあった。数カ月間は働き続けたが、彼が仕事で担当していたクライエントの中に、怒りや暴力の脅威が少しでもあった

ときには、きまって恐ろしいパニックに不意に襲われて苦しまねばならなかった。私との初回面接の直前には、パニックが限度を越えて仕事を辞めていた。

結婚生活も困難をきたしていた。彼はこう語った。「このところ妻との性的な関係はなく、それは、あの暴行からです。離婚の気配はないけれども、2人は別々の部屋で寝るようになり、そして、ひとつのことは別のことを引き起こすのです」。私はAさんが、妻に対してさえ、ことさら積極的に男らしく関わることができない、だから別々に寝て愛の行為を避けようとしていると語っていると思った。私はAさんに、今どんな行動をとるのも力強くいるのもいかに難しいかを私に知らせており、それで私が彼の代わりを担う者にならないといけないように感じさせられていると思う、と伝えた。するとAさんは、自分はひどい無力感を抱いているのだが、どうしたら変えられるのかわからないと言った。暴行されている間はずっと無力だったと言い、どうすれば有能感を取り戻せるのか見当もつかなかった。暴行を受けている最中でとりわけ苦痛だったのは、床に倒れたまま自分はもう死んでいくのだろうが、それをまったくどうすることもできないと思ったときだったと付け加えた。ひどく血を流して床に倒れていたそのとき、息子が、立ち上がって逃げろと告げているイメージが浮かんだのだが、そうすることはできなかったのだと言った。彼のすべての**生命力**が、その瞬間あたかも息子に投影されていたかのようだった。それから、上司たちが家にやってきて、妻と子どもの前で彼を脅かしていったこともひどく苦痛だったと彼は続けた。私は、これら2つの経験はAさんにとって特に屈辱的なものであったろうと考えた。これらの経験によって男らしさは奪われ、恥辱感で満たされた。どちらのときも、家族を失望させたように感じたと彼は述べた。「ここでは私は夫であり家族の長でありながら、何もすることができなかったのです。このような連中に妻や子どもを脅迫されて、私は何もしなかった。それに私は家族の目の前で泣いてしまった。こんなことは、いまだかつて一度もなかったのです。私にとって、泣くというのは弱さのあらわれなのです」。

面接のこの時点で私は、どうして今のような状態にあるのかについて相当なことを**彼は私に物語っている**と思うと伝えた。つまり、有能で強く、いつでも対処できるという自己観は、彼にとってはこの上なく重要で誇るべきものであり、自己イメージのかなり大きな部分を占めていると思うと伝えた。Aさんはそれに同意して、あの事件の後、懲戒処分を待って他の部署へと異動させ

られたときには自殺を考えたことを語った。すべてを失ったと彼は感じていた。「私は妻を，子どもたちを，持っていたものすべてを失い，しかも対処はできない」と。実際には，妻はそばにいて多くの支援を向けていたのだが，私が思うに彼は妻の世話をして妻を護るという彼自身についてのイメージを失ってしまったように感じていた。彼にとって自分で対処ができなかったのは，これが初めてだった。彼は，裏切られたと感じていたばかりでなく，自分が妻のことを，そして能力ある守護者としての自己イメージをも裏切ってしまったと感じていた。私は彼に，暴行を受ける前までは，自分で対処できないかもしれないというような考えはまったく頭に浮かばなかったようであり，あたかも不死身であると感じていたようだと伝えた。Aさんは，そうだったと認めた。私にあってほしいと切望する絶対の確実さ（彼を健康な状態に回復させる能力）は，暴行を受ける前に彼が自分自身に抱いていた像であり，そのような像をもっていたことが破壊的な作用を彼に与える一因となっていた。「失敗した」ゆえに，こうして自分は失敗者になったと，つまり完全に無力で弱いものになったようにAさんには感じられた。私は，私が彼のすべてを改善させることはできないという事実はどうなるのだろうかと考えた。それはAさんに，私は失敗したと感じさせるのか，それとも完全ではなかったけれども少しの手助けになったと思えるのだろうか。もしそう（後者）ならば，完全で万能か，逆に完全に無力であるかというものに代わる，同一化の代案をAさんに提供することになるかもしれない。

第2回面接

　Aさんは前回と同じく憂うつな顔つきで，私との第2回面接にやってきた。彼は，何も変わらない，悪化したかもしれないと話し始めた。私は，そのことに彼は失望しているだろうと思うと伝えた。Aさんはそれに同意して，それから，自分は治療にはいつも大きな信頼を置いてきた，でもその一方で，いったい自分を助けられる人はいるのだろうかと思うとも述べた。
　事件の直後，Aさんは，助けを求めて頼れると思っていた人たちも役には立たないと確かに感じていた。良い，そして信頼できると思っていたものから二度にわたって裏切られた——それは暴行の最中だけでなく，後遺症がある間にも上司らがAさんの非をみつけ出そうとした——ことのため，このように彼の

体験は著しく壊滅的なものとなってきていた。内的世界では，良い対象はバラバラになったまま，悪い対象に乗っ取られ，投影のプロセスを通して外界にも悪い対象が棲みついていると感じられていた。そのため，すべてを元通りに回復させられないと判明したならば，とりわけ援助をしようとする専門家・友人・家族成員の誰に対しても，私のときのように怒りや不信感が支配力を振るい続けていた。

　コンサルテーションの中で私は，Aさんを保証したい思いに誘われたのだが，たぶんそれは彼が経験した過酷な事件が，もう1人の人物の手によって起こされたからであろう。面接者には，加害者と明確に脱同一化するようにとの圧力が，つまり「私は加害者と違って，あなたの状況を良くするためにここにいるわけなので，あなたを裏切ったり期待はずれにしたりはしませんから」と言わせようとするプレッシャーがかかることがある。もしこのような保証を与えたなら，起きたことについての患者の怒りを相談室の外のことにしてしまうだろう。私はAさんに保証を与えたいという願望を感じたが，もしそうしたら，私が彼の怒りや不信の標的であることに耐えられなかったとAさんが感じることになるだろうと思った。トラウマとなる出来事のたいていの被害経験者と同じように，Aさんもとりわけ他者への不信が支配的で執拗だったため，保証は助けにならないだろうと考えた。いずれにせよ現実的には，治療者がすべてを万全に回復させるなどできないし，ましてや，将来にこれ以上恐ろしいことは起きないと断言できるはずもないのだから，どんな治療者であっても遅かれ早かれ何かしらの点で患者を失望させるのである。

　私はAさんに対して，あなたは私に失望を感じているだろうし，どこまで助けになるものとして私を信じられるのか不確かなままなのだろうと思う，と伝えた。Aさんは，疑う気持ちを見せて申し訳ないと言いながらも，私が，今後の就職を危うくするかもしれない彼の労働衛生部門に連絡していないかと気をもんでいた。私は次のように言った。私に力があると本当に思ったら，それもまた厄介なことなのでしょう。というのは，彼の不利になるように私が力を行使するのではないか。そしてこの点では，私のことを，信用できない同僚と同じかもしれないと感じているように思う，と。Aさんは同意したものの，それまでのような躊躇やすまなさそうなそぶりがあることにも私は気づいた。もし私のことを，悪意をもつ大きな力があると感じられていたら，私もまた懐柔されねばならなかったようだ——というのは，Aさんは怒っていないうえに，上

司と3年前にあったことと同様に裏切られるのではないかと脅えて，彼がつくりあげた私に立ち向かうことができないように見えた。私がこのことを伝えると，Aさんは，自分の家族では怒りというのは自慢できるものではなかったと語った。これが，原家族についての初めての言及だったのだが，私は，彼が今もまだそのように感じているようだとコメントした。Aさんは同意した。彼は，父親は確固とした人で，力が強くかつ公平で，苦しみや怒りをみせるような人では決してなかったと話した。そして，男というものは感情を表したり，ましてや泣いたり自制のきかない攻撃性を見せたりしてはならないと信じ込むように父親から育てられた，と付け加えた。彼は，今気づいた事柄が，自分自身の中にあるいろいろな感情を受け入れがたくしている理由ではないかと考えた。そして暴行の細かい場面と懲戒聴聞会のことを再び思い返した。これまで決して怒っておらず——ただ怖がっていただけだった，ということが今回は強くこころを打ったとも彼は語った。

第3回面接

　Aさんとは3週間後に再び面接した。この回は，ジャケットにネクタイという比較的おしゃれな服でやってきた。この服装が与える印象は別人のようで，彼はずっと自信に満ちて自分のことをコントロールしているようにみえた。けれども，面接の最初に語られたのは，ここでのさらに2回ある話し合いが助けになるものなのかわからないということであり，その声はやはりソフトだが，わずかにいらだちを伝えてきた。それから彼は私をまっすぐに見て答えを待った後，再び床に目を落とした。いささか困惑したのだが，そのときには以前のときに感じたAさんに対するいらだちはなかった。私が考えてコメントすることができたのは，彼ががっかりしており，おそらくそのことに怒っているのだろうと思う，ということだけだった。Aさんは私を見上げて，失望していると認めた。

　それから再び目を伏せてうつむき，これまで何度も見てきたいつもの姿勢になった。彼は，何にも集中できないし，だから運転もできないと語った。買い物では，支払いすぎがわかっていても，ただお金を手渡すことしかできなかった。人を恐れて，たいていは関わりを避けようとしていると述べた。私は，Aさんは自分が今どれほど怯えており無能であるかを強調することで，私へのい

らだちや失望を感じる機会(モーメント)から逃れたようだ,と伝えた。Aさんは,怒りをすべて外側の世界や他者に投影するのではなく,自分の怒りとして感じることがしばらくの間できていたと私はこころの中で思った。彼の受動性に反応して折にふれていらだちを感じたとき,私は,少なくともその一部は,彼が自分から切り離した,つまり投影された攻撃性によるものだと考えた。

　セッションの中でAさんは,自分にある怒りを今恐れていると述べた。私は,それはおそらく彼の怒りが,襲撃してきた男による狂気の暴力のように今は感じられているからなのだろうと伝えた。Aさんは,その男のことがよくこころに浮かぶと言って答えた。これは暴力的な外傷的出来事に引き続いて頻繁に起こる,Aさんにとっては特にやっかいな問題——すなわち現実に外的な暴力や破壊があったときに起こる,患者自身の内にある攻撃感情への恐れであると私は考えた。強烈な内的感情を,実際にあった暴力行為から区別することが困難になる。人によっては,暴行された体験を攻撃者への同一化によって取り扱おうとするが,Aさんは,そのパーソナリティや生育歴からもそうしなかった。そのうえ,これからもしAさんがうまく機能できるようになって,もう一度有能な自分を信じるようになると,再び攻撃され,さらには裏切られる可能性へと身をさらすことになる。こういった意味では,暴力的な襲撃を新たに受ける危険を負うよりは,受動的で辱められたままでいる方がましなのだった。

　その後Aさんは,子どもの頃に父親が怒りを是としなかったやり方や,いかにして父親は一度も彼に怒りを見せなかったのかについて考え続けている,と述べた。このことが,自分の怒りについての感じ方に影響を及ぼしているかもしれないと考えていた。私には,もしAさんが怒るようなことがあれば,激怒する内的な父親がいて,それを恐れていると彼が言っているようにも思えた。仕事の中では,怒りは自分で包み込むものだと教わってきたとAさんは説明した。つまり攻撃的になる可能性があるクライエントを扱わなければならない場合には特に,穏やかでいて挑発されないでいることが重要なのである。そのために今回違った反応をするのが難しかった。しかし一方で,Aさんが異なる種類の反応を示し始めているように私は感じた。彼が,**どうして自分が今こんなふうなのか**を,当初のように無力にただ私に問うのではなく,いまや自分でその問いを考えていることに強く印象づけられた。彼は受動的に打ち負かされているというよりはむしろ,考えることを通して,自分の経験を理解しようとし始めていた。セッションの中で私はAさんに,以前の経験が今の事態に関連し

ているように感じていると今語っているように思うと伝えた。Aさんは，これまでは特に考えたことはなかったが，多分そうなのでしょうと答えた。

　私は，もう少し家族背景を話してほしいとAさんに求めた。技法上，このときでなければならないというわけではないが，この時点で家族背景を振り返るのは2人にとって理にかなっていると思えた。実際のところ，コンサルテーションの間に，家族のことや生活史を聞いておくことは望ましいだろう。Aさんは貧しいアイルランド人家族の，8人兄弟の末っ子だった。両親はすでに死亡しており，母は15年前に，父は18年前に亡くなっていた。父親は，8人の子どもを養うために税関職員として一生懸命働いてきた。母親が亡くなる直前の数カ月間は，きわめて重篤な病状であったと話し，最期の月日の衰弱と脆弱さに言及したとき，目には涙が溢れた。彼にとって母親は，今なお生きているようだった。母親は家族のために十二分に尽くしたと語られた。そして彼に早期の記憶を尋ねたところ，隣家からはとても離れていた自宅近くの地面で遊んでいたときの出来事を語った。裸足で遊んでいて，ガラスの破片を踏み，足をひどく切って出血していた。痛みもあったが，ひどくおびえてしまい，誰も来てくれないのではないかと不安だった。傷口から血が流れるままに，痛む足を引きずって家に向かい始めたとき，彼を捜していた母親が現れた。母親は彼を抱きかかえて家まで帰り，救急車を呼んで病院に連れていった。これが，期待を裏切らずに救いの手を差しのべ，出血死には至らせないという，助けになる親像（内的世界における内的対象）であった。この母親像は，幼少期の記憶にある助けになる親のように，私にも「彼を抱きかかえて」ほしいという，初回セッションでの願望に結びついていると思われた。

　Aさんは学校を卒業すると，父親と同じように税関職員になった。けれども父親とは違って，保護観察官としての訓練を受けるために1年半後に退職した。このような職業選択は，世話をする献身的な母親と，影響力があり強くて用心深い父親への同一化の配分のようにみえた。つまり，Aさんは悪事を働く人をただ捕まえるだけではなく，そこに「世話をする」能力を加えて，父親のように犯罪に関与した人を相手にしていた。彼のもつ強さと自信の感覚は，これらの両親への同一化とたいへん符合しているように思われ，きわめて成功した職業人となるよう懸命に努力し，ときには暴力的な犯罪者を取り扱い，さらには献身的な家庭人でもあった。どちらの領域でも，両親のことをそう見ていたように，自分に脆弱なところはないと彼は信じていた。これは幼少期から保って

きた自己イメージのようであり，家族の中で潜在的には最も弱く脆弱な末息子である彼にとって，それは特に重要な意味をもっていた。これらすべてこそが，私との初回面接時には失ったとAさんが感じていたものだった。Aさんは，あの暴行以来，ひどく困惑させる恥しいことが起きている，つまり時折夜尿があると話した。それからこう述べた。「今まで思い出さなかったのは奇妙なことですが，子どものときしばらく夜尿がありました。それで，無力で卑小だとひどくみじめに感じていました」。このセッションで私が言ったのは，あの暴行が彼にとって特別の意味をもっており，成人男性としての能力のすべてが暴行によって突然奪われ，その代わりに最近の生活でことに思い出す脆弱な母親や，ベッドを濡らしたり，足を怪我した無力な子どもと同じになっていると感じさせられていると思う，とのことである。こうしたことは彼にとってものすごく屈辱的なことであった。彼は，すべてを——内的には，早期の良い対象群との，つまり依存ができて不死身な母親や父親との接触を——なくしたと感じていた。私が考えるに，実のところAさんは対象たちや自分の万能感をかたく保持することによって，それらの脆弱さへの不安をいつも取り扱ってきていた。暴行によって粉砕されてしまったのは，まさに，生身の人間の脆さに対するこの心的防衛であった。Aさんは，あの暴行以来ずっと母親の夢をみており，今でも母親が生きていてくれたらと切望していることを述べた。母親は信じられても，（私のような）見知らぬ人を信じるのは難しいと生活歴の中で彼は感じてきた。そして，私のことを信頼できるのかはまだ完全にはっきりはしていないが，このことを伝える不安は最初に比べて減少したと彼は感じていると付け加えた。それは彼が実際に自覚している以上に，私といて安らぎを感じているに違いないことを意味しているようだった。そしてこう続けた。「あなたが言われた，私のように自分を有能で強いと思いながら育った大人は，とてもやっかいです。自分の情緒を抱えられないことに気づいて，ひどく泣いてしまいます。私は今なお強くて何とかできると考えていたのだけれども，内心ではひどい状態になっているのを知っていました。私はそれを周囲の人や，自分自身にも隠そうとして，そんな時期はもう過ぎたと自分に言い聞かせていました。いまや，そうではないことを知り，このクリニックでさらに援助を受けられたらと望んでいます。あなたが無理なら，どこか他のところを探します。でも，もう薬は不要だとわかっています。私に起こってきたことについて話し合うのが必要なのです」。

第4回面接

　Aさんは，自分にとって何がいま一番いいのかわからない，私はどう思うか，と口火を切った。少しの間をおいて，この数日間は絶えず最悪のことばかりを考えていた，自分の内にさらに引きこもっていたと話を続けた。私は，前回の面接時に，いま起こってほしいことと起こってほしくないことについて彼が話したときに私たちが理解した，彼自身の本来もっと自信があり能力のあるところからたぶん引きこもったのだろうと言った。これが私たちの最後の面接だとわかっているから彼は引きこもっているのだろう，と私は考えていた。引きこもることは，最後の面接にまつわる動揺した気持ちのすべてから彼を守っていたが，おそらく彼が抱いていたであろう怒りから同じく私も守っていた。「自分が何を感じているのかわからない」，「これで十分ではないと思っているし，いかに対処したらいいのかわかりません」とAさんは述べた。私は，私が何かをしてくれるのではないかと期待しながら，当面はどんなにひどい状態にあるかを私に伝えることしかできないと彼が感じているかもしれないと思うと述べた。Aさんは，「これについて話すのをおしまいにしたくありません。というのは，私が理解し考えていく助けとなっていますから」と微笑んだ。

　それから彼は，前回の面接後にみた，母親にまつわるもうひとつの夢を語った。細部はあまり覚えていなかったが，夢から覚めたときの悲しい気持ちを思い起こした。私は，もはや母親は生きてはおらず，だからこの数年間彼を苦しめてきた事柄すべてを話せる母親は彼のためにそこにはいない，そしていまや私も去って話すことができなくなるので，たいへん悲しい気持ちなのだろうと思うと伝えた。Aさんは，最初は4回もの面接が提供されるということに満足していたと話した。その後，4回の面接ですべてが改善することはないと感じ始めたとき，このことの責めは彼が負うべきであり，私の期待を裏切っていると考えた。しかしながらいまや，4回の面接ではまったく不十分だと彼は思い始めていた。私は，彼が自分を責めるのではなく，自分の望みやニーズを主張することができるのかを試しているようだ，と伝えた。Aさんは，「最初の日」から悪いことはみんな自分のせいにしてきたと答えた。今ではそれは間違いだったと思っており，結局のところ，起きたことについて彼に責任はなく，公の調査結果がそのことを証明していた。そうはいうものの，その結論を信じる

のはいつも難しいようだった。「汚名をすすぐことができたら嬉しいに違いないと思っていたのだが，そうではなかった。祝うことなど何もなかった。私は，そもそもこんなことを起こさせてしまったのはなぜかを考えました。それを考えるのは難しいと強く思ったのですが，それは父からも，仕事においても，他者を非難したり怒ったりしてはならないと教えられてきたからです。私が育った家族の躾では，自信や有能感をなくすのはとても恥ずかしいことでした。そして，これまで対処できなかったことなど，私にはひとつもなかったのです」。

これまでの私たちの作業で，あなたは自分の状況の意味がいくらかわかってきたようですね，と私はコメントした。Ａさんはそれを認めて，「この面接は役に立ったと本当に思います」と言った。それから私は，Ａさんによるこの肯定的な言葉は，私を喜ばせたり懐柔したいという彼の思いの一部ではないだろうかと思った。このことを私は言葉にしたが，彼は同意せず，私にはその意図がよくわからなかった。特に初回面接で，防衛のために私を理想化しようとしていることは明らかだったが，私たちの関係（コンタクト）が終了を迎える今，再び理想化が強くなりつつあるのだろうか，私が彼の役に立たなかったとか，援助が十分ではなかったという，より困難な感情を取り除く必要を感じているのではないかと私は思った。このことが，私たちの最終面接におけるテーマのひとつであった。

この第4回面接が終わるまでに，私のＡさん像とＡさんの自己像は変化したと私は強く思った。彼はもはや自分自身のことを，猛々しい襲撃の結果に苦しんでいる人物だとは単純に考えていなかった。彼には，今のような人間であることに寄与している固有の歴史があり，強く献身的な両親像にたいそう同一化し，成功した職業人そして家庭人になろうと決心していた。このことの彼にとっての重要性と，このことを喪失し，内的対象群や同一化しているものを失ったという結果こそが，襲撃とその余波がもたらした特異なインパクトを理解するのに役立った。コンサルテーションの終わりには，Ａさんの身に起こった外傷的出来事のインパクトと，彼の内的世界や現在の内的対象関係の文脈での外傷的出来事が占めた位置について，ある理解が得られていったと考えられる。

以上に示してきたように，こうしたやり方で意味を見出すことが，起こったことをこころの中に同化していく過程を始まらせる。そこでは，悪夢や反復行為をただ繰り返す代わりに，思考し理解していくことが可能になる。誰かと一緒に意味を見出していくことは，良い対象群がより安定したものとして信頼できるように感じられる内的対象の世界を再構築し始めることでもある。それ

によって今度は，外的世界をより現実的に評価できる。さらには，外的世界に投影されていた自己の諸側面，つまりAさんの場合であれば，攻撃性，活発さ，有能感という特有の感情の再統合過程が始まる。

最終面接の終盤近くで，これからの継続的な援助の可能性について話をした。彼は，出来事が彼にどう影響を及ぼしたかをより深く理解する必要があると思うので，心理療法を受ける意味はわかると答えた。これは成果だろうと思う——コンサルテーションの間に，出来事は，彼の過去や現在の状況に結びつけられ，ゆえにそれが思考で扱われるようになった。コンサルテーションの終了時にはAさんは，暴行が喚起した問題のみならず，より広い問題とさらに取り組む可能性のある継続的な心理療法に入るかどうかについて熟慮していた。彼は自分の状況を，もはやトラウマを蒙った外的出来事への反応という点のみでは捉えていなかったので，私たちの専門ユニットによるサービスをもう特別には求めなかった。

追　記

Aさんは成人部門の一般集団心理療法への登録という提案を受け入れ，それから4年間，治療に通った。数カ月が経ったときのグループの中で，彼は，襲撃以来初めて他者に対して恐れずに立ち向かうことができたと報告した。身勝手な親戚が，一族の資産にかかわる彼の権利を放棄するようにと要求してきたとき，ノーと言えたのである。もっと最近では，長距離バスの衝突事故に巻き込まれたときのことを語った。頭を冷静に保ちながら，救急車が到着するまでの間，怪我をした人たちを助けることができた。Aさんは引き続き，自分の受動性や（自身と他者に対する）怒りという点では深刻な困難を経験し続けており，それは人生を何とかやっていく能力を害するものであった（そしてまだフルタイム勤務には戻っていなかった）けれども，有能感を再発見し始めている兆しがある。抑うつ的になることが減り，予想に反して，結婚や家族との生活が何とかやっていけていることにとても安堵している，と自分について述べた。

結　論

トラウマ・ユニットの4回からなるコンサルテーションを終了した患者の中

には，Aさんのように，さらに一般心理療法へと進む人がいる。彼の場合のように，コンサルテーションはこのような展開の足がかりになりうる。人によっては，さらなる治療を望まないし，求めない。4回ではもちろん十分ではないが，取り組まれるべきことを残しながらも，これで十分な人たちも確かにいる。けれども，さらなる援助を求めた人たちにとって，治療はいまやトラウマのためにではなく自分のためになされる。これは4回のセッションの重要な機能である。すなわちコンサルテーションは，トラウマそのものがこころを占拠している状態から解放して，過去の生活やパーソナリティ，さらには自己から切り離された側面，なかでも特に破壊性を再びつなぐ重要なプロセスを援助できる。いやそれ以上に，何が起きたのか，起き続けているかについて組み立てて考える能力が発達し，加えてこのプロセスを通して，こころの内にそれを包み込む。

　セッションの回数の制限により，まさに最初から，避けがたい終わりと，それに伴う喪失に直面することが導入されている。災害前の自己の喪失を哀悼する能力は，死んでしまったであろうもの（内的，外的対象群の両方）や，失った万能感を哀悼することと同様に，外傷的出来事をワークスルーするにあたって主要なものである。4回という回数にもちろん魔術はない。それは，多くのリファー件数を抱える私たちが，限られた資源の範囲内で提供できる回数なのである。しかしながら1回の面接よりは，はるかな深まりをもたらし，初回面接で現れた問題にもう一度戻ることを可能にする。そのときには，かなり異なったふうに着目され経験されていくだろうやり方で立ち戻ることができよう。4回のセッションは，始まりと中間と終わりを提供するし，治療者との関係という視点も提供する。

　（本章では）こうした予備的な短期介入のあらましを描写できたのではないかと思っている。ここでは，思考を通して経験を取り扱っていくこころの能力の喪失，さらには経験がコンテインメントを通して取り扱われていく内的対象関係の喪失という点から，トラウマの影響を探索し理解することに焦点を当ててきた。また，何が起きたかについて理解し考える試みが，外傷的出来事を経験した後で，日常生活に戻り生活をしていくにあたって助けにもなるということの一端を伝えられたのではないかと願っている。

第Ⅲ部

精神分析的心理療法による治療

第5章　トラウマと憤懣

リンダ・ヤング，エリザベス・ギブ

　トラウマとなる出来事を体験した人々が，自分たちに起こったことに対して強烈な怒りを見せるのは決して珍しくない。けれども，さまざまな理由から，自分自身の怒りに気づくことから自らを防衛しなくてはならない患者たちもいる。この理由は，彼らが巻き込まれた惨事の猛威のために，自分の中にある破壊性にかかわるものを含んだ，さらなる暴力に対する手に負えないほどの不安が喚起させられるからだろう。自分の怒りを恐れるあまりに，その怒りを防ぐよりほかに何もできないでいる人は，相当な期間，トラウマによって不自由なままかもしれない。そのような防衛には否認や投影が伴っており，つまり外界や他者の中にそれらの感情をみつけ出して，空想の中で取り除く（Freud, 1926; Klein, 1946）。その結果，取り巻く世界は危険に満ちていると体験される。内側には，もはや破壊感情による脅威は見出せないが，その人は，敵意や脅迫する勢力に取り囲まれているような感情に取り残される。タヴィストックの，トラウマとその余波のための研究ユニットで会ったある患者は，死に瀕するような激しい攻撃に曝された。いくつもの理由のために，その襲撃によって誘発された激しい怒りに，彼は耐えられなかった。これには，暴力的で命を失いかねない攻撃を体験してきた彼ゆえの，暴力に対する新たな不安感はもちろんのこと，自分が腹を立ててしまうのを幼少期にも職業的にも禁止されてきたことが一因として含まれていた。彼は無意識に，自分の憤怒を投影によって部分的に取り扱った。彼はすなおで従順なように見えたが，自宅から出るのを怖がり，玄関のノックさえも恐怖だった。というのも，玄関を表からノックされるのは，彼にとって自分が投影した怒りが暴力的に返ってくることを意味しており，それゆえにものすごい脅威であった。彼はそれを無視してドアを閉めたままでいなければならなかった。この例からわかるように，トラウマとなる出来事の後で怒りを体験も表現もできないならば，慢性の不安や恐怖症状へとつながりう

る。

　私たちが思うに，心的外傷を蒙った大人が自分自身の攻撃性に気づくことは，外傷体験に続く世界のさまざまな危険を現実的に知覚する力を再確立するのを助けるという点で，重要かつ本当に必要なことである。自身の怒りについて知り，怒りを内部に取り戻す（再－取り入れする）ことによって，世界に現に存在している危険から内なる怒りを解放し区別することができるようになり，次には，修正されたより現実的な方法で経験し扱えるようになる。ドアをノックされることは，ほとんど気にならなくなるだろう。怒りは，壊滅的なことが起こった後に，その人の生活を再建しようと決意させる自己主張の力強い形態でもある。それは有能さや主体 agency に結びつくものであり，いかなる怒りもないところには，無抵抗と敗北感しか残されないだろう。

　しかしながら中には，憤懣の感覚が怒りに随伴したり置き換わったりする人がいる。この章では，トラウマの被害者に生じる憤懣の性質を探求していこうと思う。まずは，怒りなどの関連した感情とは異なる，私たちが理解している憤懣の本質となるものの要点から述べてみよう。

　憤懣には，特徴として，不当な扱いの被害者であるという感情が含まれている。このために，自身の責任感や罪悪感というものがほとんどそこにはない。不当な扱いには，不公平感が伴われ，それが正されることで，あるいは償いが試みられたりしながら不正が少なくとも認識され謝罪されることによって和らげられうる。不当だという感覚は，復讐が果たされるまでは鎮められることがなく，そもそもの傷と同等の重みと認められる攻撃がなければならない人もいる（「眼には眼を」）。また別の人は，復讐のニードが鎮まらないために，暴力行為は極度に激しく際限なく続く。スタイナー Steiner（1996）は，そのような復讐行動が——空想でも現実でも——容認されないと感じられるときに生じる憤懣を記述した。この章の後半で，より詳細にこのことを探索していこうと思う。

　フロイト（1932）は，母親から不公平に扱われているという感情が，敵意の感情と復讐願望の両方を喚起することは，乳幼児期においては避けがたいと示唆している。

　　非常に遠い過去へまでさかのぼっていく母親への非難というのは，母親があまりにも乳を少ししか飲ませてくれなかったということであり，子どもはそれを母

親に愛情が欠けていたからだと解釈するのです。……たとえ現実的事態がどうであったにせよ，子どもの非難の一つひとつが正当であるということはありえないのです。しかし幼児の最初の栄養への熱望は一般に鎮めがたく，母親の乳房の喪失を幼児は決して忘れないように思われます。……それは，その子がいわゆるお母さん子であってもたいして変わりはありません。子どもの愛の要求は法外であり，独占を求め，母親の愛情の分割を許しません。

スタイナー（前掲書）とフェルドマン Feldman（1995）は，フロイトの考えを広げ，そもそもの憤懣 resentment は，子どもにとって母親がもっぱら自分のものでなく，両親というカップルの部分として存在していることに関連して理解されうると考えた。ブリトン Britton（1989）は，これに似たテーマに取り組んでいる。

> のちのエディパルな出会いもまた，親子の関係とはまったく違うものとしての両親間の関係についての認識を伴っている。両親の関係は，性器性と生殖の関係であり，親と子の関係はそうではない。この認識は，喪失と羨望の感覚を生み，もしそれに耐えられなければ，憤懣と自己毀損の感覚になるかもしれない。

後者は，たとえば，メランコリー状態ではっきりみられるものであり，フロイト（1915b）も鮮やかに記述している。ゆえに私たちはみな，人生早期の不公平感を克服するには相当な努力がいる。そうするには，まさに剥奪する対象への報復願望，さらにはそこに必然的に伴う破壊性のすべてに向き合う必要がある。そうしてようやく初めて，悲しみが，そして許しや償いが可能になる（Steiner, 前掲書）。人によっては，成人生活での不公平感に続いてこれがなし遂げられるように見える場合もあれば，憤懣が依然として潜行したまま顕著な人もいる。ここで直接の問題となっているのは，不当な人生早期の状況の影響と，それらの状況が克服されたりされなかったりするときのやり方であり，このテーマをさらに探索する臨床素材をこれから記述していこう。

成人生活でのトラウマとなる出来事がひどく不公平なものと体験されるのは，理解できることである。その状況の不当さを認識し改善しようとする試みには，責任を負うべき者を裁判制度によって追及することも含まれる。なかには，もし訴訟の企てがうまくいくならば，助けになると感じて，より良い生活を進めていける人もいる。彼らにとっては，誤った行為であったと認められることと，その謝罪で十分なのである。一方，償いの行為としての賠償金を要求する人も

いるかもしれない。けれども，結果がいかなるものであれ，不当に扱われた状態にはまり込んだまま，駆り立てられるように，反駁不能なやり方で，不公平に扱われていることを主張し続けないではおれない人もいる。臨床上の区分けは単純でも明快でもないが，以下の事例では主要な経過がよりはっきりと見て取れるだろう。

臨床例

Aさん：理にかなった憤懣

Aさんは30代の女性で，家庭医に紹介されてトラウマ・ユニットを訪れた。彼女は，手術後ずっとうつうつとして，びくびくした気分が続いていると述べた。その手術はうまくいかず，ほとんど致命的な結果に終わったという。入院や手術をめぐる出来事に対する心気症状と悪夢とフラッシュバックを経験していた。彼女はトラウマ・ユニットのチームの1人との，4回のコンサルテーションを提示され承諾した。4回のうち初回面接の間は不安と涙を見せたが，入院中の出来事を明瞭にかつ力を込めて詳述しようと彼女は決心していた。致命的な過失に至ったのは病院の職員による不注意からだと確信しており，何が起こったのかについての彼女の申し立てを治療者に信じてもらえるかどうかもまた同様に懸念していた。今は身体の調子はよいが，にもかかわらず苦しい体験に囚われたままであった。病院の過失であるとの彼女の判断を病院が認めることも，そうして謝罪することもなかったのをとりわけ苦々しく思っていた。このことが，自身の回復に決定的に影響するであろうと感じていた。また，この出来事について正式な説明も謝罪も受けてこなかったのは，病院の職員が自分たちの過失を隠そうとして自己防衛に走っているからだと彼女は思った。これに彼女は大変憤慨しており，裁判を通して病院に処罰を与えようと決心していた。しかしながら彼女にとって最も重要なのは，入院記録が公にされ，そうして何が起こっていたのか本当のところを彼女や他の者が知ることであった。法的手続きは進められており，その一部として入院記録が法廷に提出される予定になっていた。そこで彼女にはっきりと感じられたのは，自分は誤った治療を受けていたということ，そして自分の苦悩は医療過誤のためよりも，それに続いた事実の隠蔽によって引き起こされたようだとのことである。正義が実現されてほしいと思った。彼女はまた，自分には訴えの実質的な根拠があると確信

しており，自分に起こったことによる苦痛をありありと伝えてきた。

Ｆさん：無意識的な憤懣の構造

訴訟は，人によっては憤懣の感情を手放すよりはむしろ明らかにそれを維持する一環となる。それは「被害者」というアイデンティティから動き出さずに，それへの固執を維持する方法である。外的，内的な「真実」を次に捜し求める一環というよりもむしろ回避である。これらの人々は，この問題状況や被害者というアイデンティティを利用したり執拗にしがみつく，多様な無意識的試みをしばしば見せる。それはあたかも，その人が心的に生き残ることが，憤懣の維持をもとに築きあげられているかのようである。こうした姿勢は訴訟を含まないかもしれないし，もちろん必要としないが，現実生活に好ましい形で打ち込むことができる能力にとって，最終的にはいつも有害なものとなる。被害者というアイデンティティとともに，憤懣やひどい目に遭わされているという感覚はしつこく続く。加えて，その出来事や，出来事とその余波のある側面に目が向けられ続け，別の没頭できるものや他の人たちとの将来を犠牲にする。Ｆさんの例でこれが説明されよう。

　Ｆさんがユニットにコンサルテーションのために紹介されたのは55歳のときだった。私たちとの面接のために，彼はブリストルからやってこないといけなかったが，地理的な遠さをものともせずに，私たちのユニットに来ることを特に望んでいた。というのも，メンタルヘルス分野の専門家としてその地域で働いている友人からこのユニットについて聞いていたからだった。そのとき私たちは，予備面接を提案することがおそらく妥当だと考えた。彼の話はことさらに悲劇的なものだった。17年前，休暇中に外国旅行をしていたとき，家族とともに列車事故に巻き込まれた。妻と子どものうち1人が亡くなり，後の2人の子どもが生き残った。彼は2人の子どもを列車の残骸から必死に救い出し，次にはもう1人の子を，そして妻を助け出そうとしたが，妻も子もすでに死亡していた。Ｆさんは，私たちが標準的に用いている初回質問票には，亡くなった妻や子どものところにもっと早く駆けつけるべきだったとの，いまだに続いている罪悪感を書いていた。実のところ，彼と生き残った2人の子どもは，この事故で重傷を負った結果，はじめは外国で，それからイギリスで何カ月も入院した。すっかり回復したＦさんは，この2人の子を独りで養育した。再婚はしなかった。事故に遭う前から勤めていた会社にも復帰したのだが，その重責

と長時間勤務のゆえに仕事の遂行能力は低下した。Fさんはずっと背中が悪く，そのため1日のかなりの部分を休息に充てなければならなかった。質問に対してFさんはこう説明した。いま自分が援助を求めてきたのは，このユニットについて友人から聞いたのがきっかけという面もあるし，今も絶えず辛く，シニカルな自分に気づいているからでもある，と。彼はしばしば，場違いに腹を立て，誰も信じられなかった。こうしたことを事故の体験と結びつけて考えていた。どうやら彼が来談したのは，深いながらもあまり意識されていない，だんだん自分が脆くなっていく不安のためのようだった。背中の痛みはひどくなる一方で，容易に動き回れないようになってきていたからである。それに加えてもちろん年もとってきていた。

　質問票によってFさんの背景の詳細がいくらか明らかになった。彼は3人きょうだいの長男で，他の2人は彼より6歳と8歳年下だった。父親は今も健在であり，母親は数年前に死亡していた。母親については，愛情に欠けていて母親らしくなかったと記入され，これは彼女が自分の母親をまだ幼い頃に病気で亡くしたことに関係があるとされていた。

　Fさんは初回面接に，こぎれいな格好で，書類を一束持ってやってきた。エレベーターから出ると，近づいてきて治療者と握手をし，はじめは友好的で分をわきまえる人のように見えた。ひとたび部屋に入るとすぐに，事故についてではなく，事故後に自分が管理職からいかに扱われてきたかについて興奮してまくし立て始めた。誰も自分を十分に支えてくれなかったと，そして自分はその会社で「降格」される必要はなかったのに，以前の地位にまで降格されたとも感じていた。この初回面接の前半は，処遇についての辛辣な不平にすっかり満たされてしまった。治療者はこの溢れ出てくる不平をあまりに激しく浴びせられていると感じて，この患者に役立ちそうな何かを治療者が系統立てて述べることもままならないという独特な雰囲気が醸し出されていた。Fさんはひどい扱いに憤慨していると述べ，それはまさしくそうだった。正義が実現されるのを見たいと彼は言った。面接者は，あなたは事故そのものについて語るよりも，不平の気持ちでこの面接をいっぱいにしているようだとコメントした。さらに，あなたがもし事故のことを実際に話したらそれは追体験のようになってしまい，そのとき感じた痛みや無力感，恐怖の渦に突き落とされてしまうのではないかと不安なのでしょうと示唆した。これはFさんには言わなかったのだが，憤懣が，家族にふりかかった出来事をめぐる彼の罪悪感の諸側面に対する

防御に役立っているようにも思われた。この罪悪感は，これから引き続き述べていくように，事故の時点での彼の行動にはあまり関係なく，それ以前からあった家族へのアンビヴァレンスに関係していた。このときにはFさんは治療者のコメントに同意して，事故についていくらか語り始めた。何が起こったかの詳細を説明する間，かなりの苦痛の色を浮かべていた。実際のところ，その事故があたかも今まさに起こったかのようにFさんのこころの中に生き続けていると治療者には強く感じられた。事故については喪の哀悼がされていないために，17年前に起こったというよりも，今まさにそれが起こったというのが，彼の心的状態の本当のところだろう。しかしながら事故そのものの話は，悲劇が起こった直後にカウンセラーに引き合わされて，何年も前にその動揺をうんざりするほど話してきたという注釈をたびたび挟んで中断した。その面接のほとんどの間，彼のこころは辛く苦しんでいる状態のようであり，より脆弱で苦悩となるものを向こうに押しやっているようにみえた。と同時に，治療者が自身の知的，情緒的な資源を使ってFさんの援助となるものを提供しようとする試みに対しても，距離をとっているようだった。この患者には防衛としての万能感を維持することが不可欠なようだった。そこでは自分の憤懣の真実性を確信しており——不当にも降格され，頼っていた人たちにはひどい扱いをされて裏切られ，その結果，自分自身と自分の見方しか信用できなくなっていた。彼とふれあおうとする治療者の試みは，援助となる理解や情緒的なコンテインメントの提供によって，この万能的な構えを土台から崩そうと脅かす深刻な危険となっていた。実際に治療者が，崩壊してしまう恐怖や無力感についてさらに述べると，彼は，背中の手術がまだ必要なこと，手術をすれば一時的であるにせよ回復までの間は依存状態を強いられることの恐怖を話し始めた。療養のあいだは，子どもの1人と過ごすつもりだと言ったが，それは苦々しげに語られた。彼は自分の人生の中で得たものをほとんど失ってしまったにもかかわらず，娘は順調に自分の人生を確立してきたこと——仕事をし，結婚して家族もあり——に憤っているようだった。

　しだいに次のようなこともわかってきた。妻と子どもの命が奪われたときの休暇は，Fさんが長年働いて初めて取ったものだった。彼はずっと極端な仕事人間であり，そうして早期に退職できる十分な貯金をして，家族も豊かに暮らせるようにしていた。しかしこれは，彼が職場の机に長時間向かっていたその何年もの間，家族は放っておかれていたことを意味するだろう。彼は，仕事人

間という特徴を，生涯続いている．自分の面倒は自分でみなければならないし，誰も頼りにはできないという感覚と関連づけており，その感覚は面接の中でもはっきりと見られた。このような態度は事故のかなり前の経験からくるものだと彼は治療者に説明した。たとえば両親は，獲得した奨学金を利用してグラマースクールに行くのを認めなかった。両親は，地元の高校に残って家族と暮らすようにと言い張り，彼はこれにいつも失望と憤りを感じていた。

　コンサルテーションの間にこうした出来事を述べながら，Fさんは，現在の状況が苦しみの唯一のものでもそもそもの源でもないことを2人で見ていくのを受け入れた。彼は子ども時代から自分の人生は不公平な扱いに苦しめられてきたと感じており，またこの話をするときには，自分の主張が立証できる証拠を積みあげているように見えた。これが自分の人生の真実を表していると治療者に示すことが，彼にはとても重要そうに思えた。このように，トラウマをもたらした事故とその後の雇い主による処遇は，無意識では「歓迎される」出来事として経験され，それによって，人生を不当に扱われてきたと主張できる，さらなる明白な理由が付け加えられた。Fさんがコンサルテーションとして同意していた時間内に探索するのは無理であったが，彼の憤懣は早期の体験への反応のようだった。質問票には，たとえば，母親的な世話が欠けていて裏切られ見捨てられたと感じた母親について，「母性的でない」と書いていた。

　このコンサルテーションではっきりしたのは，続いて起こる出来事の，まさに彼に独特な取りあげ方である。それはあたかも，人生での最悪のことがやってくるのは自分であり，常に不公平に扱われてきたという憤懣を実証しているようだった。それのみならず，維持されたこの憤懣の感覚は，万能感を，そして誰にも依存しないことを正当化した。ゆえにそれは，早期の人間関係における痛みのすべてから彼を守る機能を果たした。しかし重要なことには，強い喪失感とそれがもたらす苦痛と同じように，家族を顧みないで非母性的な親のようになっていたことの罪悪感からも守られていた。事故に関してもこれは明白であり，家族が亡くなる前は，彼が家族をかまうことはほとんどなかったし，列車事故では生存した2人の子どもの手当てを選択して，それから妻ともうひとりの子どもに向かった。彼にある憤懣と他者に向けた非難の気持ちは，人生早期のきょうだいとの対抗心や，両親や他者へのアンビヴァレンスと破壊的な感情にも関連するものだが，無意識的な自己批判や，自分こそが非難される人間だという無意識的な恐れを払いのけていた。スタイナー（前掲書）によれば，

子どもは両親がカップルであるという現実に出会う状況によってショックを経験し,「傷つき, 不公平, 裏切りというような深い感覚がもたらされうる」という。

そのような人にとってトラウマは, いわば悲劇的にもそれを利用する——人生は不公平で他人は裏切り者だという持続している憤懣の感情を正当化することによって, 嫉妬や喪失感や罪悪感を抱かずにすむようにする——パーソナリティの一部にときに組み込まれる。母親を自分だけで独占できないという現実は, 認識するにはあまりに苦痛で屈辱的なものと感じられ, そのような認識がなされたならば, 追求された復讐がもつ破壊性は扱いえないものと感じられる。フェルドマン（前掲書）は次のように述べている。理想化された母親対象を手に入れたいという望みは, 実際には, 能力と支配と特別だという感覚を与えてくれる, 手放せない貴重な対象のような, 憤懣へのしがみつきに取って代わられる。この状況では, 憤懣が維持されることが不可欠になる。そうした境遇では, トラウマは憤懣を引っ掛けるための「留め釘（ペグ）」となり, 憤懣は持ち続けられる。人が援助を求めて来談するのは, 心的な変化を望んでというよりも, 自分の既存の内的構造を維持し強化するためかもしれない。言い換えると, ある人たちは,「ひどい扱いを受けた」と思うさらなる理由をみつけようとする。

予想できたことかもしれないが, Ｆさんにとってコンサルテーションは, 理解や援助の源というよりは, いっそうの憤懣の供給源になった。彼は面接に一度しか来なかった。部門の秘書に電話をかけてきて, こう言ったのだ。面接はあまりにひどいものであり, というのは治療者が不親切で支持的ではなく, 最初に握手を求めてこないし, 飲み物も出されなかった, と。そういった望みを話しても, 治療者は認めずに批判的であり, 敬意や思いやりを見せなかったと思っていると彼は言った。治療者は返事の手紙を書いて, Ｆさんの心痛と落胆がわかったこと, Ｆさんの住居の近くに治療的援助を提供できるところがあること, またトラウマ・ユニットで次の面接ができること, それはもしＦさんが望むのなら自分ではなくて別の治療者が担当することも伝えた。その後の連絡はなかった。フェルドマン（前掲書）は, 痛みを伴うエディパルな現実に直面させ, 空想や現実の中での破壊や損傷に対する責任を引き受けさせることを含めて, 心の真実の探求を説くゆえに, 治療者は嫌われうるものであると指摘した。もし治療者が, 防衛的に働く憤懣の構造を解釈によって脅かすならば, 患者は洞察に至るよりはむしろ脅かされ裏切られたと反応しがちである, と彼

書いている。

　トラウマにまつわる治療にやってくることの**無意識的**な機能が，Fさんのように，憤懣の病巣に新たな命を吹き込むためという患者もいることを私たちは提示している。Fさんは17年前の列車事故でまさに現実に重傷を負い，そのとき妻や子どもを死なせてしまった。意識的には，彼はその損傷を乗り越えられずに，妻と子どもの死を哀悼するために援助を求めてきた。これはFさんにとって大変重要な問題だった。しかしながら無意識的には，人生早期から抱いてきたエディパルな憤懣の感覚に油を注ぎに来ており，それは17年前のトラウマから脱却するための援助を受ける妨げとなっていた。このような患者は，すでにある憤懣で治療者をめちゃめちゃにし，次いで治療者やら治療施設を，不当に苦しめられているこころの状態にとっての新たな病巣として呑み込むのである。このような患者が援助を求めてくるときに，二重の目的——意識的な目的と無意識的な目的——があると理解しておくこと，そして可能ならば両者を区別し，両方に取り組もうとすることが臨床的には重要である。

Gさん：憤懣とその償いの可能性

　次の患者Gさんもまた，自分のことを被害者だと思い，不当に苦しめられているとのこころの状態を示していた。けれども，憤懣の内的構造がそれほど凝り固まってはおらず脅かしてくるものでもないので，コンサルテーションをよりうまく利用できそうに思えた。

　Gさんは34歳の女性であり，バス車掌としての勤務中に激しい暴行を受けてこのユニットに紹介されてきた。ある乗客が運賃についてGさんと口論を始め，彼女を手荒く押したり突いたりして，しまいには床に押し倒した。バスにはほとんど乗客がおらず，その女性客は床に倒れているGさんを，バスの外に，つまり対向車がやってくるかもしれない道路に押し出そうとした。運転手は数少ない乗客の1人からこれを知らされたが，それに気づいた加害者はバスが減速すると飛び降りて，通りを抜けて逃げ去った。Gさんは痛々しい打撲を負いつつも危機を脱し，怪我もそれほどひどくはなかった。加害者は逮捕され，裁判では，執行猶予の付いた重い罰金刑となった。この出来事によってGさんは激しく動揺したが，もっとひどい怪我をせずにすんだのは幸運だったと思った。彼女はこの事件のフラッシュバックや悪夢で眠れずにおり，暴行から約4カ月後の，コンサルテーションに初めて来たときにもまだ仕事に復帰できずにいた。

質問票によってGさんの経歴や生活背景の事実がいくらかわかった。彼女は2人姉妹の長女で，9歳下の妹がいた。両親はまだ健在だった。両親については，愛情深く思いやりがあり支えとなる人たちだが，家計はひどく困窮していて，子どもの頃はずっと，グラスゴーの小さなアパートの一室に家族全員で住んでいたと書いた。また両親はずいぶんと言い争いをしていたが，彼女の姿が見えるといつも口論をやめたとも触れられていた。両親の口論は，生活するのに十分な住環境ではないことによって誘発されたと彼女は考えていた。けれども母親は，「子どもたちの要望にできる限りのことをし」ようとしていたし，父親は肉体労働者でかなりの働き者だった。Gさんは未婚だったが，8歳年上のパートナーがいて，その人と2年間一緒に住んでいた。バス車掌という今の仕事の前には，大手の仕出し宅配業社で働いていたが，余剰人員として解雇され，別の会社に似たような仕事をみつけることはできなかった。1年以上の無職の期間を経て，やっと現在の勤め口をみつけた。仕事には満足できずに，何か別の仕事をしたかったのだが，応募してもどれにも採用されなかった。
　コンサルテーションで会ったとき，Gさんは静かに話したが，それはむしろ自信のない女性に見えた。けれども彼女は面接の大半を，はじめから，この2, 3年受けてきたと感じている不公平な扱いについて，控えめながらも辛辣な描写で埋め尽くした。彼女は解雇され，バス車掌という望まない仕事に応募しそれを受け入れなければならず，その後に暴行を受けた。また彼女は，解雇されるちょうど前には，富と権力の濫用に反対する熱心な活動家であり，少し前までは社会主義者の組織で，最近では労働組合運動に携わっていたと説明した。「不公平な」処遇との闘いに明らかにこころを奪われており，そうした処遇が自分の人生には絶えないと感じているようだった。面接が進むとともに，Fさんとの面接の間になされたものよりも，さらに明瞭にこのことをGさんの人生早期の諸側面とつなぐことができた。第2回目の面接では，Gさんは，妹が生まれたとき一人っ子としての「特別な」地位を家族の中で失ったと感じたと語った。また，妹はいまだに両親によくお金を無心しており，それには自分はひどく憤慨している，援助する余裕など両親にはなく，お金をもらうどころではないことをわかるべきだ，と説明した。このようにして，自分は妹よりも両親を理解していて寛大であると表明した。治療者はGさんに対して，この「寛大さ」が，妹に対してよりもむしろ両親への意識されにくい憤懣の感情，つまり，両親が妹だけにお金を与えるのは不公平だという思いから自身を守っているの

ではないかと示唆した。また，「寛大な」こころの状態によって，両親の愛情をめぐって妹と競争するよりはむしろ，自分が「正しい立場に」いると思える地位のままでいられた。Gさんは治療者のこのコメントに対して，両親は妹には不公平なほど寛大であり，妹に対する両親の態度を変えられたらいいのにと望んでいたが，どうにもできないと無力に感じていたと述べた。

　Gさんは，自分の人生がどれほど不公平に満ち満ちていると感じているかを話していった。彼女は解雇について述べ，いかに動揺したかを語った。友達が失業し，それだけでもぞっとしたが，彼女も職を失ってしまった。中学校のときは，よくできる子が先生たちから選ばれて特別視され，つまらなかったと述べた。もともとできる子をもっとできるようにと先生は選んでいたから，それは不公平だと彼女は思った。治療者はこのことを，自分よりも常に両親から目をかけられていたように感じた，妹についての感情に結びつけた。彼女はそうですと言い，幼少期の記憶について話した。妹がギャーギャー泣くのをやめなかったときに叩いたことや，要求がましい泣き声をやめさせたくて，小さな赤ん坊の妹に較べて力があると感じたことを思い出すと，今では罪悪感をもつと語った。治療者は，彼女自身にある乳幼児的な欲求がましさはいかなる競争相手も許せないことを示唆した。Gさんは肯定し，自分は，妹が大声で泣いていたときや食べ物をほしがったとき，そして人の気を引きたがったときなど，妹を殺してしまえたらと思った。何もわかっていなくて，ただ赤ん坊の妹がそこにいて生きており何かをほしがっているからだったと付け加えた。Gさんの今のパートナーは子どもをほしがっているが，Gさんは自分がどうなのかはよくわからないと言った。そして，新たな赤ん坊にも対抗心を抱いて殺しかねない気持ちになるのを恐れているためかもしれないとの治療者による解釈にも同意した。

　Gさんが，自分が正しく扱われていないという理由から不平は正当化されるという感覚を維持することで，自分の要求がましさや残忍な対抗心をめぐる罪悪感を避けているだろうことも面接の中で明らかになった。この例となるのが，コンサルテーションの開始にあたって起きた事態である。Gさんは，治療者が準備を整える約束の5分前に治療者の部屋に直行してきた。Gさんとの間でこの出来事が取りあげられると，彼女は受付を見たが忙しそうだったと説明した。すでに忙しい受付職員を煩わせたくないと思い，自分で行き方を探そうと思った。部屋をみつけることが難しいとわかって（治療者が建物のどこにい

るのかまったく知らなかった），とうとう涙が出そうになり，迷子になったと思い，別の階の秘書に尋ねて，正しい順路を教えてもらったのだった。彼女は，この建物はたいそう複雑な造りで，大きすぎるし忙しすぎるので，表示をもっと多くして受付職員の数を増やすべきだと不満を述べた。玄関ロビーの「提案箱」に苦情を投書しようかな，と言った。こうして彼女は，この強大なクリニックの運営の犠牲者だと感じていた。そしてそれが，のちに認めることとなった，治療者にただちに会いたいと主張する際にもつかもしれない罪悪感へのいかなる気づきをも押しのけた。すなわち，時間や受付職員の現実的な限界との間で折り合いを着けねばならないのを避けていたのだ。のちに面接の中で，この件と，自分だけの母親がほしいという望みや，母親が自分だけのものではなく母親にはパートナーがいるという，妹の誕生によってはっきりした現実に直面したくないという望みとを関連づけられるようになった。

　第3回目のコンサルテーションが終わりに近づくにつれGさんは，自分の対抗心や憤怒，これらについての罪悪感を抱く瞬間があるとの気づきを話した。最初に提示された4回の面接の最終回にやってきたとき，彼女はすでに事務の仕事に復職しており，それが自分に合っていると報告した。しかしながら3カ月後のフォローアップ面接では，この仕事を今も気に入っているが，同僚たちがあまり仕事をせずに自分にすべてを押しつけると不満を述べた。彼女は直属の上司に苦情を言おうかと思案していた。この面接でGさんは，成人部門での治療をさらに受けるように勧められたが，これ以上の治療は必要ないと思うと述べて，受け入れなかった。彼女は自分にある剝奪と憤懣の感情を探索し始めることはできたが，それを持続することはできないようだった。探索は，現在の同一化に変化をもたらし，それを実際に維持できなくするものだった。というのは，探索がより根本的な内的変化に，すなわち彼女自身の責任感やその結果として起こる罪悪感への直面につながるかもしれないからである。スタイナー（前掲書）は，人は空想の中や治療者との転移関係を含めた婉曲的な形による人間関係の中でも，復讐の願望を実演しないではおれないと示唆している。償いと許しが可能となるのは，破壊性と受けた損傷に直面できたときのみである。恨みの感情は，プライドに対する大打撃であるので認識されにくいかもしれない。破壊性は，あまりに大きな損傷を与えるものと感じられ，あるいは報復される恐怖のために直視されえないだろう。そのような状況下では，憤懣は維持されねばならない。

考　察

　FさんとGさんのどちらも，維持され続けた憤懣の感情は，望むように愛されなかったという剥奪体験の激しい苦痛やそれへの恨みと，続いて起こる罪悪感に何とか対処するために必要なようだった。2人にとって最早期の剥奪体験は，満足いくほどには決して解決されてこなかった，すなわち償いがなされていないように思われた。このような場合，それは，人生早期の外的現実の特異な性質にもっぱら帰すべきなのかもしれないし，何よりもまず体質要因のためであるかもしれないが，たいていはその両方が混ざり合っている。

　デニス・カーピー Dennis Carpy（1987）は，メンタルヘルスの問題への内的現実と外的現実の相対的な寄与をめぐる議論で，責めを負わせたいという衝動がきまって持ち出されることを示唆している。彼は，責めを負うのは，空想を原初的なものとみなせば子どもの側になるし，環境を最も強調するならば大人／親の側になると主張する。この特殊な「道徳的な」責任追及は，精神機能における原初的な精神病領域から派生しており，多かれ少なかれ誰にも存在するものだというのが彼の持論である。

　　しかしながら，私が思うに，この態度は普遍的なものであり，私たちそれぞれを不当に扱ってきたと感じられる両親への深い憤懣の感情と結びついている。この道徳的態度のもと，私たちはこのような両親を非難したくなり，両親が間違っている，被害者である私たちに両親は不当なことをやらかした，われわれの告発は完全に正当化されるはずであり，これを広く認識させる権利がある，と確かに証明できたらと望むのである。

　このような憤懣は，あらゆる依存の経験が回避される自己愛パーソナリティ障害の起源であり，その維持の源泉となりうる，**というのはそうした依存体験が常に深い落胆につながるからだ**，という考えを彼は提唱した。おそらく身体的または情緒的な剥奪もしくは侵害を伴う実際の依存が，**理想的とはいえない**対象への依存であることや，実際に依存していることへの気づきによって生じる，はかり知れない心的苦痛からその人を守るのに，憤懣は役立っている。カーピーは，「それゆえに憤懣の感覚は，活発な状態で維持されることが不可欠だ」と書いている。

第5章　トラウマと憤懣　99

　そのような患者では，現在の外的なトラウマとなる出来事は，より古い憤懣にとっての新しい栄養源として無意識のうちに歓迎され，その出来事から離れるのが特に難しくなるだろう。
　この章で述べた3名の患者すべてが，心的苦痛に対する，そして脆弱さと無力感に対する，さらには空想や現実の中で他者に向けてなされた破壊をめぐる罪悪感に対する防衛として，憤懣を利用しているように思われた。だが，（事例によって）明らかな違いもあった。最初の患者では，不当に扱われているという苦しみの感情は他の患者よりワークスルーすることができ，現実と真実とを確立しようと償いの努力をする中で用いられたように思われた。FさんとGさんには両者とも，はるかに凝り固まった憤懣の構造という感覚があった。このため内的な荒廃感はより強くなり，罪悪感は高まり，防衛をさらに必要とし，それゆえ憤懣の構造を支えるための心的悪循環をつくり出すに至った。Fさんの場合，援助を求めることは，内的な憤懣の構造に取り組んで変化させようとするよりも，それを補強するニードによって無意識的に動機づけられていると思われた。したがってコンサルテーションは，援助の供給源としてよりも，さらなる憤懣の病巣となった。
　もちろん，どのようなコンサルテーションであっても重要なのは，患者がひどい扱いを受けてきていると思っているとき，その性質を，そして治療者である私たちが実際にどれくらいその一因となっているかを理解しようとすることである。Fさんに顕著なのは，不当に扱われたと感じる悪い対象との悪い体験を，あたかもそのままにしておこうと決めているかのように，治療者とともにする探索をまったく受け入れようとしないことだった。
　FさんとGさんとの間で示された状態の違いは，コンサルテーションの利用の仕方の差異を解明するだろう——援助となるものの源泉としてか，それ自体を憤懣の病巣にするかである。この差異は，防衛的な憤懣の構造がどれだけ必要であり，どれだけ脅かされていると感じられるかの両方に関連している。
　Fさんの場合，新たな不平の供給源なしに，憤懣のもともとの病巣ではもはや不当な扱いに苦しめられたパーソナリティ構造を十分に維持できなくなっていたと考えられる。そうして憤懣は，理解されるよりむしろいっそう強化されなければならなかった。今は年をとって退職したので，仕事からは，不当に扱われているという感情を維持させる次なる機会は提供されなかった。そのうえ，活動性の低下を意味する加齢と退職は，痛みを伴う罪悪感や激しい抑うつ不安

という危険に彼をさらしうるものだった。正義の憤怒によって，抑うつ的な心的破綻は回避されているようだった。実際は，年をとり人生のいろいろな機会が減ることで，おそらくFさんも，償いに向けて開かれた可能性が自分にはほとんどないと感じていた。一方，AさんとGさんはまだ子どもを持てるかもしれないし，人生の他の可能性もあった。もし現実または空想において受けた損傷を修復できるかもしれないという感じがなければ，損傷に向かい合うことは不可能である。最初の患者Aさんの場合は，告訴が償いを可能にするひとつの道に思われた。Gさんもまた，彼女の心的現実を取り扱う手段として，そして内的な償いの手段としても，コンサルテーションをより有効に利用できたように思われた。Fさんは，家族が実際に亡くなったために，打ちのめしてくるような罪悪感に脅かされて，この特有な心的防衛をもっと必要に感じたという例であろう。彼は亡くした家族を生き返らせることも，次に子どもを持つこともできず，人生が終焉に近づいてきたとき，空想の中で復讐の究極的な勝利へと向かっていた。しかし彼もまた死ぬのである。

結 論

不当に扱われたという感情は，しばしば取り扱いにくい。治療者と患者の両方にとって骨の折れる仕事となるのは，同一化できる外的出来事の被害者として苦しむことの方が，患者にとっては概説してきたような心的苦悩よりもましかもしれないからである。この臨床像を呈しているように見えるトラウマを蒙った大人を援助しようとする際には，現実に起こった外傷的な出来事を探索することと，コンサルテーションの中で治療者に対して生じるものを含めて憤懣の本質を慎重かつ細やかに探索することの両方が必要となるであろう。非難する構えを治療者が採っていると感じられることや，患者がまさに実際に経験したトラウマを治療者が軽んじているように見えてしまうことは，とても起こりやすい。しかしながら，より創造的な人生のためにパーソナリティを解放するには，そのような探索こそが，不当に扱われた犠牲者というアイデンティティを採ることで防衛されているもともとの苦悩を位置づけ，ワークスルーすることを可能にするだろう。

第6章　トラウマを蒙った患者の心の仕事

グラハム・インガム

はじめに

小説『オーギー・マーチの冒険』(1953) の中で，ソール・ベロー[訳注1]は，主人公のオーギーがカフェで自分自身を振り返る場面を描いている。

　……ぶらぶらしながら過ごしていくのだろうと思っていた間はずっと，恐ろしくつらい仕事が行われていた。はげしい，はげしい仕事，坑道の掘鑿，採掘，採鉱，トンネルの中をもぐらのように進むこと，持ちあげ，押し，岩を動かし，働き，働き，働き，働き，働き，息を切らし，ひっぱり，つりあげる。そして，この仕事は何ひとつ外からは見えない。それは内部で行われる。正義を得たり報酬を手にするには無力で，どこにも辿りつけず，ゆえに自分自身で，働き，苦闘しながら稼ぎ，借金を返し，侮辱を忘れず，戦い，応え，否定し，べらべらしゃべり，糾弾し，勝利し，裏をかき，打ち負かし，弁護し，叫び，言い張り，赦免し，死に，そして生き返る。まったくひとりぼっちで！　みんなはどこにいるの？　あなたの胸と皮膚の内に，完全な抜け殻の中に[訳注2]。

ソール・ベローは，オーギーのこころの働きについての記述の中で，何か特別なことが起きているのを示している。オーギーは創造的な仕事と労働に没頭している。けれども，この仕事はどのように特別なのだろうか？　それは心の活動というもの，つまり存在についての瞬時ごとの，日々の，諸要素の心的な処理過程というものである。この労働の欠如または不十分さは，こころが適切に働いていないことを示唆している。それはまたソール・ベローが断言してい

訳注1）Saul Bellow（1915-2005）は，カナダ生まれの米国の作家。『オーギー・マーチの冒険』は，シカゴの貧民街に生まれたユダヤ人少年オーギーの半生を描いた，彼の代表作である。
訳注2）『現代アメリカ文学全集19　オーギー・マーチの冒険』(1959，刈田元司による抄訳，荒地出版社) を一部参照した。

るように，しばしば見えないところで請け負われ，内部からあるいは外部から働くものである。

　私がこの一節から始めた理由は，これから私が提示する患者が，紹介されてきた時点ではガールフレンドの事故死や母親の病の進行と死によって打ちのめされていたという限りにおいて「トラウマを蒙った患者」なのだが，いまや彼は「心の仕事 mental work」（彼の言葉であって私のではない）に問題を抱えていると自分自身を説明しているからである。ある面では，彼にとってこれは新たな洞察ではない。いや実のところ治療の始まりには，ときおり「哲学的な問題」をもつと自分自身について述べ，皮肉屋で，ニヒリストで，こころの働きには無知で無関心だと言っていた。彼の表現では，修理工場まで車に乗ってきて「エンジンが動いていない」と言うような人であった。最初の頃に話されたことだが，彼の好むジョークに，「どうやって神を笑わそう？　企てを神に告げよ！」^{訳注3)}があった。彼はいわば「シナプスの跳躍」ができるような人であり，「僕はこころのボタンを押して，鎮静剤を注入させることができる」のだった。

　さて，こんなふうに話す人は，目的をもった自己省察や，比喩や象徴化の能力といった心の仕事ができる証拠を示していると考えることだろう。たしかに彼は知的で感受性の豊かな男性であり，教養があり政治意識も高く，多くの点において思慮深い。こういった言明は，その並外れた率直さや隠し立てのなさに加えて，患者による見方と心的平衡を維持する方略の優位性を主張するかのような高慢な話しぶりであったにもかかわらず，治療者の記憶に残った。こうしたコメントがなされた文脈は，決して夢をみることも白昼夢もなく，空想を描くこともできず，子ども時代からの記憶はほとんどなく，内的世界という観念はまったく困惑させると主張している人からのものである。子どものときに彼は孤独を感じ，ものすごく大きな不安状態は医学書へと向けられて，アドレナリンの知識を身につけ，それからは心の経験を生理現象がもたらす結果以上でも以下でもないと「理解して」──「説明した」。ソール・ベローの主人公による骨の折れる作業や苦闘，そして葛藤し解決する人物群が住まう動機と痛みにまつわる内的情景は，彼には異物であり忌み嫌われていた。

訳注3)　ユダヤの格言「人の企てを神は笑う（Man plans, God laughs.）」をもとにしている。どんなに努力をしても人間の考えることには限界があり，結局は神の意志に任せるしかないというジョークである。

第6章 トラウマを蒙った患者の心の仕事　103

またすぐにこの患者のことに戻るが，はじめに，心の仕事という概念とトラウマとの関係について少し述べたいと思う。(わざわざ「少し」と言ったのは，当然ながら，心の仕事というのはきわめて広いテーマだからである。)

フロイトが『快感原則の彼岸』(Freud, 1920)で心的外傷について書いたとき，トラウマを「刺激に対する刺激保護障壁の広範な破裂の結果」(1920, p.31)と彼は考えた。他の有機体と同様に，こころは「刺激を通さぬ特殊な皮膜あるいは薄膜」(1920, p.27)を発達させる。この外部で取り囲んでいるものや障壁は，皮膚がそうであるように，典型的には無機体であるか死んでいる。「その死によって」とフロイトは書いているが，「外部層は，すべてのより深いところにある層を同じ運命から守った」(1920, p.27)。ある人にとって，死せる外部層は他の人たちよりもさらに内部にまで達する。死せる外部層によって，生きた自己にはほとんど届かなくなる場合がある(おそらくこれは，一部のシゾイド患者にはことのほかあてはまる)。しかしながら私たちすべてにとって，この層は——それはビック Bick らにより「心的皮膚」や「皮膚自我」として知られるようになったものであるが——心が生き延びるためには不可欠なものである(Bick, 1968)。フロイトはその必要性を次のように繰り返し強調した。「生きた有機体にとっては，刺激に対する保護が，ほとんど刺激の受容以上に重要な機能である」(1920, p.27)。

精神分析では現在，「刺激に対する防御」と「刺激の受容」を，相互に深い関係を有するものとみていると言って間違いないと思う。刺激の処理ができるように働く受容器は，身体感覚や生(なま)の知覚を取り扱える思考可能な経験に変え，ゆえにこころが，過剰で抗しがたく，麻痺をもたらす刺激から護られるためにも不可欠だと示唆している。私が述べていることは，ウィニコットの「ほどよい母親的養育」(Winnicott, 1965)や「コンテイナー-コンテインド」(Bion, 1962)という領域に私たちを導くものである。

ビオンが定式化したのは，乳児の混沌として統合されていない生の感覚のコンテイナーとしての母親のこころの機能であり，母親の「もの想い reverie」と名づけたもの——これらの感覚を受け入れ，空想をめぐらせ，代謝させる能力——を通して，ビアンチェディ Bianchedi が「パーソナルな想像的経験」(1995, p.128)と呼ぶものへと，幼児の生の感覚を変形するということである。経験の未消化なものを，精神生活の素材——夢，白昼夢，思考，記憶——へと加工するこの能力を，ビオンは「アルファ機能」と呼んだ(Bion, 1962)。この

能力，機能こそが，母親から取り入れて自分のものにするという，乳児が内在化するものである。スィーガルは，それが発達にとって決定的に重要であると強調し，「アルファ機能の遂行ができる良いコンテイナーとの同一化が，健全な心的装置の基盤になる」(1991, p.51) とした。

　要約しよう。トラウマでは，こころは過度な刺激にさらされ，刺激保護障壁は打ち破られてしまう。そればかりでなく，刺激を扱い，御し，処理するこころの能力に過重な負荷がかけられる。ビオンの用語であれば，アルファ機能が破綻して，こころがコンテインしている「アルファ要素」——経験のまとまりをつくり，夢見ることや思考することができ，人間の経験と理解したものを貯蔵できる要素である——の代わりに，混沌として断片化された認識できない感覚——ビオンのいう「ベータ要素」——に満たされる。その後，それらはどこか出しやすいところに放出され排泄される。ちなみに，私の患者は治療の途中で，子どものころ真夜中に覚醒したまま横になっていた様子を詳しく語ったのだが，それは言い表しようのない，だが怖いものだとわかっていた。これはビオンの用語の「言いようのない恐怖」(1962, p.116) があてはまる状態だったと言うことができよう。患者の意識は，部屋の時計のカチカチという音に集中した。時計とそのカチカチという音は，私が思うに，彼のこころに生じている名づけえないもののコンテイナーに最も近いものとして彼が見出せたものなのである。

　まさに外傷的な出来事によって，ものすごい量の心の仕事への着手が求められると言えるだろう。これまで簡潔に説明してきたアルファ機能の道筋に沿った心の仕事である。定義ではトラウマは，このアルファ機能の働きが打ちのめされ，含まれている刺激の質と量をコンテインして消化することができなくなって，その結果破綻したときに起こる。おそらくトラウマと心の仕事との関係は，このことが示唆するよりも，もっと緊密でかつ相互依存的ですらあるかもしれない。結局のところ，心の仕事の土台として精神分析が考えているのは，分離と不在に関連する外傷的不安なのである。分離を認知し承認することや，扶養してくれる母親の不在という経験をワークスルーすることの中に，思考と心の仕事は構成される。不在を認知し，承認し，ワークスルーするこの過程が，本質的に喪の過程であるがゆえに，この結びつきはさらに強まる。死別のトラウマがうまくワークスルーされるためには，喪の哀悼が必要とされることは自明である。いかなる種類の喪失でも——たとえばそれが失業であっても——

哀悼を伴うことが見てとれる。実際のところ，変化はそれ自体が喪を招き入れることをいまや私たちは知っている。メラニー・クラインは，「不幸な経験が引き起こすあらゆる苦痛は，それがどんな性質をもつにせよ，喪と共通するものをもっている」と述べている。そしてこう続けた。「あらゆる類の逆境に出くわし克服することは，喪の過程と似た心の仕事を必要とする」(1940, p.360)。彼女は，自己を豊かにするものはすべて，この心の仕事に拠っているとみなした。私は，先に引用した一節でソール・ベローが書いている，「正義を得たり報酬を手にするには無力で，どこにも辿りつけ」ないためにオーギーの内的な仕事が生じたというのも，そのことではないかと思っている。逆境や喪失でのこうした苦闘や，それに必然的に伴う喪の過程を欠いているとき，内的そして外的な現実は貧困化する。クラインは，その結果としての，窒息し，ひどく制限された情緒生活について記述したが (1940, p.368)，ソール・ベローも「抑止には繊細さや正確さがないことは誰もが知っており，もしひとつを押さえつけたら，隣り合わせのものも押さえつけてしまう (1953, p.3)」と書き，似た指摘をしている。

それゆえ，トラウマは心の仕事を要請し損傷しうるばかりでなく，心の仕事というものが，外傷的不安と直面し，取り扱い，コンテインし，やりこなしていく能力によって構成され，それを基盤としている。ニードや無力さや依存を認識し，自分は万能ではないことを受け入れる苦痛とショックは，発達のエンジンとして機能する。トラウマと思考，トラウマと知識は不可分である。

タヴィストックのトラウマ・ユニットでのコンサルテーションに紹介されてきた患者の治療と，それに続く週1回の，のちに週2回となる個人心理療法を描写しながら，これらのテーマについて例証してみたい。

ケースの例示：コンサルテーション

私が担当したDさんという31歳の男性は，アイルランド出身の父親と北欧出身の母親との間の第3子である。姉，兄，この患者は年子であった。彼は，恋人のアリソンが，ハンググライダー事故で死亡した直後に紹介されてきた。恋人とは，ついたり離れたり，ときに波乱を含んだ関係であった。母親はその1年前に亡くなっており，紹介されてきたときには，パニックと絶望感の入り混ざった苦痛を訴えていた。彼はトラウマ・ユニットの4回からなるコンサ

ルテーションを受けて，それが助けになったと感じた。とはいえ彼は昼から夜までずっと電源の切れたロボットのような挙動でやり過ごせるのがせいぜいで，悪いときには，無感覚かつパニックの状態になってまったく何もできなかった。

　私のこころに残っている，彼のアセスメントでの顕著な特徴は，死の連続であった。コンサルテーションからそう何年も前ではないときに親友が交通事故で亡くなっており，アリソンと同じように親友も「すれすれのところで」生きていた。Dさんの仕事は，最前線での救急サービスにかかわる，生死の問題が間近なものであった。はじめの頃の説明からは，彼やそのまわりにいる人たちが，相当な能力をもちながらも，人生に対処するための内的資源が不足していることがわかった。父親は高名な教授であり，上品で気遣いのある人だが，情緒の制限された，いくぶん傷ついたところのある人として述べられた。母親は痛ましい病気と死に際して，たいへんストイックにふるまったのだが，これもまた彼女の「遮断する shut off」ところを示しているようであった。アリソンは，美しく知的で創造的だったが，よくわからない，この世の人とは思えない女性だった。

　トラウマ・ユニットでの初回面接で，面接者は，「苦悩を理解し生き延びる」他者の能力への懸念と，「彼の対象の枯渇しきった無能さに出会うこと」への恐れに気づいた。すべてではないにせよ，たいていの患者にとって，担当する治療者の能力が最初のうちは大きな関心事となっており，意識的あるいは無意識的に，明らかにまたは暗に，治療者の強さと弱さそして限界と能力とを見極めようとする。おそらくこれは，トラウマを負った患者との場合に特にあてはまる。そこでは治療者のみならず聴き手であれば誰もが果たす役目——オープンであり続け，患者にとって考えることのできない経験に部分的に同一化し，そして，にもかかわらず考えることを試みていくのだが——その役目が試され，ときにそれは極端に難しい仕事になる。触れたようにDさんの場合は，彼が提示した重要な人物像は，コンテインする能力を欠いていた。10代のはじめ，父親が彼を友人の心理学者のところへ連れていったとき，表向きは試験にまつわる不安が理由だったけれども，父親が彼に息子の不安について話したことさえ，思い出すことができなかった。姉や兄とは，激しく果てしのない喧嘩をしていたが，父親と言い争ったことはまったく思い出せなかった。

治　療

　初期には，彼が抑うつ的になって自殺の恐れが増し，活動が何もできなくなったときに，私がどうするのかをはっきりさせようと彼は苦心した。私は投薬したり入院させたり，あるいは別の人にそうさせる手はずをとるだろうか？ 治療は役に立つのか，役に立つとしてもそれはどのように，どれだけの期間がかかってのことか？ アリソンについて話すことがどんな助けになるのだろう？ 気がつくと，私は，この患者について困っており不安だった。以上のようなことは，アリソンの死や葬式などが詳しく語られるにつれて起こり，それは，切迫感とプレッシャーのもとできわめて絶望的なものだった。そうした説明は，長い間に確立されたこころを操作するこの患者ならではの手段，とりわけ「シナプスの跳躍」というスイッチを切る能力の優越性ではないにせよ有効性についての主張と交互になされた。

　それでもなお，Ｄさんが自身のコンテイナーへのニードをどうにか認識して，コンサルテーションと治療の初期段階でこのことが部分的にかなえられたのは間違いない。アンジュー Anzieu は，トラウマについての記述の中で，「話された言葉と向けられた注意の両方が，傷ついた人のための補助または代理的な皮膚自我（ないし皮膜）として機能していることが見出されるのが早ければ早いほどに，引き起こされる苦痛はより少ない」と示唆した（1993, p.140）。トラウマ反応をめぐるこの自明な説明をアンジューは発展させ，「心の皮膜」（1993, p.140）と名づけたものによって理解した。粗い表現をするならアンジューは，この皮膜，コンテイナーの中にこそ，白昼夢さらには特に夢が生起すると定式化している。その主要な機能は，毎日の経験がこの皮膜にもたらす裂け目とほころびを修復することである。トラウマが心の皮膜のコンテインする能力を凌駕したときに，外的なコンテイナーが求められる。

　けれども，この章の最初に述べたように私の患者は，夢は見ていないし個人的な空想や白昼夢に気づくこともない，だから内的なコンテイナーなどはないと言い張った。そういった考えが彼に欠落していたわけではなく，昔も今も多くの点において思慮深い人であり，職業的にはすぐれた才能があり，議論のときも十二分に自分の地歩を保っていた。実際には，喪失や悲嘆という当面の重圧が和らぐと，友人と熱い議論をするような性向があるとも聞いた。さらに厳

密に言えば，特に典型的には論敵が宗教，政治，哲学的なものといった信念体系を弁明しているときに，彼は冷静さを保って距離をおき，論拠を解体するのを密かに楽しみ，そうしている間に論敵は熱くなっていった。論敵が怒ったり動転したりすると，きまって彼は困りきった（と同時に密かに勝ち誇った）。当然ながら，私もそのような議論，とりわけ心理療法の有効性に関するものに招き入れられた。これらの誘いかけは，明らかに遊びっぽくなされるときもあれば，切迫した狂わんばかりの口調でなされるときもあった。いずれの場合も，患者との面接における私の信念と確信は彼によって詳しく調べられた。前に述べたように，このことはある意味ではいかなる治療にも役立つのだが，Ｄさんの場合には，希望，意義あること，考えと人との間のつながりが，容赦なく価値を剥ぎ落とされていくような，さらに破壊的な要素があったと思われた。悪循環が始まり，私の解釈から患者はその生命を抜き取り，彼がまさに必要としたものを自分で傷めてしまったのを知ったようでパニックとなったのがときどき観察された。コンテイナーは働けないようにされる前に，その仕事をする機会がまずもって与えられなかった。

　外的に観察されたこのプロセスは，驚くまでもないが，内的にも起こった。Ｄさんは，感情，望み，期待とそれらの空想や夢の中の表象に少なくとも関連した心の内容物を，同じように取り扱っていることが徐々に明らかとなった。彼は，これらの内容物を攻撃して，痛みと苦難を避けたいと望みながらも，実際には経験を処理し分析するに至る装置を自分自身から剥ぎ取っていた。

　これらのテーマを臨床素材で例証してみたい。治療に入って約1年半後の，週2回の面接となった時点で，彼は，感情を言葉にすることがめったにできないと，高まりつつある関心とともに彼自身と私に向けて詳述し始めた。身体感覚として表現される（たとえば，前に触れたようなアドレナリンの過多など）内的な出来事がよく生じていた。彼によってそれが，知覚された情緒のあり様，たとえば不安やニードに結びつけられることはなく，まして人の不在のような［情緒を］引き起こす原因に結びつけられることはなかった。

　すぐ次の面接で，連続殺人犯に興味があると彼は語った。その説明は，必要のない切断手術を追い求める患者の精神病理のタイプについての特集をした，テレビで人気の科学番組へと移った。ある患者が外科医をうまく説得して片足を切断させると，切断手術を受けたその患者の心的状態はだいぶ改善したのだ。私の患者はこの男性の「愛想のよさ」――それは患者の私に対する表面的な態

第6章　トラウマを蒙った患者の心の仕事　109

度について私が使っていた言葉だが——に印象づけられた。番組によるとこのような症例には回復の見込みがない，と彼は続けた。これを，彼と私がもつ有効な力への患者特有の攻撃という点からみることができた。また，他者と結びつく能力や手段を暴力的にたびたび切断するのを，彼の愛想のよい体裁がどのように覆い隠しているのかが理解できた。その結果，彼には希望のない感情が残された。これらのテーマを見ていったとき，セッション中の私たちには十分なふれあいがあり，まれなことに患者は次の面接に夢をもってきた。その関連はとても明白だったので，このときばかりは夢を思い出すのに苦労しなかった。夢の中で，彼の手は切断されており，それが誰なのかは明らかではないのだが，縫い合わせて元通りにしてくれるように誰かを説得しなければならなかったと報告した。

　私が最大限に努力したにもかかわらず，私の解釈とそのセッションは，全体としてまったく単調なものとなった。とりわけ活気のないこの面接の終盤にかけて，患者は沈黙し，それから微笑んだようにみえた。私は彼に何を考えているのかと尋ねた。彼は，じつは白昼夢をひとつたしかにみたのに気づいたと語った。眠りに入る手段として彼は一度ならずそれに頼っていたのだが，そのことに気づかなかった。手短に言うと，その白昼夢は映画『ジャッカルの日』の一シーンで，彼は殺し屋の役割をとっていた。この場面で，彼，つまりこの患者は，狙撃計画を立てた窓から暗殺のリハーサルをしていた。それからライフル銃を巧みに分解し，その部品をそれ用の特別なケースにしまい，念入りに計画された調査ずみの経路から，そのビルをやすやすと立ち去るのだ。

　私，そしておそらく彼のいずれの視界からも外れていたのだが，この白昼夢は，つながりを壊して生命を奪う者という，彼の奥に隠された自己認識を実際に映し出しているものとみなせるだろうと思う。だが彼は，正体を現さず証跡を残さずに実行する技能や完璧な能力を誇りにしていた。ひとたび白昼夢が報告されるや，彼は正体を現し，それ以降は途切れがちであってもこれらのプロセスははるかに追跡可能になり，生命と意味への攻撃は，それが面接中に起ったときには治療作業の主要な焦点になった。それでは，これらの過程とDさんを治療にやってこさせたトラウマとはどのように関連しており，彼のどんな内的状況が反映されているのだろうか。

　治療の1年目に戻ってみよう。アリソンが死んだ直後のパニックと絶望感という続発症が，面接の数カ月間の過程で和らぎ始めたとき，私は自分の役目を

果たしていないという感覚に，断続的に，けれども徐々にはっきりと気づいていった。面接には「くつろいだ」雰囲気があり，患者のことをなんとなく好意的に感じて，彼も私に同様の気持ちを向けていると思う根拠があったのだが，生じるべき本当の仕事は現れていなかった。Dさんは事あるごとに，「治った」のかと訝しげな声を出し，私が治療を継続すべきだと考えているのかどうかと尋ねた。私はまた，ある経験がごまかされているという，もっと詳しく言えば，人との実のある適度な交流の経験からくる満足が剥奪されているという感情にも気づいた。私はこのことをさまざまに取りあげようとしたが，その効果は明らかでなく，Dさんがしたのは，母親の像をしだいに話してくれることのみだった。「話してくれる」と言ったが，ある意味でこれは患者にとっても新しい像であった。なぜなら，もともと彼には母親への思いや記憶はほとんど残っておらず，少なくとも病気の末期状態——そのときには，母親が病気にも不平を言わない気高さと勇気に感動し，母親の介護を全面的に担ったのだが——になるより前は，とてもぼんやりしたイメージのみだった。母親をめぐる「記憶のかなりの部分」が，より全般的な記憶と同様に失われていることに，彼はしだいに苦しみ始めた。

　そのうち，母親像や母親との関係についてのイメージはだんだん複雑になり，中身を伴うものとなっていった。彼の出生は，母親と胎児のいずれが生き延びるかが問われた外傷的なものだったようだ。姉や兄はまだ幼児で，家庭は貧しく，父親は自分の仕事でいっぱいで，母親は不慣れな異国の生活環境の中にいた。母親について彼が最初に言及したのは，彼に決して触ろうとしなかったことである。彼の質問にはまったく答えずに，母親はいつも斜めから見ていたとものちには述べられた。彼に話しかけてくるのは，「学校でいい成績をとりなさいとか，きちんと食べなさいとかいう，中流階級的な命令をする」ときだった。どうやら10歳か11歳以降は，拒食をめぐる決然としたしつこい戦いに彼と母親がずっとかかずらってきたことが，やがて浮かび上がってきた。口の中に食べ物を溜め，飲み込んでいないのをごまかそうとした。ついに2人は妥協案を思いついた。彼は，母親が調理したものではない，味はおがくずのような惣菜や冷凍食品を食べ，いくらかのコントロールを得たのだった。

　中身のないあたりさわりないやりとりの繰り返しは，転移の中に明らかであって，それにはに先駆けとなるものがあった。それは，患者が治療に食指を欠いていること，私自身が自分の役割からどんな満足も得てはいけないと感じて

いたことである。(しばらくの間,患者もそうであったが)私が伝えていないのは,彼の母親とのこうした苦闘の,辛辣で敵意に満ちた,生死にかかわる性質についてである。愛想のよい,切断手術を受けた者のことを覚えているだろうか。彼は,自身の能力や世話してくれる者たちとのつながりを暴力的に攻撃するが,それらすべては葛藤から自由になるためのものだった。患者はかつて母親について,寄せつけないような冷たさはないが,柔軟性に欠け,入り込むことのできない,美しい女性で,謎めいていて,わかりにくく,よくわからない人だったと述べていた。思い出しても抱っこされたことはなく,言葉遊びや体をつかった遊びを一緒にしたことも,強い感情をもった記憶もなかった。そのときのアンビヴァレンスは,姉や兄との激しい口論に置き換えられていたのと同じく,おそらく彼の成長の失敗の中により根本的に示されていた。能力があるにもかかわらず,学校生活でも,ほんの最近まで仕事においても潜在的にもっている力を現すことができなかった。治療では,すみやかにその進展を壊したいニードと,たとえばガールフレンドとの十分に安定した関係などの成長のようにみえるかもしれないものが,実際には錯覚で,まったくもってあてにならないことをしばしば残酷に示したいニーズのために,いかなる進展も遮られた。同様に,進行中の重要な達成は投げ捨てられて「やめてしまう」方が選ばれ,それは「中流階級的な命令」であって,かつて一時的にそれに同意したのは自分がそれだけ愚かだったということだとみなされていた。

　いくらかの進展が確実にもたらされたと思う。かなりの記憶が取り戻され,母親について知ろうという意欲をもち,母親の子ども時代を事実と空想で探索し,彼の幼い頃に母親が抑うつ的であっただろうことを理解した。母親の病気や,彼が感じた深い喪失についてもまた感動的に語った。一言でいえば,哀悼のようなものが生じた。あざけった好戦的な態度で治療を振り返りつつも,彼は,もはやたやすく切り離すことはできなくなり,人間関係では困難を抱え,いくつかの喪失を抑うつ的に感じていると語った。私たちはともに,これを進展をあらわす言明として捉えた。

　論文のこの部分を書いているときにわかったのだが,私は患者に関わる共通点のない多くの事実・記憶・経験を選択し,筋の通った意味あるものにしてストーリーを語りたいと苦心してきていた。物語と意味のこのような構築には明らかな危険性がある。それが現実と一致しないばかりでなく,治療者があまりにも長い間ただ1人の意味の供給者となることは,患者を,拒食症者が食欲を

投影するのに似た空虚な状態のままにしかねなかった。患者による素材を転移の中に位置づけることは決定的に重要である。たとえば，Ｄさんが好感をもっている上司が，Ｄさんの仕事では自己の一側面を「汚れないまま」に保つのが不可欠だと告げてきたと詳しく話したとき，この素材はこの場合ならば，治療において彼の生身の，傷つきやすく隠されている側面を保護し，コントロールを持ち続けたいという患者が知覚しているニードに結びつけられたときにのみ，意味を為し共鳴できる。この意味では，臨床的事実は報告されない。臨床的事実は患者と治療者との関係の中で経験され，そこにおいて観察され，はっきりと言葉にされ，確かめられ，あるいは価値下げされる。推測的な解釈になりすぎる危険性はありながらも，経験に意味を与えることは，とりわけトラウマを蒙った患者との仕事では本質をなすと考える。トラウマは，しばしば経験がもつ意味の豊かさを荒廃させる。フォナギー Fonagy は境界例の子どもの分析についてこう書いている。「思考や感情の心的表象が徐々に推敲されることによってのみ，現実についての具体的な経験が人間のこころに負わせた壊滅的な支配から自由になれる」（1995, p.43）。これが，トラウマを蒙った患者との面接での課題についての的確な定式化だと思う。私の患者が伝えてきたのだが，私がアナロジーや比喩を用いたのに面食らい，困ってしまい，またガールフレンドが「私に腹が立っているのね」などと彼の感情を直感的に見分け，名づけ，意味づけたことには茫然とさせられたという。母親にもの想いの能力が明らかになかったか，彼がそれを用いることができなかったか，その両方かという理由はどうであれ，Ｄさんは想像的な経験の世界を完全に発達しそこねたか，そこから部分的に退却して，物や物質的事実の世界へと逃げ込んだ。フォナギーは，「この適応，つまり内省的思考の拒否 disavowal は，子どもから心的外傷の代謝や解消の可能性を奪う」（1995, p.43）と述べている。これが私の患者が追い求めてきた適応であったのだろうと思う。何らかの理由によって，ほどよい母親対象を欠いていた――つまりコンテイナーを欠き，夢をみたり空想したり，想像したり，経験を記憶に貯蔵したりするのを助ける心の皮膜が欠落していた。その場所には，彼の経験や衝動が，生の，未消化な，悪化したひどく憂慮すべき様態となってそこから跳ね返されてくるような，入り込みがたい対象がいた。Ｄさんは，ひっきりなしに外傷を負っており，鎮静剤（否認，解離，拒否，スプリッティングなどが調合されたもの）の注入によって，衝動のインパクトを絶えず抑止しようとしていると言うことができよう。私が概説し

ようとしてきた心の仕事，つまりアンジューが「マイクロ・トラウマ」(1993, p.140) と呼んだ，ニードの頓挫とそれがもたらす結果についての繰り返し瞬間ごとのワークスルーが不在のとき，それに代わるのは，精神生活の抑止とこころの貧困化であり，その結末としての，事故による喪失のような外的トラウマに対する覚悟のなさと準備不足である。カーン Khan は累積トラウマという概念の中で，これらのマイクロ・トラウマが「子ども時代を通過して青年期へと至るまで，静かに見えない形で，作動し積み上がっていく」と，よく似たことを記述している。それらは「休止に黙しとどめ」られるのかもしれない。すなわち，人は「のちの人生において，急激なストレスや危機の結果として心的破綻をきたすことはあるかもしれないが，ほどほどに健康でかつ能力を発揮できる正常な機能に到達する」のが可能である (Khan, 1963, p.56)。

そういうわけで，Dさんのトラウマへの感受性は，これまで概説してきた彼の精神生活に認められる制約の中にあるとみることができよう。それから，外傷的出来事の性質も考慮に入れるべきである。述べるまでもないが，彼には内的世界に住まう人々に対する，とりわけ母親対象を中心に，著しいアンビヴァレンスがあった。母親への愛と気遣いを感動的に表現できたし，死が近づいていた母親には償いとして優しい看病をしたこともみてきた。けれどもそこにはまた，とりわけ情緒的に応じてくれないと感じていた母親が喚起した憎しみや敵意もあった。

この内的状況を考慮したときに，不慮の事故とはいえ，アリソンの突然の暴力的な死によって頂点に達した死の連続によって，はなはだしい混乱と耐えがたい罪悪感や葛藤が引き起こされたことが理解できる。患者のこころの中で，彼のアンビヴァレンスから母親を守り介入することができる手応えのある父親にうまく同一化できなかったこと，さらには罪悪感のワークスルーと哀悼とを可能にする十分に生き生きとした共鳴できる内的世界を欠いているという点から，Dさんが紹介されてきたときの絶望感や希望のなさが理解できる。このきわめて重要なワークスルーの構成要素となるものは，少なくとも部分的には，空想や想像や夢をみるというような活動であることを私は示唆してきた。スィーガルは，白昼夢は「精神分析では疑いなく評判が悪い」と述べている。さらに白昼夢は，「しばしば反復され，浅薄で，常に自己中心的なものである」とした。同時に，「白昼夢を見ない人は，最も防衛的で制限された硬い人だけ」なのであり，痛みや苦闘との接触をより伴う想像力は，白昼夢をみる能力の

発展形だと議論した。白昼夢をみることや想像するという能力が欠如した患者では，「覚醒時の生活や白昼夢への接近を許されるには，無意識的空想があまりに恐ろしすぎていると考えてよいだろう」と彼女は付け加えた（スィーガル，1991, p.103）。Dさんは，無意識的空想の暴力的で恐ろしい性質に直面したのみならず，彼がコンテインし向かい合いワークスルーしなければならないまさにその対象に空想が向けられるという問題にまともに直面した。おそらく，オスカー・ワイルドが，「すべての人は愛するものを殺すのだ」と書いたその示唆は，ある程度まではいつにおいてもあてはまろうが，ワイルドの定式化は上品すぎて，この事実に出会いその結果を哀悼することに必然的に含まれる苦悶や苦闘を正しく伝えていない。もちろん人は，この痛々しい作業を避けようと自分のもつ資源を大量に活用する。私の患者という事例を通して示してきたのは，外傷的不安と格闘する心的な筋肉組織が未発達なままであるのに，想像的な心の仕事が何らかの理由によって妨げられたとき，心的生存は諸種の鎮静剤への依存と等しくなり，その奥にある状況に取り組むのに必要な能力はさらなるダメージを受けるということである。

第7章　治療上の問題：レイプの事例

キャロライン・ガーランド

はじめに

　この章では，被害を受けて生き残った者との治療作業における2つの特徴に注目していただきたい。それは，あらゆる臨床実践で問題とされるものであるが，外傷的な出来事の後で生存者にきわだってみられる問題である。第一に，現在のトラウマが，長い間かけて作りあげられた現存する内的対象関係を通して，過去の出来事と強く結びついてしまうそのあり様がある。現在の外傷的出来事によって過去に由来する出来事が掘り起こされることは当然よくあるが，たんにそういうことではない。それ以上に被害経験者のこころの中では，今日の出来事が，過去の恐れや空想からの情緒的な共振を得て，最終的にはある構造的な類似までも有していると気づかれるかもしれない。この結びつきがゆるぎないものになるほどに，トラウマは，非常に問題をはらんだ対象関係についての現存する無意識的空想を確証するものと感じられ，そのために，現在の出来事を「乗り越えること」がかなり困難になってしまうのである。

　第二に，何にせよ外傷的出来事が起こったという事実に表象される母親対象によるコンテインメントの失敗が，象徴化の領域における困難をもたらすのは避けられないという様相を示したい。外傷的出来事はコンテインメントの破綻であり，またその逆でもある。地震，列車事故，火災，レイプ，誘拐，登山事故，すべてが母親的コンテイナーのはなはだしい失敗を表している。その結果が，その出来事に巻き込まれた人の思考や行動，防衛組織の崩壊――すなわち心的破綻である。外的コンテイナーと内的コンテイナーの両方が失われる。世界そのものが予測不能で危険なものとなり，あまりに危険であるために，最悪の事態が起こるのを防ぐには良い内的対象では力不足である。象徴化の能力は，考えることや理解のために内的対象や対象関係を表す現実世界の諸側面を活用

するものであり，内的コンテイナーが的確に機能することに依拠している。トラウマによってそのようなコンテイナーは失われるが，治療の中で，その機能の修復が試みられる。

強烈な外傷的レイプの衝撃を受けた17歳の少女の事例を述べよう。私が初めて彼女と会ったのはレイプ事件の約6カ月後で，大学の学士課程の1年生に入学する前の18カ月間，週に2回の心理療法を行った。1学期間の中断の後，さらに3年間，彼女はロンドンまで週1回やってきた。来所はときに途切れがちとなり，それには正当な理由もあったが，治療や変化への抵抗によるときもあった。抵抗は，他の患者に劣らずトラウマ患者の治療にも存在しているものである。

Oさんは治療に専心するのが難しかった。それは年齢のせいでもあり，情緒的なふれあいをすると，彼女が人生をそれに対する防衛に費やしてきた感情，つまりニードや脆弱さや依存にさらされるせいでもあった。あのレイプ以降，これらの感情に対する窮屈で容赦のないコントロールは破綻していたが，治療中にも時あるごとに破綻した。そのようなとき彼女は，きまって無力感と極度の不安で再びいっぱいになった。この頃，字義通りの全体的なコンテインメントを彼女は求めた。つまり独りでおびえながら夜を過ごすよりも，大学の友人の部屋の床で眠るということがよくあった。彼女はまた，治療の中で必然的に出てくる言葉（**レイプ**もしくは**ナイフ**）が，もはやある出来事や物を表す象徴とはならない患者でもあった。その代わりに，それらはその出来事そのものと等価であった。これらの言葉を聞くと，**フラッシュバック**と呼ばれる，通常の心身機能の破綻にしばしば苦しむことになった。

コンテインメント

すべてが順調であるとき，コンテインメントは母親と赤ん坊の間に行きかうものの土台となる。それは，母親が，赤ん坊の最早期の最も原初的な不安——放り出されることや，忘れられ遺棄されること，飢えたままにされること，解体の状態あるいは壊滅の恐怖——の重要性を把握し，母親自身の中に取り入れることを意味する。母親はそうしたものに巻き込まれたり圧倒されたりせず，自分流に考えることができる。不安な赤ん坊からパニックを取り除く母親がいるときに，赤ん坊は，うまく取り扱える母親——つまりパニックによって不

安定にならず情緒的に重要なものを保持しておける母親——の型を，最終的に取り入れる。結果として赤ん坊は，母親自身や赤ん坊の不安に耐え対処できる母親の能力を，いわば母乳と一緒に取り入れる。そしてこの内在化された母親が，不安にとらわれ続けるよりも，究極的には自分の不安に対処し，ひいては不安について考える能力の基礎を子どもの中に形成する。この仕事は，支持的な環境に助けられながら，ほとんどの母親が直感的に行うものである。一方，その仕事を治療の中でするのは，言うは安く行うは難しであり，とりわけ暴力と激しい恐怖の出来事を経験した多くの患者に対してはそうである。

　ビオン（1967）は，このプロセスを変形として述べている。彼は，母親が赤ん坊のためにできることを，治療者が患者のためにできることと結びつけた。それは，耐えがたいものを，考える能力のさらなる破綻を引き起こす抗しがたい体験として応じられるものではなく，むしろ最終的には思考されこころの中で抱え熟考されうるものに変形させることを助けることである。これは特に，心的外傷を蒙った患者を治療する治療者にあてはまるであろう。しばしば外傷的な出来事は，患者を，おそらくすべての不安の中で最も根源的な，切迫した死への恐怖にさらしてきている。これは赤ん坊にとっても同様で，「言いようのない恐怖」の状態が，壊滅の恐怖にまさに直接に結びついているのである。

　コンテインメントのプロセスは，被害経験者の思考パターンの，特にとても認識しやすい特徴である**フラッシュバック**と結びついている。それは，突然につかまってしまう感覚であり，過去に起こったことを考えているのではなく，現在においてそれを実際に再体験することである。フラッシュバックはコンテイナーの喪失という体験であるように私は思う。コンテイナーは，内在化された場所，器，あるいは空間であり，早期の良いケアと密接につながっていて，**何かについて考えること**を生じさせる。何かについて考えることができるということは，関心の向けられている出来事や体験から少し距離のとれている「私」を意味している。多くの人々は，たいてい，出来事の再体験に等しい鮮明さを体験せずにそれらの出来事を思い出すものである。再体験，さもなければフラッシュバックを起こすことは，そこにいる**私**とその**出来事**との区別が失われていること，コンテイナーが失われたか打破され，その人が極度の不安で溢れてしまっていることを示しているようである。その結果，**想起** recollection や**思い出すこと** remembering は，**再体験すること**によって置き換えられてしまう。それが深刻な外傷的出来事になるとき，なにか「について」考えるという単純

にみえるプロセスは、ゆえに困難になる。被害経験者にとって、その「について」を達成することは不可能ですらあるかもしれない。そこでは無意識的な決定が、物事について考えるのではなく、代わりに、こころの中の行き来されることのない場所にその体験を閉じ込めてしまおうとして行われる。そうしてそれは結果的に悪夢の中にのみ認められるようになるだろう。

象徴化

　ほどよいコンテインメントは、象徴化能力にとって必要不可欠な土台でもある。ハンナ・スィーガル（1957）が最初にこれを結びつけて、何かについて考える母親の能力を内在化すること——コンテインする対象の内在化、と私たちが専門用語で呼んでいるもの——が、実際の象徴的に考えることの発達にとってどのように中心的な役割を果たすかを描写した。象徴的思考においては、象徴は象徴されたものを**表す**と認識されるが、象徴されたものとは異なり、それが表象しているものからは区別され、独自の特性を備えていると認識される。ひとたび象徴化能力が達成されると、出来事は思考され、夢に見られ、取り組まれ、結果としてさまざまなふうに変形されうる。しかしながら、深刻なトラウマの後では、乳幼児期から前進的に発達してきた象徴化能力（親指、特定の毛布、玩具、すべてが現実の価値と同様に象徴としての価値をもつ）は、損傷を受けるか失われてしまうであろう。象徴の位置は、スィーガルが「象徴等価物」と呼んだ、真の象徴的思考の発達上のより早期の版に取って代わられるだろう。たとえば、充満した煙の中で大勢の人が窒息死した大火災の後、ある生存者は霧の日には外出できなかった。実際のところ、その女性はカーテンを開けて外の霧を見ることさえできなかった。彼女のこころの理性的な部分では、これが霧だとわかってはいたが、別のもっと切迫した水準での機能においては、まるで煙であるかのように感じ反応した。

　象徴等価物では、象徴（この場合は霧）が、実質的なまたは説得力のあるやり方では、象徴されたもの（この場合は煙）を表さない。すなわち両者の間には違いがまったくないかのように感じられ反応されている。霧の日には、この生存者は部屋に閉じこもり、ドアの下の隙間をタオルで塞いだ。繰り返すと、深刻なトラウマの後にはそのような象徴化能力は重大に損なわれ、特にトラウマとなった出来事の領域では、象徴は象徴等価物によって取って代わられるか

もしれない。象徴的な価値を失った象徴が、言葉そのものであるような場合もある。この状況では、言語的コミュニケーションに基づいた被害経験者への心理療法は、私たちがその外傷的な出来事について用いようとする言葉が、出来事そのものの衝撃のように作用するだろうと想像するに難くない。その言葉を口に出すことで、ある水準では外傷的出来事が再創造される。以前そうであったように、コンテインする対象を破局的不安で圧倒し、フラッシュバックを経由して、以前の心的破綻が短いあいだ再現される。

　ひとたびコンテイナーが失われると、もともとの外傷的出来事をわずかでも思い出させるようなあらゆる状況で体験される特有の不安が、象徴化の失敗をさらに押し進めるであろう。第1章で述べたように、外傷を蒙った自我は、差し迫った危険を警告する信号不安と、実際の危険な状況で生じる自動性不安との区別がもはやつかない。生存者にはよく見られることだが、自我は警戒過剰になっている。そしていまや警告する信号（象徴）すべてに対して、潜在的な危険ではなく実際の徴候として即座に反応する。生存者の立場からは他にできることがない。光景、音、匂い、関係の配置、ある言葉のすべてが、過去にあった出来事という記憶ではなく、フラッシュバックを、つまり現在に起こっている出来事を生じさせる。内的なコンテイナーの喪失は、象徴化の喪失を通じてフラッシュバックをもたらし、フラッシュバックが今度は信号不安よりも自動性不安を導く。そして次にそれが、内的コンテイナーの失敗に加わるのである。自己還流のサイクルがつくられ、それによってますます行動は固定され反復される。生存者に目立つ想像力を欠いたこころや、感情を喚起する刺激に直面すると目に見えて具象的に考えることは、そもそもの心的破綻の長期遺産である無力で無能化された機能領域が存在する証である。この現象は時間の経過だけでは改善されず、むしろ生存者は、そのような刺激を避ける方法をみつけることにますます長けていく。

外傷化された反応

　第1章で述べたように、外傷的な出来事の後には、被害経験者の中に進展する（しばしば合併する）2段階がある。初期の心的破綻があり、それは過剰で苦痛な刺激を濾過して取り除く正常なこころの能力である刺激保護障壁（Freud, 1920）が破れた後に起こる、正常な精神機能の破局的な断裂である。

被害経験者は衝撃を受けて混乱し，おそらくは何が起こったのか呑み込めない状態になる。寡黙になって引きこもり，あるいは強迫的に多弁で活動的になるだろうが，どちらの場合もその人の正常な機能は解体状態にあり，首尾一貫して考えたりふるまうことができない。

第2段階が可視化されるのは，さらにゆっくりである。外向きには，被害経験者が「それを乗り越えた」ように見えるかもしれない。おそらくは仕事に戻り，再び社会生活に順応さえするであろう。しかしながら内的にはその様相は違っている。長期にわたるこの内的状況は，2つの強力な欲動の結果として生じたものである。まず第一に，乳幼児期からずっとあるものだが，私たちの経験すべてを，あれこれの知覚や感覚やそのほかの内的事態を招いたと感じられる対象，行為者という考えに結びつけるやり方がある。驚くまでもないが，こうした破局的な出来事を連想させる類の関係性は，すさまじく迫害的に感じられ，その人の対象群の性質についての最早期の最も妄想的な空想と結びついていく。それゆえ，被害経験者が混乱や意欲喪失，そして迫害感に圧倒されうることは驚くまでもない。

第二のものは，おそらくは特に気まぐれにみえる私たちの体験を理解したいとする生来の強力な欲動である。ある破局的な出来事に意味や意義を与えようと苦闘して，私たちはそれをすでになじみのものや，どこか重要な点が似ているものに結びつける。この過程は，フロイト（1920）が「拘束」と呼んだものとつながっているのだが，外傷化された反応の一部であることが多い塹壕で囲んだような性質のひとつの原因である。現在のトラウマは，過去からの問題をはらんだ関係性や動揺させる出来事と結びついて，その時点までには多かれ少なかれ対処できるものとなっていたであろう古い埋葬されていた問題に新たな生命を与えることになる。その確かな結果は，身体的な損傷がどのようなものであれ，被害経験者の，社会との関係——その人を取り巻く実際の人々とそれらの人物の表象の両方，良いものか悪いものとして内側に携えている人物像の諸側面，すなわち内的対象群との関係——の修復が，長期にわたる問題になるということである。

その結果，現在の外界の出来事を新しい経験のように感じることがしだいになくなる。なぜならそれは，内的対象群や世界そのものへの予測不能さや信頼できなさについての古い恐怖の外的な裏づけとなるからである。これは治療において取り組むべき深刻で厄介な問題である。

患　者

　Oさんは，17歳のときクリニックを訪れた。それは，彼女がサマリタンズ[訳注1]に連絡をとっていたことを唯一知っている学友にしつこく勧められた末のことだった。その学友（この人の母親が以前タヴィストック・クリニックの患者であった）は，Oさんが自殺してしまいそうだと恐れていた。というのも，Oさんがその外傷的な出来事について，両親や大学，あるいは家庭医に告げることを頑なに拒んできており，自分で何とかしようとしたがうまくいかないままなのを知っていたからである。Oさんは，その外傷的な出来事を思い出させる状況や場所を恐怖症的に回避することを強め，その事態から自分を切り離し，こころから追い払うことによって何とか取り扱おうとしてきた。この防衛が破綻し始めたのは，たとえば時刻が戻り[訳注2]，もはや暗くなってから1人で外出するのを避けるわけにはいかなくなったときであり，統制できないパニックに見舞われるようになった。

　彼女は，細身の，青白い顔をした少女で，長くもつれた茶色の髪に，印象的な青い目をしていた。また並外れた知的な面持ちであり，月並みな美人ではないが笑うと生き生きとして魅力的になった。ジーンズにTシャツ，だぶだぶのカーディガンを着ていた。また用心深く，機転が利き，ひどく防衛的であった。彼女は，上級課程の1年目[訳注3]で，ラテンアメリカ研究を含むAレベル試験の勉強をしながら，第三世界の開発事業でキャリアを積もうかと考えているところだった。試験を控えた夏，団体旅行で南アメリカへ行き，言語と文化についてさらに学んだ。ある日，夕食前の6時ごろ，グループを離れてホテルから1人で外出し，町の川沿いを散歩していた。そこに突然，男が背後の茂みから現れ，喉元にナイフを突きつけ，その男の国の言葉で「死にたくないだろう？」と言った。

　彼女はおびえながらも，GCSE[訳注4]仕込みのスペイン語を総動員して，ええ，

訳注1）1953年に英国で創設された，心に悩みがある人や自殺を考えている人に，電話で相談にのるボランティア団体。
訳注2）夏時間（サマータイム）が終了する際に，時刻が1時間戻される。
訳注3）英国では，義務教育を終了（16歳）した後，大学の入学選考の重要な審査基準となるGCE-Aレベルの受験コース（中学校の上級課程（Six Form）やチュートリアル・カレッジなど）において2年間勉強する。

私は死にたくない、と答えた。男が彼女の服を引き裂こうとしたとき、何が起ころうとしているのかを悟り、自分はまだほんの中学生で外国人でもあり、エイズに罹っていると必死になって男に言ったが、すべては無視された。男はナイフの刃先を押し当てて横になるように強要し、性器を挿入しようとしたが、Oさんはセックスの経験がなかった（それどころか、どのような性的な接触も経験がなかった）ので、男はますます暴力的に試みを繰り返したにもかかわらず不可能だった。Oさんは、小さく、寄るべなく笑いながら、このことが起こっている間どうしていたかについて述べた。目は堅く閉じられ、Aレベル試験の教科書の『ハムレット』の一節を引用して自分に言い聞かせていた。それは、ハムレットが半ば脅しながら言い寄るのを、当惑しながら少女オフェーリアが拒み、次のように言ってたしなめる一節である。「まあ、辛辣な、鋭いことを。ひどうございます……」。それからOさんは、ハムレットが、オフェーリアが彼の性的欲望を指して言ったことを、ナイフの刃の鋭さを指すものとして曲解した、下品な地口めいた返事を引用した。「ぼくの鋭いつきを鈍らせるには、突き破られて、よがり泣きするしかないな」と[訳注5]。

これは勇敢な防衛であり、落ち着いて冷静さを保ち理性を失わないために解離しておこうという意図的な試みであった。心的な生存という観点からみると、万能感の喪失が引き起こす恐怖や、それ自体が外傷そのものでありかつそこから起こる、遷延した完全な無力感による凄まじい恐怖に関連していた。Oさんにとって、機転や知性を使えることは、自分は大丈夫であるとの感覚に密接につながっていた。というのも、それは彼女の片方の親のある側面への同一化の重要な部分であり、ゆえにやや脆くかつ二次元的な内的対象の機能の一部だったからである。その男は性器を挿入できないと、彼女をうつぶせにした——この瞬間Oさんは、男が激しい怒りと欲求不満のために自分を刺し殺すのだろうと思った。極度のおびえと崩壊状態で、彼女はものすごい恐怖で満たされた。男は、騒ぎ立てるのをやめろと言い、それからアナルセックスを行い、さらに倒錯的な性行為を犯した。それから男は彼女のわずかな所持品を奪って逃走した。置き去りにされた彼女は這うようにしてようやくホテルに戻り、添乗員、

訳注4）GCSE（General Certificate of Secondary Education）：英国政府が実施する中等教育修了試験。16歳のときに受験し、その後、大学に進学するための上級課程や職業的な資格を身につけるための専門学校へと進路が分かれていく。

訳注5）野島秀勝訳（2002）岩波文庫（p.173）を参照した。

警察，警察医，イギリス領事館などに辿りついた。

　外界の出来事を，なじみのある内的対象関係に無意識的に結びつけることによって破局を意味づけようという欲動は，その暴行とレイプが，Oさんの内的世界に存在している状態とある種の一致をなし遂げるという結果をもたらした。彼女の将来に問題を残すようなやり方で，暴行とレイプが，これらの内的対象関係の性質についての，ひどく混沌とした意識的かつ無意識的な空想の確証をもたらした。Oさんは，両親が40代後半になって生まれた一人っ子であり，3歳のときに両親は離婚した。母親は再婚せず，8年前の一度の物足りない恋愛を除くと，独りを通し，無職で抑うつ的だった。父親は，強迫的で自制の利いた明らかにシゾイドの会社員であり，短い関係に終わる女性遍歴がずっと続いており，そのどれもが女性の落胆と非難の応酬という結末で終わっていた。Oさんは自分の時間を両親それぞれの家で過ごすように配分していた。どちらの親も，彼女が相手のところでより長く過ごしていると不平を言った。両親間ではまったく連絡は取られていなかった。Oさんは自分がカメレオンだと感じていた。母親と過ごしているときにはその世界観に「ぴったり合わせ」，母子の関係を逆転させて，抑うつ的な親の世話役を務めた。これが事件のことを両親に言わない部分的ではあるが唯一の理由だった——こうして，彼女は自身の混乱や動転や恐怖を両親の内的表象に投影し続けて，投影した状態で世話することができた。父親といるときには，彼女は父親の姿勢を是として，人間喜劇という嘲弄かつ冷笑的な見方や，目下の恋人への激昂，そして「女性のくだらないおしゃべり，**感情**，たわ言」と彼女が呼ぶ罵詈雑言と紙一重の言い回しを取り込んだ。父娘はともに，ワープロ・ソフトの新製品への高い関心を分ち合うことでやり取りしていた。

　それゆえそのレイプ事件は，以前から存在している彼女の精神病理に容易に合致した。もともと，少しばかり生意気で万能的かつ知的な自己によって統制してきた，彼女自身の脆弱で軽蔑され汚れた女性的側面に対する強い嫌悪をもたらした。自殺念慮が最も高まったのは，彼女自身の否認され切り離されていた脆弱な側面がまさに洪水のごとく回帰して，恐怖や脆弱さや嫌悪の感情に圧倒されてしまっていたときであり——彼女は，卑しむべき女性性をまるごと抹殺してしまいたかった。

　内的には，2つの異なる独立した同一化があるように思われた。ひとつは，抑うつ的で脆弱で絶望した彼女の 型(ヴァージョン) であり，それは女性として同一化したも

のである。もうひとつは，利口で同情心のない，むしろ倒錯的な型であり，それは彼女の理解する父親に基づいた男性のあるタイプに同一化したものである。彼女の内的世界を組織化している中核的特徴は，優しさや愛情とか建設的なやり方では，これら2つの同一化は結びつけられないという信念であった。誰であれ，2人の人間の間に可能な交わりがあるとすれば，その最悪なものはいじめやサディスティックで傷つけるものであり，良くても共感的あるいは支持的であると同時に弱くも卑しくもない態度で彼女に応じることはないもの，として概念化されていた。

　この状況は，6回目の面接時に彼女が報告した夢におそらく描かれている。夢の中で，彼女は1人で，とても大きな建物や巨大なデパート（おそらくタヴィストックのことだろう）の前を歩いて通り過ぎ，どこにあるのかまったくわからない地下鉄の駅への道を探していた。彼女は途中でゲームセンターのようなところを通り抜けねばならなかった。そこには咬みついてくるのではないかと彼女を怖がらせる凶暴な犬がうようよしていた。それから彼女に食べ物を与えている両親と一緒に彼女はいたのだが，両親が自分を毒殺しようとしているのではないかと怖くなり，助けを求めて友人たちのところに向かうと，その友人たちは，態度があいまいでよそよそしく，偽りの同情を寄せると自分たちの関心事に向きを変えて立ち去った。彼女はこのまったく荒涼とした夢に恐ろしくなって目が覚めた。私は，誰も，彼女を助けたり支えたりするとは信頼も期待もされておらず，また理解されるという期待を誰にも向けることができない世界を彼女が描いている様を彼女とともに取りあげた。もちろんこれには私も含まれ，また私から理解され安全でいることのニードも含まれたが，この世界観は，偽りの同情を装って助けてくる対象への恐怖に彼女をさらし，以前よりも悪化させつつ，それがかき立てる脆弱さという感覚と根本的に対立するように思われた。

　交わり（性交だけでなくすべての対象との関わり方）についてのこの見方は，数週間後には重みが増し，私が昨年内にそれを知ったときには，Oさんは子宮全摘出手術をしてくれる医者を求めて3つのロンドン大学付属病院に1人で出向いていた。また避妊を施すクリニックにも行き，出血がまったくないように避妊薬をもらおうと，名前と住所とボーイフレンドをでっちあげた。いいじゃない？と彼女はじっと私を見て言った。彼女は，結婚しようとか子どもがほしいと思ったことは一度もないし，月経はひどく嫌い，嫌なものだ，と言った。

第7章 治療上の問題：レイプの事例 125

　彼女が語っていることをとても深刻に受け止めていると，私は伝えた。彼女は，自分への殺人的な暴行や，女性生殖器官に位置づけられている彼女の機能の傷つきやすく抑うつ的な側面への横暴で尊大な自己による冷酷な攻撃について述べている，と私は思った。そのとき彼女は，孤独であるにせよ，超然として優越した構えを維持した。彼女ははっとしたように見えたが，反駁をし始め，けれども私は，ある水準では彼女は自分の抱えている破壊性が認識され語られたことで安堵しているとも感じた。これが治療の中で，私の言うことをただ聞き流すのとは対照的に，何かを彼女が取り入れたと感じた初めての瞬間だった。転移においては，私は，「とても感傷的な女性のおしゃべり」とレッテルを貼られるような，近づきすぎることと，ほんの少し離れ過ぎていることの間の細い線の上を歩まねばならなかった。離れすぎると私は，自給自足し，誰も必要とせず，感情やニーズのような厄介で統制不能な物事に悩んでいる人よりも優れているという空想，孤独な万能感を自ら作り上げてそこに住む，迷子の小さな女の子に突然気づくのであった。そして結果としてそこには，自分の世話はできるし，自分は傷つくことがないという万能的でうぬぼれた見方とは反対の，知らない町を1人で散歩することに含まれるリスクへの現実的な見方をもたせるような，確かで信頼できる世話役の機能をまったく内在化してこなかった人物が垣間見えるのであった。
　このように，この治療は主としてレイプ事件そのものについてなされたのではなく，内的世界の状態について行われたものであった。彼女の内的世界には，残忍で冷淡な強姦のような出会い——ナイフによる攻撃，嚙みついてくる凶暴な犬，耳を貸さない人々，毒を盛る人々，偽りの同情で丸め込む人々との出会い——ばかりがあり，それが普通のことだった。また私が彼女に盛っていると感じられているその種の毒に私は無頓着ではなかった。つまりそれは，彼女の困窮や脆弱さに，そしてプライバシーや独自性を侵害しない親密なふれあいの切望に触れていることに関係していた。（またもちろんここには，いかなる場所のいかなる良いカップルをも知らないでおくようにさせ，そうして今度は，より普通のエディパルな痛みや葛藤にさらされることを避け，あるいは引き延ばす，彼女がもつ自給自足への自己愛的な信念を維持することへの実際の備給もあった。）
　しかしながら，治療に入って6カ月目の第二の夢は，彼女がだんだんと治療的カップルの片方になることに耐えられるようになるにつれて，この少女の内

的世界にシフトが起こり始めたのを示唆するものだった。彼女は数日前の晩に，まったく意味のない本当にばかげた夢を見たと言った。ロンドンのエッジウェア・ロードを，ラクダを引いて歩いてきていたが，なぜそうしているかがわからなかった。そのラクダはとても見事で，大きな丸い目に，ふさふさした長いまつげ，柔らかな唇で大きな口をしていた。彼女はそのラクダといて楽しかった。これは砂漠の中で餌や水がなくても自力で生き残れる老練な類のラクダではなく，ほんの赤ちゃんラクダなのだと彼女は言った。それにはひとつだけこぶがあり……。

　この夢への接近法はたくさんある。ラクダのこぶはもちろん分析家にはたいへん興味をそそられるものであるが，私はこの誘惑を無視することにして，その代わり，彼女の2つの側面の間に可能となり始めた，より穏やかな関係について私に伝えていると思うと述べた。その二側面というのは，支配的で指導力があり管理的で有能な部分と，魅力的で傷つきやすく，助けになり優しさすらも含む右も左もわからない乳児の部分である。同じセッションで彼女はこう続けた。夢の2日後が18歳の誕生日だった。数週間前には運転免許の試験に合格しており，正式な「大人」としての生活の始まりを祝うのに，ロンドンから約40マイルの郊外にドライブしようと決めていた。夕方になり，突然に疲労と孤独を感じ，暗闇のなか地図を見ながら運転して帰ると想像して，打ちひしがれてしまった。母親に電話をかけて助けを求め，母親は車を借りて——実際は父親の車だったのだが——娘を探しに車を走らせ，そうして彼女をロンドンの家へと連れ帰ったのだった。その夢との関連はまったく直接的であり，夢はある意味ではこの体験の言い換え，描写であった。内的な対象の配置はいくらか柔軟なものへと移行し，それに続いて行動が変化し，外界での関係は好ましい方へと変わった。おおよそこの頃（Aレベル試験を受ける直前のことだった），彼女は両親に，このほぼ1年前自分の身に起きたことを何とか伝えられた。彼女はまた，この痛々しい告白——外傷的事件のみならず，両親にそれをずっと黙っていたゆえ二重に苦痛だった——の次に起こる動揺の嵐をしのいだ。その事件について知らせるために両親を一緒に呼び寄せたのだが，それは彼女にとって意義深い一歩であり，また両親にとっても然りであった。

　治療を続けるにつれて，娘のために協力するという能力を欠いていた両親に疑いなく寄与してきた子どもの中に変化が，続いてそれが両親にも影響を及ぼしたように思われた。娘が試験でAを取り，大学入学が決まったとき，父親は

10年ぶりに母親の家を訪ね，娘の前で元妻を抱きしめ，「僕たちは賢い子どもを持ったなあ」と言った。Oさんはこのことを実感を込めて私に話した。ひとりきりの10年間の後，母親はある男性と出会って恋に落ち，その関係は6カ月とはもたなかったのだが，その期間に母親は，女性は1人の男性といることで恐れや苦痛よりも喜びや幸せを感じられるものだという，性愛関係のいくらか修正されたモデルを娘に提供した。この進展と並行して娘は，以前には事実上できなかった社会生活を営み始めた。以前は，自分は誰をも必要としていないという考えに自己愛的に囚われており，また同年代に対して極度に恥ずかしがり自意識過剰だったために，社会生活ができなかった。彼女は社交的になり，つまりは，彼女は自嘲気味にこぼすのだが，退屈なほどふつうになった。

　ではこうした中で，外傷的事件のレイプに関してはどうなったか？　彼女ははじめそれについて少し話したが，長い間は沈潜したまま特に言及はなかった。とはいえ，彼女の身体や，特に女性としての属性に対して加えられた彼女**自身**の殺人的な攻撃にまつわる感情について続けられてきた作業の多くは，当然ながら，彼女が経験した恐ろしく忌まわしい侵害に関連していた。のちになって，彼女は再びそのレイプ事件について語り始めた。初期の数週間を特徴づけていた強烈な感情から解き放たれたまさにそのとき，はじめのうちは抑圧されていた多くの詳細が語られ始めた。彼女自身に向けられ，激しい自殺念慮として現れていた猛々しい憤怒と破壊性が表面に出てきて，より理解されるようになり，直接に外側に振り向けられた。いくぶんかは，大きな社会キャンペーンへと方向づけられ，完全に彼女のイニシアチブで行われたのだが，イギリス大使館と地元警察による援助と協力をうまく利用して，別の2件の犯罪——それは少年になされたものであったが——ですでに逮捕され有罪となっていた強姦犯を同定し，ついには長期医療刑務所への再投獄へという結果に至った。このキャンペーンとその成功もまた，自分の人生を制御できるという感覚を修復させる大きな効果をもたらした。私の見方では，その活動によって彼女の以前の万能感や自給力への自己愛的な確信が，人の助けを得る能力をめぐるほとんど同程度に強力な，けれども決して非現実的ではない信念に置き換わったのだと思う。

　治療の終わりには，Oさんは同世代の男女それぞれと長続きする親しい友人関係を築けるようになった。また彼女にとってたいへん重要な男性との，良好な性的関係を2年以上保ち続けていた。レイプ事件が再び精神生活の中で恐怖と支配的な様相を帯びた時期もあったが，興味深いことに，私たちはこの兆

候を,今なおひどく怯えさせる何かが圧迫してきて,オープンに考えられないものが重くのしかかっているサインとして理解するようになった。レイプ事件の記憶は,より大きな恐怖が背後に潜むときのスクリーンのようなものとして働いていた。(トラウマをこのようなやり方で隠蔽記憶として利用する患者は彼女だけではなかった。)驚くまでもないが,これらのさらなる大きな恐怖は,分離や喪失することへの,そのゆえに彼女がもつ依存やニードを認識することへの著しい脆弱性に関連していた。彼女は今なお直面すべき重要な問題——この領域における問題と,子どもを持つことを考えるかどうか,つまり最終的に自身の女性としての肉体に向かい合い受け入れるということ——を抱えてはいるものの,再び前進しており,人生に踏み出していた。

考察と結論

臨床素材を通して,現在の外傷的出来事が,原初的な対象関係にかかわるすでに存在していた迫害的空想といかに結びつき,そして新たな生命を与えるかについて例証しようとしてきた。いかなる外傷的出来事の被害経験者への長期的治療においても,早期の対象関係は必然的に含まれ,それは転移に現れ,過去のみならず現在の外傷についての効果的な治療の中核である。以前に示唆したように,象徴化能力の損傷は,考えることについての外傷を蒙った人に特有かつ厄介な特徴であり,治療の限界を見極める識別点となりうるものである。破局的なまでに打ちのめされる,完全な無力感を引き起こす出来事に巻き込まれると,人は突然に言葉の使用や,その人の発達史において象徴的思考が現れる前段階までの退行を強いられる。惨事に遭った直後の数時間は,言葉の使用はまったくの誤解を招く恐れがあり——言葉の習慣的な象徴的意味あいは空にされ,もっぱら泣き声やうめき声や,絶望の声という重いものを運ぶ。それは,聞く能力があると知覚されるあらゆる人やものとの接触を保つ方法である。より後の段階では,象徴機能は多少なりとも回復するであろうが,その災害に直接結びついている体験の領域については除かれる。ここに慢性の損傷の恐れがある。大声で発せられるある言葉が,その出来事そのものの心的なインパクトを長い間,おそらくは永久に持続させるかもしれない。つまり発される言葉は,その出来事を表すのではなく,その出来事そのものであり,象徴ではなく象徴等価物である。身体の包みが貫かれるような出来事,もしくは他人の

そういう場面の目撃，そして命がその穴から消え去るような出来事は，おそらく特にその出来事そのものについて象徴的に考える能力の破綻を生み出しそうである。このように，その外傷領域において具体的で不可動な様式に機能が回帰することは，フラッシュバックの原因にもなる。それはそれ自体が具体化した「想起」の仕方であり，心的外傷の無能化された反復的な症状であり，能動的かつ受動的な形で外傷的出来事を繰り返す衝迫を含んでいる。

　Oさんでは象徴化能力の損傷は，霧のようなものではなく言葉に関わっており，「ナイフ」や「レイプ」という言葉は特に影響を及ぼした。約1年後，ある晩パブで友人たちと座っていたとき，1人の男の子が，レイプが怖いだろうから女の子を1人で家に歩いて帰ることは自分にはさせられない，とからかって言った。Oさんは，はっきりとは言葉にできないような激しい恐怖に満たされ，投影同一化のプロセスによって，そのような感情をこころから追い出し，友人たちの中に押し入れる行動に訴えた。彼女はパブを出て，倉庫に隣接した建築現場の足場をすばやく約60フィート登り，そのてっぺんの厚板の上を心許ない足取りで歩き，友人たちを怖がらせ，降りてくるようにと頼み込むようにさせた。彼女は友人たちを十分に怖がらせてしまうと，自身の激越が（高い位置からこの感情を見下ろしたことで）十分和らいだように感じ，なぜそういう行動に駆り立てられたのかと不可解なまま降りてきた。私たちがこのような出来事の一つひとつを理解できるたびに，これら2つの重要な言葉の力価は少し弱まったが，依然として象徴から**離れて**象徴等価の状態に**向かって**押し戻されるままだった。彼女が友人たちの中に緊迫感や恐怖の状態を引き起こしていたその行動は，時を経て修正され始めてはいたものの，いまだ大規模なかたちで具体的に行動に移されていた。

　外傷的出来事について象徴的に考える能力のこの破綻は，その出来事をこころの中の「立ち入れない」領域に，異物としてカプセル化されたままにするやり方を部分的には招くだろう。この異物の異物性は，その境界の両側面における文化（言葉や行動）の性質の実際の違いによって維持されている。つまり，象徴等価物の具体性とそれに関連した行動がひとつの面であり，真の象徴の柔軟性と創造性がもう一面である。それらの境界はある程度の防衛的価値をたずさえており，封鎖された領域の具体化という文化が，象徴化機能がまだ可能な区域に侵略していかないために役立っている。そして，このことがこころ全体やパーソナリティや機能に影響を及ぼす。「ワークスルー」――それは，無意

識的に求められ無力に反復されるのではなく，外傷的出来事が理解され，思考され，意識機能に統合されていくには欠かせない分析過程である——は，その出来事を表すのに用いられる言葉が，出来事そのものを再創造すると感じられるとき，とりわけ困難である。

　しかしながら，外傷的出来事の後に訪れる患者の治療では，精神生活を支配的に彩っているトラウマに被害経験者がはまり込んでいる段階から，その次の段階に，つまり外傷がいまだに現存し痛みを伴うけれども，何度も計画を台無しにしたりコンテイナーをなくしたりせずに，じっくり考えることのできる，全体の**一部**になる段階への移行の機会を提供する。言い換えると，可能性のある将来がもう一度そこにある。治療が出来事についてではなく，その個人とその人の対象世界についてなされるとき，自分にある自己や人生についての個人の総合的な見方へとその出来事を統合できるようにする方法を提示しようと私は試みた。ゆえにそれは，ある種のおめでたい無知と，万能感や不死身の感覚さえも伴った惨事以前の存在の喪失を哀悼する可能性をもたらす。Oさんの事例は，悲しみは増えたが，より正気な人間になり，もう一度自身の，まったくもって人間らしい脆弱性やニーズという現実に触れ，それらを今まで以上に受け入れ始める結果となった。これこそが治療の目的である。外傷的出来事を，カプセル化し回避された領域へと切り離し，次なる予期せぬ怖ろしい出来事で再度すぐに開いてしまうこころの中の「異物」のままにしておく代わりに，被害経験者の思考および機能全般の一部にするのである。

第8章 外傷的な死別後にみた夢：
喪の哀悼かその回避か

エリザベス・ギブ

はじめに

　この章では，青年期にあった長女の自殺という，外傷的な死別に苦しんでいた女性との治療の諸相を述べていく。この事例のマネージメントの側面は概略を記述するにとどめ，患者の内的世界のあり様に集中したい。この患者は，治療の始まりから定期的に鮮明な夢を持ち込んできた。それらの夢は，彼女の私へのコミュニケーションの重要な部分だった。その患者にとって夢はいつでも重要な意味をもち，彼女はそれらの夢を覚えておき，夢について考えた。しかしながら，それらの夢，加えて夢との関わり方には，現実からの逃避という，つまり壊れて混乱した敵対的な人間関係という現実からの逃避の意味合いがあった。夢は，自分自身や内的・外的な対象群についての知識に背を向けている患者の一側面を例証していた。私は，このことが転移関係において最も顕著にあらわれていると考えられたが，それほどには見えなかった部分を指摘していくことにする。私が提起したい問いは，これらの夢を，この陰惨な出来事に馴染もうとするにつれて彼女の内界が転換したことの例証と考えてよいだろうか，というものである。このことは，治療の機能やマネージメントの諸相を検討する場合に関係してくる。

　夢が私たちの精神生活の重要な産物であるという最初の認識は，1900年にフロイトがもたらした。頻繁に引用される「無意識への王道」というフロイトの言葉が示すように，その当時，夢は患者を理解しようとするときの最高位に置かれた。フロイトは，夢は心的作業の媒体となるものであり，そのような作業ができる自我の能力の証拠であると力説した。次いでクライン派では，無意識的空想という，個人が自分の体験をどのように解釈するかを支配し決定する

その基礎をなす信念群が思索され，そこでは夢は，治療関係におけるその他のコミュニケーション，とりわけ転移と逆転移に注意を払うことと並んで位置づけられた。この見解に，グリーンソン Greenson（1970）は強く異議を唱えた。スィーガル（1981）は，自我機能の障害を照らし出すものとしての，こころの中や分析関係の中での夢の用いられ方，その形態と機能とを強調した。ここでは夢は，自己や対象の望まぬ部分をワークスルーするというよりは，こころから取り除くために作動し，治療関係においては苦痛な情緒的真実を回避するために用いられる。

　わが子が自殺した親たちが提起する非常につらい喪の哀悼の問題は，日常生活において私たちはまったく共感的に理解できる。その喪失は，死別の迫害感や罪悪感を和らげうる，生命の自然な順番であるとか事故や運命といった諸事情ゆえに喪の哀悼を促進させる現実によっては緩和されない。クラインの論文『喪とその躁うつ状態との関係』（1940）では，死別によって喚起される内的なジレンマが感動的に記述されている。この患者のことを考えるときに役立った，クラインが指摘した諸点を略述しよう。彼女の記述を引用すると，「愛する人物を現実に失った痛手は，……**内的な"良い"対象も失ってしまったという喪に服する人の無意識的空想のために**，さらに一段と深刻なものになっている。この時ひとは，内的な"悪い"対象が勢力を得て，自分の内的世界は崩壊の危機に瀕している，と感じる」。フロイト（1915b）が言っているように，失った愛する対象を自我の中に復元させる必要があるばかりでなく，安全感を回復させるため，以前に内在化した良い対象を，究極的には愛する両親を，もとのままに取り戻したいというニードがそこにはある。この再創造をなし遂げるためには，喪失が事実として存在することが認識されねばならない——これが喪の作業の第一歩である。再創造のためには，放棄が求められる。クラインは，愛する人物を失うことによって，普遍的な乳幼児期の空想や死の願望，さらに両親やきょうだいに罰を与えたいというニードが実感されていくその様子を記述している。亡くなった人物がこれら内的人物の表象をもたらすほどに，悲しみや悲嘆ばかりでなく憎むべきライバルへの勝利感は活性化され，ゆえに罪悪感も高まるだろう。自殺の場合もまた，とりわけわが子の自殺では，その人の為した過ちや欠陥に対して死せる対象が罰を与えているという恐怖は，良い内的人物の不在によっていっそう強くなる。クラインは，この恐ろしい内的状況によって喪の哀悼が妨害される様子について，そして，喪失とそれに続く悲嘆

を実感することのみが迫害感を減じ，安らぎをもたらすものであることを描写した。遺族は，失った愛する対象を元通りに戻せないと感じたとき，前にも増してその対象を拒絶するに違いなく，躁的機制によるコントロールや万能感を増大させ，外的世界への投影をいっそう強めて対象への愛情を否認する。こうして抑うつポジションのより深い不安は回避されるが，情緒は窒息させられてワークスルーは制止する。抑うつポジション（Klein, 1935）は，乳児が愛と憎しみの両方を向ける，1人のまとまった人物としての母親に気づく発達点である。これによって，内的対象に与えられた損傷についての不安，罪悪感，悲しみ，さらに償いの望みへと導かれる。この発達の歩みは，到達したらもう後戻りしないというものではなく，人が世界を経験していく中で行きつ戻りつするものである。

自　殺

　私がDさんという女性患者に初めて会ったのは，娘の死から1カ月が経ってのことだった。娘のアナが拳銃自殺をしてすぐに，Dさんと夫の相談を受けたロンドン郊外の青年期ユニットから，トラウマ・ユニットへと紹介されてきた。アナは，数年前の短期間ではあるが地元のこの青年期ユニットに通ったことがあり，彼女が自殺したのは新たな予約待ちをしていたときのことだった。アナは，両親がそろって留守だった自分の演奏会のリハーサル当日に，自宅の地下室で自殺した。両親が帰宅して父親が発見したときには，彼女は灯された蠟燭と花の輪に囲まれていた。私に終始伝えられてきた感覚というのは，生け贄の犠牲者として彼女みずからが念入りに仕組んだ儀式といったものである。患者は，夫の叫び声を聞いて地下室へと大急ぎで駆けつけた。この数秒の間に，夫が予期せずに行った場で起きた恐ろしいことへの覚悟ができたと彼女は話した。
　アナは，この夫婦の4人いる子どもの第一子で，他のきょうだいとはいくらか歳が離れていた。この3年ほど，アナは明らかに難しい状態にあり，非行にのめり込み，両親にとって深刻な不安の種となっていた。彼女は家を離れていく通常の発達段階を辿ることができなかった。とりわけその最後の年には，彼女が起こす攪乱に一家は支配されていた。両親はこの攪乱を，家族に行き渡っていたダイナミクスを反映したやり方で処理していた。母親と娘は，父親の注目を引こうと公然と張り合っており，父親もこの状況のすべてに絡んでいた。

一家の中で，アナと母親には自分の部屋があったが，他の子どもたちは相部屋であり，父親は仕事場で寝ていた。父親と娘は何時間も一緒に話をすることがあり，患者はその関係に羨望を向け，排除されていると感じた。患者と娘はたびたびひどい口論をし，患者は娘に挑発されてよく腹を立てた。少女の擾乱と憤怒，加えて夫による非難に反映された悪い母親だという絶え間ない告発に，彼女は明らかにしつこく苦しめられていた。約１年前には，アナが怒りと不信から過量服薬をしたのに反撥して，外部に援助を求めることをしなかった。数カ月後に，Ｄさんは娘についての心配事を親戚に話し，専門家の援助を受けるための道筋についていくつか示唆をもらった。けれどもこれを聞いた夫は，家族への裏切りだと彼女を責め立て，できそうな介入は何もなされなかった。

死の数日前のこと，自殺をするとアナが再び脅かしたときに，それならどうぞと母親はピシャリと応じた。自殺をしたその当日，いつものように両親は友人を訪ねて外出するとき，父親はアナに対して，母親にあんなふうに口をきき続けるのは決して許さないと言った。「あんなふうに」には軽蔑と怒りが混じっていたようだった。私が感じていたことであり，読者に伝えられたらと思うのは，これは関係者のうちの１人が死ぬという避けがたい結末に向かって冷酷に演じられる戯曲，すなわち非情なエディプスの惨事であったということである。

また，患者が直面した喪の哀悼のほとんど耐えがたい性質や，それをやり遂げるために活用できる内的資源の強靱さと容量の限界も見えてくるだろう。

生育歴

Ｄさんはアメリカ人女性で，治療の当時55歳だったが，はるかに若く，もっと言えば青年のようにみえた。彼女は６人きょうだいの長子で，ただ１人の妹とは激しい競争関係にあった。両親は健在だったが，関係は希薄であり，母親との関係はさらに悪かった。家族の中の母娘関係は何代にもわたって悪く，それは有害な変異遺伝子の伝達によるものだと思うと彼女は言った。患者は，家族の中でとても喧嘩早くて，気むずかしく，反抗的だったと言われた。６歳のときに数カ月間，家を離れて叔母のもとで過ごしたことがあった。彼女はこの出来事をいつも取りあげて，自分の気むずかしい行動に手を焼いた両親が無能だった証拠だとあざけりを向けた。のちに治療の中で，それが彼女の４番目

の弟（妹）が生まれたときのことだったと知った。彼女が8歳のときに家運は傾き，一家は窮屈なアパートへと移った。患者は，制約のない前の生活を失ったことに腹を立て，不幸せだった。けれどもこのときから彼女は，適量の食事がとれるようになったのだが，それは以前には決してできなかったことだった。それまで彼女は，母親の食事は喉を詰めるもの——これは彼女の言葉だが——とみなし，母親が用意したものをあまり食べなかった。父親も極度に痩せているというが，それは妻のつくった毒のような食事のせいだと評された。12歳のときに彼女は，自分の生活から弟妹を閉め出してきたことの罪悪感と悲しみに気づいて，きょうだいと仲直りをした。それは，母親が末子を妊娠していたときのようである。生まれたばかりの赤ちゃんの面倒をみることを両親が認めず，妹の方を信用していることに彼女は傷ついた。

　彼女が10代のとき，父親は，彼女に向かってしまうと気づいた暴力と過度の激しい愛情に悩んで治療に通ったという。そのころから両親の関係は悪化していった。両親は絶え間なく言い争った。父親は彼女を叩くのをやめ，彼女は母親から離れて父親の方に接近した。2人はいつも何時間も話し合った。彼女はそれから3年間治療に通ったのだが，父親との間の秘密によって，母親を寄せつけない陰謀や心的近親姦の雰囲気が醸し出された。

　Dさんは失恋の痛手から夫と結婚した。経済的な逼迫は，2人の絶え間ないトラブルのもとだった。彼女は夫が家族をやっとでしか支えられないことに，夫は彼女が決して家計の助けになることをしないことに失望した。子どもが小さかった頃に，彼女は以前のセラピストとの週1回の治療を再開した。その理由のいくぶんかは，不当な要求ばかりして，夫婦でいるところにやってきては彼女を疎んじるといつも感じた，アナとの関係の相変わらずの難しさのためであった。これは，彼女の子ども時代の家族にみられたパターンの繰り返しだった。彼女は，治療者との関係が悪くなってこの治療をやめてしまった。それは治療者が，週に1回より多く来談するように提案したときのことであり，分析的にさらに努力するよう求められていると感じて彼女は治療を中断した。まるでそれは週1回よりも多い頻度で来ることに耐えられないかのようだった。

　アナは，音楽家として前途を嘱望されていた。そして，私が見たいくつかの写真では，並はずれた魅力をもち，他のきょうだいよりも目をひいた。「特別な子ども」だったのかもしれない。母親はこのことで自己愛的に満たされる気持ちになったのみならず，大きな喜びを得ていた。けれども，おそらく嫉妬と

羨望も掻き立てられており，それが彼女らの関係の一部となっていた。次に注目する価値がありそうなのは，この愛され賞賛された身体――それはアナ自身がもつ女性性の具現と母親との同一化の身体表現そのものを表象していると同時に，母親の空虚感や自己嫌悪をいくらか緩和するものでもあった――を，アナが滅ぼし抹殺したことである。アナのこころにあったものだけを母親に残していった。Dさんは，娘の身体の特徴を忘れてしまうのを怖れて，娘が着ていた，匂いの残っている衣類を包装用ラップに包んで置いていた。これは娘との関係で，良いものが彼女の内部には何も残っていないことの怖れと関連しているようであり，前にも述べたように，その怖れを自分のこころから娘の身体の中へと投影した。

　アナの死の後，そのままになっていた部屋に父親が移ったが，彼女の物を取り替えたり運び出せるようになるには，なお1年半がかかった。両親は慰め合えなかった。責任や不適切さを非難し合った。彼らが一緒に合意できたのは，患者をちゃんと養育してこなかった患者の母親こそが，殺人の責めを負うべきということだけだった。

治　療

　私ははじめのうちDさんとは隔週で面接していたが，当時はそれが私に取れる日程のすべてだった。8カ月が経って，毎週の時間が取れるようになった。まずはこの数カ月間のことを述べ，次にそれ以降の素材を簡潔に取りあげていく。

　患者は紹介_{リファー}されてきたとき，家にいてもひどく不安で落ち着かず，娘がそうであったように，家族にとって彼女ははなはだしい心配の種となっていた。家族は，彼女が自殺をするのではないかとひどく怖れていた。彼女は，自分が心理療法を始めたときと同じ年齢でアナが自殺をしたことについて，自分自身と娘との違いがわからないという感覚にこころを奪われていた。彼女はこの違いを，アナには父親にいつでも頼れるという誤った信念があったのに対して，彼女は小さい頃から自分でやっていかねばならないとわかっていたことにあるとした。彼女は，以前の治療を思い出して，あるいはそれ以降に読んだ本の中にあった，「解釈」と呼ぶものを自分自身に与えていた。それらはたいてい迫害的なものであり，たとえば自殺というのは取り入れられた悪い母親を殺すこ

とである，などであった．こうして与えられた言葉は，解釈ではなく一種のマントラ[訳注1]であり，喪失の現実を体験しないままで苦痛を取り除くと信じられる魔法の呪文だった．娘について彼女が述べたことで最も強い印象をもったのは，この少女が怒りのあまり自暴自棄な状態にあったことを，そして最後の数日間は現に精神病だった可能性もあるが，この少女がいかに病んでいるかを，長年にわたって認識できなかったことである．この否定は，もし彼女の障害をまったくの事実として認めて**外部**の援助を探し求めたとしたら両親が感じたと思われる無力感と恥辱の耐えがたい性質のためのようだった．Dさんは，娘に抱いてきた怒りの大きさにしばしば恐怖を感じた．そこにはもちろん，多くの「あのときああしておけば」がみられたが，特に注目したいのは，あの日アナがリハーサルに行くと言ってもベッドから出さなかったら自殺はしなかったろうにという患者の確信である．Dさんは，娘が亡くなって1年半の大部分をベッドで過ごしていた．

　治療の最初の数カ月間は，私も，この家族に関わった他の専門家たちも，Dさんが自殺するのではないかと心配した．これはおそらく現実味を帯びた心配だった．一方で私は，彼女を自殺に駆り立てるようなことを言いやしないか，そうして責任を負うことにはならないかという怖れにもこころを奪われていた．逆転移と投影同一化についての私の知識は，理論上の概念へと切り下げられ，この体験を私のこころに保持し，考えていられるのには十分な助けとはならなかった．その代わりに，実際の殺人という経験や，殺人者であることへの内的告発が，まったくの具体性をもってセッションに持ち込まれた．治療的な立場を保つことは困難であり，私もまた証拠を集め，罪過をつきとめ，受けるべき報いである死刑を言い渡すニードの中に引きずり込まれていった．治療的な関係がとれる余地(スペース)はほとんどなく，私が経験していたのは，患者の母親による犠牲者としての患者と娘という見地に共謀していることに気づくか，さもなくば殺人者として患者を告発していると受けとられ，たちまち疑念と恐怖の対象になってしまうことに気づくかだった．

　初回面接において彼女は，娘の自殺以来，もう大丈夫だと思うこともときにはあるが，それ以外は，耐えがたい胸痛を伴ったパニックに満たされていると語った．ベッドにいないときは，いつもひどく泣き叫んでいた．彼女は，前

訳注1）ヒンドゥー教で加持祈祷に唱える呪文のこと．

夜にみた，赤ちゃんのアナの写真の夢を語った。彼女は胸の痛みで目を覚まし，パニックになって息ができなかった。

次の面接に来たとき，患者は，アナは死んでいないと信じている，だから気分を改善する方法として話をするのはもはやうまくいかないと思うと語った。彼女はアナについてのフラッシュバック夢を見始めていた。それは地下室での，布につつまれて運搬車(トロリー)に寝かせられていた病院での，そして棺桶の中のアナだった。

これらの夢を理解するにはいくつかの方法があるが，赤ちゃんの写真の夢は，希望と可能性，新生活のイメージを，そしてまたアナが赤ちゃんで生きていたときの記憶を表しているものと私は理解した。同時にそれは，写真という生命のないイメージでもあった。ゆえに，この夢は高度に圧縮されたものであり，彼女が知っていることと知るのに耐えられないこと，潜在的には娘の死に関する認知の両方が含まれていると考えた。また，治療に来ている彼女の心的状態も示しており，それは苦悩と精神的苦痛から，あたかもすべてが起こらなかったかのように救い出してくれる対象を求めているという，トラウマを蒙った患者に典型的な極度の依存であった。感覚と経験を加工し統合する内的なこころのコンテイナーがまだまったく存在していないゆえに，実際の母親が必要とされているときの乳児の無力感と依存の遷延化にそれはつながるものである。

フラッシュバック夢をもってきた途端に，こうした心的状態はたちまち破綻したのだが，これも外傷的出来事に典型的に続くものである。この頃には，苦痛を取り除くのにもはや対話は役立たないのだから，私が役目を果たしてこなかったという告発があった。彼女は，アナによく無断借用された靴を履いてきて，アナが勝手に使うのが多くのイライラの原因だったと語った。私はこのとき，彼女が娘に同一化していることと，その結果起こりうる事態への不安に満たされ，この瞬間を——あるいはむしろ，面接を終えて彼女を部屋の外に送り出したときのことを忘れられない。

フラッシュバックは，夜中にみる夢ではあったが，出来事について考えることが固定化し柔軟性を欠いている徴候であり，凍結された修正不能なイメージがこころの中にあって，それは思考されたり象徴化されえないことを示している。内的状態の象徴表象になる可能性のある夢というよりは，事件への生々しい後戻りだった。それはまるで，扱いがたい経験によってもう一度こころが打ちのめされたかのようであり，そうして考えることは破綻した。娘にとって

安全な場所だと信じられていたベッドさえもが，もはや退避できるところではなかった。この時点で私は，何が起きてしまったのかという現実を，つまり娘は自殺し，夢見手である彼女は生きているということを，彼女が一時的にだがはっきり理解してきていると示唆したい。それから彼女は，彼女の安全に関する不安で私をいっぱいにした。その安全は，彼女が娘に提供することができなかったものだった。この悲劇を否認する手助けを私はしなかったので，今度は，彼女がそのまま具体的に保持していたものに私は耐えねばならなかった。このセッションにおいても，彼女は自身と娘についての夢を語ったのだが，それは両者が泣いて手を差し出しながらも互いに届かないというものだった。

　娘の自殺から3カ月後のクリスマスの直前に，彼女は自宅で再びヒステリー状態になって，怒り狂い，駆け回り，叫び，物を投げつけた。家族は家庭医に連絡をとり，そこから私に連絡があった。これを皮切りに，短い数カ月間に幾度となく家庭医と私との間でやりとりをした。

　Dさんは，このアナがいなくなって初めてのクリスマス直前の面接で，クリニックに対してひどく腹を立てた。彼女が主に取りあげたのは，私たちの怠慢と役立たなさだった。患者たちが自殺するかもしれないことがわからないのか？　クリスマスに閉めるなどどうしてできるのか？　彼女は，吸血鬼のアナという夢を報告して，自分が6歳のときに家から離され，そのとき鷲にさらわれる恐怖でこころがいっぱいだった話をした。14歳では家の外に出るのが不安になったこと，ある男が地下鉄の乗客に向けて銃を発射したという事件後には，地下鉄に乗るのが特に不安になったと話した。ものすごい危険に晒されているように感じるときは，かつても今のように，要求ばかりするようになって取り乱していたと言った。彼女は，アナが彼女にそうしたように，私を含めて皆のクリスマスを台無しにするという復讐願望に気づいていた。もし自分が入院したら家族はバラバラになってしまうと語り，入院させられるのではないかと怖れた。

　私が思うに，このとき彼女は娘と完全に同一化していた。死んでいるが死んでいない吸血鬼は彼女の内側に棲んでおり，彼女自身と家族の生き血を吸っていた。クリスマスと休暇を間近にしたプレッシャーのもと，この耐えがたい喪失の苦痛による脅威はますます身に迫っていた。患者は，この夢はアナの犠牲者としての彼女自身を示していると解釈した。もちろん，そうすることで，彼女は自らそうなっていながら，取り巻く人たちに抱えさせていたものを否認す

ることができた。おそらく，娘と彼女自身が互いに腕を差し出しあうという以前の夢は，彼女の防衛の破綻を警告するものであり，死への牽引力を暗示していたのかもしれない。

この休暇のあいだ中，Ｄさんは別の男性治療者との面接をもち，彼の方がもっと共感的で私より好ましいと思っていた。私との面接を再開した直後，私には告げず，彼女が若い頃に通っていた治療者に連絡をとった。けれども，私を裏切り不誠実だという不安によって麻痺してしまい，その予約を継続できなかった。休暇中のその男性との，すなわちより好ましい治療者との関係への，私からの復讐や対抗心についての不安を取りあげてから，彼女は以前の治療者と話せるようになり，娘の自殺を伝えることができた。彼女は，彼の非報復的な反応と偽りのない共感によって安らぎ，また，面接の作業を彼女が拒んだがゆえに治療が終了したことを彼が思い出さなかったことにも安心した。これが彼女を安心させたのは，ある意味で，彼と連絡を取って自殺のことを伝えたいという願望が，前治療者を自分の母親と結びつけ自分を良い母親にするという仕事を適切になし遂げられなかった彼を罰したいという願望だったからである。このとき彼女は，精神科医への受診についても同意し，その医者をやさしく親切な人物だと感じた。

この時点で彼女は，娘の日記を再び読んだ。前に読んだときには，アナが２年にわたって自殺に囚われていたことのみに目がいっていたのだが，今回は，アナが生きようともがき苦しんでいたことを知った。この気づきはもちろん，彼女がいかに娘の役に立たなかったかを責め立てる感覚を追加した。一方では，彼女と娘の区別がどれだけ欠如していたかをみることもできよう――いまや患者もまた生きるのに苦しんでいた。とはいえ，彼女はもう１人の親的な人物（精神科医）を受け入れており，それは彼女のニードと障害を認めるということ，そして私にとってはコンテインメントの提供になった。患者がこの後者にどこまで気づいていたのかを考えてみることは興味深い。それは，母親だけで対処するには手に余る子どもであるときに，父親の援助が必要とされることに関連している。

最初の治療者との会話のすぐ後のセッションに，Ｄさんは子どもたちの写真を数枚もってきた。彼女とアナの写真もあった。死んだ少女の魅力は際立っており，明らかに幸せな母と娘がそこにはいた。この写真が，彼女に必要とされ宝物のようだった嘆き悲しむべき娘がいたのだという，数少ない認識を私に

もたらすもののひとつだったのは意義深いだろう。この写真に私がコメントすると，患者は，娘の美しさを誇りに思っていること，美しさという点で劣る他の子どもたちとともに取り残されたことへの憤りと傷つき，そして良い母親には禁じられるこうした感情の恥ずかしさを語ることができた。写真を持参したのは，この対話へと道を開くためのようだった。それから彼女は，地下室に入っていったことがあり，そこでアナがいかに事を起こしたのか，手にした銃はどんな感じだったのだろうかと思いめぐらせ，今もまだ床に散乱したものを見ていたと話した。それに続けて夢を語った。棺の中のアナを彼女が見ていると，アナが棺の窓を通して息をしているのがわかった。彼女は棺を開け，2人は，少女の人生や心情について言葉を交わし合った。夢の中で少女は母親になぜ自分は自殺したのかについて話した。その夢の終わりでも，アナは生きたままだった。Dさんは，夢の中でアナが言った自殺した理由を思い出せなかった。けれども，彼女がもし夢の中での自殺の理由を覚えていたならば，それを**彼女が夢でみたものではなく**，本当の原因として受け取ったであろうことは，まったく明らかであった。

　夢の中の子どもが言ったことを覚えておきたかったことを除いては連想がなかったこの夢を聴きながら私は，娘に自死された母親に同一化しつつ，この夢の痛ましさとこの状況の恐ろしさをはっきり感じていた。これはもちろんいくぶんは，人間がもつ本質的な痛みについてのコミュニケーションによるものだった。しかし，それは以前の素材への反応でもあり，私は，彼女が地下室で，こころの状態がどのようなものであるかとりとめなく考えたという話に強い関心をもった。また，彼女が自殺をしそうだと自覚したとしても，その自覚を私に話すのは期待できないと考えていた。あるいは本当のところ，自殺したいと思っていなければ，その気持ちを率直に私に語っただろう。私は彼女が，自分の感情がどれだけ耐えがたいか，自分の喪失したもの，また惨事と予測不能性への脆弱さや無力，無防備なことを感じないために，事実を**知る**ことを必死に求めていることをわかってほしいというニードをもっていることを伝えた。私は，このこころの状態はとてもよくわかると感じていた。各セッションで，彼女が語る素材と夢とを，次回に私と会うときまで彼女が生存していることの保証として聴いている私がいると気づいた。この聴き方は実りのない作業であり，どんな注意深い傾聴も，患者を理解する努力もこれに置き換わってしまった。実際に，この面接の中で，家族みんなが楽しんでいた休日に彼女だけが排

除されたという不満を言っても聴いてくれなかった母親のことを彼女は語った。これが初めてではないのだが，私が十分な頻度で彼女をみていない，そのために来談したときには話がありすぎると彼女は話した。

　私はこれを，週の間は捨てられたように感じている彼女を私が何とも思っていないうえ，配慮を求めたり不平を言う彼女に私が批判的で怒っているという，彼女の確信として取りあげた。彼女はそのセッションを，娘の自殺――どのような申し立てをしなければならないと娘は思っていたのか？――についてと，より良い関係をもつ機会を両者がともに奪われたという苦痛な現実についての酷くつらい気持ちと怒りを感じて終えた。

　Dさんは次の面接にも，棺を開けて娘と話をするという，似たような夢をもってきた。しかしながら，話をした最後には，アナは立体の浮き彫り（レリーフ）のある挨拶状の中に組み込まれていった。初めてとなる夢の連想を患者が語った。彼女は，死を宣言された女性が遺体安置室で生きているのを発見されたという最近の新聞記事のことを話した（実際のところ前回の面接時には，その記事を知っていたが，彼女はそのときには触れなかった）。そして以前に観たことのある，いささかシュールな映画についても話した。それは，少女が母親の頭の中に入っていって，昔に死んだ，まだ弔われていない子を外に連れ出すというものだった。その子が母親の頭の中に戻ってしまう前に，この3人は一緒に話した。それからすぐその母親は悲嘆にくれ始めた。患者は続けて自身の青年期について語ったが，それはアナがそうであったように，非行に走って両親にかなりの心配をかけたと思われるものだった。

　これが自分の夢について彼女にできた最初の連想だった。彼女は，荒れていた10代の頃について話し続け，自分自身をただ単に諍いやネグレクトや暴力の犠牲者にすぎないとみるだけではなく，自分が起こした騒動についても初めて認めた。加えて，夢をみて連想をすることで，患者は暗に私に意見を求めた。それはいつもの面接状況で，夢を持参し，しばしば彼女や彼女の対人関係をひどく責めるものとなる，彼女自身や人との関係にかかわる既存の信念を実証するためにその夢を「解釈する」のとは対照的だった。おそらくこの夢は，アナが二次元を地とした三次元イメージに戻り，患者が自分のこころの内容物との象徴的な関係をもつことのできる縁（ふち）に――すなわち三次元世界へと――移行しつつある様相をあらわしていた。これは彼女に，悲しみや真の償いができるようにするための内的な支えを築いていく可能性に道を開くものであろう。そう

するには，彼女は娘の死についてのアンビヴァレンスについても，つまり，もはや争うべきアナが生きてはいないことによる安堵を認識する必要があった。

　この面接の後，家族の集まりのときにDさんは酔っぱらって，末息子が5歳のときに妊娠中絶をしたとうっかりしゃべってしまった。皆がものすごく狼狽し——末息子は自分もまた中絶されていたかもしれないと感じ，妊娠中の彼女のいとこもひどく動揺した。けれどもそこでは，夫が，妊娠の継続にまつわる決定を彼女に任せっきりにして，中絶への付き添いを拒んだことにも関心が向けられ話し合われた。その夜，患者は，1歳半の幼児をきれいにしている夢をみた。それを聞いたときに私は，偽装された殺人の告白とともに報復ではないものが現れる可能性があるように思った。この後彼女は，青年期ユニットの上級医師との面接を入れて，娘の治療が失敗だったと医師を咎めた。これは，私が提供しているものの少なさについての，私への憤怒の切り離された側面をまさに含んでいたと同時に，彼女の対象が前ほど恐ろしい人物ではなくなり，残忍な投影に染まることが減り，その結果（対象に）近づきやすくなって，必要な話し合いがもたれるようになったと私には思えた。この面接に続く回に，ひどく高ぶった状態でやってきて，存命中だったときの娘への憎悪や，それゆえに感じられた，彼女が娘を死に至らしめたという怖れを話した。患者を殺してそれから自分も死ぬつもりだと娘が言っていた様子を彼女は語った。Dさんは激しい胸痛を感じたが，それはおそらくこころの痛みだった。彼女は，娘の死という現実をさらに意識し，それを防ぐことができたかもしれないという耐えがたい考えに気づいていった。彼女はアンビヴァレンスをより感じるようになり，このため同一化は減り，その結果苦痛と苦悶を増加させた。とはいえ苦悶の感じやすさばかりでなく，これらの記憶と感情にさらされているための憤慨も再び浮かび上がった。

　患者にとってのジレンマの性質を例証しているのは，この一連の出来事であると私は思う。助けとなるものを真に感じることができたならば，**彼女**に母親対象が得られるという，彼女自身にとっての希望の可能性が開かれる。この第一歩は，愛する娘に供給できなかったものにまつわる罪悪感と，現実には償いはもはや不可能だという気づきにたちまち満たされてしまう。また，自分は死なずにもう片方が死んだ（憎むべきライバルであり，自分が排除されていた両親の関係の具現化）という勝利感も再活性化していたようで，迫害的な罪悪感と報復の恐怖をたちまち増大させた。過ちと怠慢を追及されるべき別の対象

［青年期ユニット］へと責任を即座に投影せずに，これにもちこたえるのは患者には難しかった。

　患者は，エディプス葛藤，対抗心，妹との競争，父親とデートに出かける魅力的な母親についての夢も数多く報告したが，それは彼女の不安と防衛をワークスルーしていく可能性を示していそうな内容の夢であった。しかしながら，最も際立った特徴は夢の報告の仕方にあった。これは，夢自体や，治療における夢の役割を理解しようとするときの実際的な困難と結びついていた。この患者は，夢が治療者たちと彼女にとって重要であると知っていたし，私が思うに彼女は夢に重要な意味を込めていた。その一方で，反駁できない事実として夢が提示されているという感覚が私にあった。つまりそこには，探索され，発見され，考えられるようなものは何もない。深層や潜在内容はなく，連想もほとんどなく，ゆえに私には，国王の勅語を聞かされているような受身的な受け取り手として機能するよりほかに役割はなかった。もちろんこれは，このようなニードをもつ患者が，夢や別の何でも私の理解しえない素材をもってきたとき，何を言うべきかわからないという私が抱く感覚への耐えがたさとも共鳴しているだろう。そして当然ながら，トラウマを蒙った患者との作業の多くと同じように，この治療も単なる空想ではない，反駁できない事実に——過酷で修復不能な外的ダメージに圧倒されていた。

　面接の中で私が時折そうしていたやり方に，すなわち私が抱いた不安を緩和してくれる素材を探し出そうと，彼女のこころの状態の隠れた証拠のように夢を聴いていた経験に，立ち返ってみたいと思う。これはもちろん，この患者がもちこたえるべきものに耐えられるように援助することの難しさと関連するだろう。けれども，それは面接全般にみられた別の特質にも関係していると思われた。彼女から直接のコミュニケーションを受け取っていると感じたのは稀であり，むしろそこには，これは私が担うべき責任だとの，漠然とした，いわく言いがたい感情を伴う不安と罪悪感をもつように操作されているという感覚があった。私は何か間違いをやらかしているか，見過ごしており，それは悲惨な結果になるかもしれなかったが，それが何かを知る位置にはいなかった。私が思うに，このことは患者がゆっくりと明かしていった側面と関連があった。それは，物であれ私的な情報であれ，他者に属しているものを取ってしまう傾向のことである。これらのすべてを彼女はさまざまに正当化し根拠づけた。つまりコミュニケーションには統制するばかりでなく苦痛を与える性質があった

第8章 外傷的な死別後にみた夢：喪の哀悼かその回避か

ように，気安く与えたり受け取ったりできる対象がいるという感覚はなかった。授乳する関係は秘密裏に構築されねばならなかった。恩恵を受けていることや境界の必要性を認めることになる気づきは，ゆえに巧みに避けられた。

　時折，Dさんは自分の苦悩や当惑を話すことができた。いかにして愛が，あんなふうにもつれていったのか？　彼女は，娘は自分の一部だという考えを強く抱き，娘と関わりをもつべきだとは思っていなかったことを実感した。関係をもつためには，ふたりは融合せずに分離した存在でなければならなかった。

　約8カ月後，私はDさんに毎週の面接を提供できるようになった。彼女はこれに感謝した一方で，憤りもした。最初の治療者がしたように，私は彼女を治療に取り組ませたかったのだが，それは過酷なことで，また私に思いやりがないとの証拠でもあった。こうした抗議にもかかわらず次のセッションに初めて，彼女は娘の死を明らかに認める夢をもってきた。夢の中で彼女は，ある女性に，自分には子どもが4人いたのだが娘がいま死んでしまったと語っていた。これは珍しいことだった。これまでこの患者には，喪の哀悼に典型的な夢が欠落していた。たとえば，喪失がじかに認められる死や葬式であっても，別の人物に置き換えられたりして，夢ではまだ娘が生存していた（たとえば，娘が彼女のもとを立ち去るという夢を患者が一貫して報告するようになるのは，死別後おおよそ1年半が経ってのことであった）。

　治療のこの時点において患者は，アナは生きているという夢をみるようになり，うれしそうだった。それはアナの一周忌の少し前であったが，この直後に彼女の母親が末期状態かもしれないという診断を受けたことに関連があるのではないかと私は思った。患者はこのことを，注目を引きたい母親側の意図的な策略，彼女の同情を求める競争的なものと見た。これを苦痛に対する防衛として解釈する私のどんな試みも，母親に注意を向けさせたい私の要求であるように聞かれた。彼女の母親は回復した。彼女は，無関心な態度をあからさまに保ち続けていたけれども，それから夢に母親が登場するようになった。これへの患者の態度は，彼女の心的空間に母親が入ってくるのを許せたという驚きだった。母親が重要な存在であることを否認したい明らかな願望があった。同時に，母親との間で内的に，ときには現実になされた，2人の間にある葛藤や悪感情の原因はどちらにあるのかという毒々しい口論が，娘の死の原因はいずれにあるのかという議論でもあったことを私たちは理解できてきた。現実の母親の脆さや，ほとんど抱くことのなかった2人の間の感情を改善させたいという望み

を，こうして彼女はわずかに認識した。

　その後Dさんは，死別後の数カ月間は見なかったが，何年にもわたって繰り返し見ていた夢を見始めた。この夢では，彼女は糞便ばかりの広野を歩んでいるか，または，トイレかシャワーを浴びに行くが，そこは糞便に覆われており，使用できる清潔なところはどこにもなかった。ここに至って彼女は，子どもの頃に糞便をよく塗りたくったこと，さらに両親の清潔へのこだわりを話した。彼女が腸のことばかりを思い続けているという幾多のサインもあった。夢の内容は，清潔にし，整理し，修復するのに役立つ対象の欠如をまさに伝えているようである。これらの夢が止まったり始まったりしたのはなぜなのか，私にははっきりしなかった。

　この報告の最後に，治療の終結間近に彼女がみた夢を呈示しよう。彼女は夢の中で，ある役を舞台で演じることになっていた。観客は待っていた。彼女は，その役を演じるための靴を持ってこなかったので，誰か別の人がそれを演じなければならないと気づいた。またしても自己破壊的なことをしてしまったと夢の中で動転した。この夢を私たちが話し合ったとき，アナはよく彼女の靴を借りたものだったと話した。彼女は自分が今ももち続けている，人を喜ばせようとしたり影響を与えたがる傾向への苛立ちを語った。私は，自殺があった直後の，娘がきまって借用していた靴を彼女が履いてきたセッションをすぐに思い出した。そのことは覚えていると彼女は言った。私は，この夢は，治療の終結にあたっての葛藤――それは，娘が娘自身の役を，彼女が，つまり患者が自分自身を演じるのを認めることができるか，もしくは，娘が彼女を見捨てたように私から去るのか――を例証していると思った。彼女の望みは別人の役を演じることであったが，夢では，彼女はその舞台を去り，自分自身を演じなければならなかった。この夢は，私への贈り物とみてよいのかもしれない。

結　論

　この治療で治療者に向けられたプレッシャーには2つの側面がある。ひとつは，患者に起こった出来事の甚大さと彼女の自己概念や将来の生活に及ぼす影響，および避けがたい苦悶と罪悪感を聴き取り，それに耐えられるように援助してほしいというニードである。治療上の課題として期待されるものであり，喪の哀悼に欠かせない要素がここにある。しかしもうひとつのほうがさら

に，この患者自身の動揺を示し，逆転移の中で問題となった。これは，彼女の夢や私との関係性についての私の経験から記述しようとした特質であった。治療者が面接室内での経験に圧倒されている限りは，私の傾聴は彼女の生存の保証へと引き入れられ，次には，これが逆転移だと理解しようと**考える**能力が損なわれた。このようなやり方で保証を求めて耳を傾けていたため，患者の真のこころの状態に私はしばしば注意を向けられなかった。これは，彼女の——適切な世話がされず，ゆえに分離に耐えていく能力を構築する基盤にはほとんどならなかった——母親対象への不満なのである。こうして，よくある「世話を怠ること」，そろって姿を消す両親，面接の終わりは，患者の自己を具体的にかつ完全に謀殺するものへと変わった。

　こうしたコミュニケーションの方法に示されるように，患者には援助の供給や，生命と希望の存続に関して治療者と手を結べないという側面があった。この点をアセスメントしてきちんと考慮しておくことは，たいへんに重要である。生に対抗する諸力の悪性さを過小評価しないことが大切である。他の患者たちとは違い，Dさんは自殺の企てを隠さなかった。死への秘密裏の牽引力は，それは娘との融合でもあるのだが，日々の生活における苦痛や喪失に耐えるには限りある能力をはるかに上回る可能性があった。私が分析的に仕事をできたのは，投薬や助言，実質的な「安全地帯」となりうる場の知識などの具体的なサポートを提供してくれる，患者が別のさまざまなやり方で利用できる現実の外的な人物たちがいたためである。加えて，専門家間のコミュニケーションによって，異なる役割をとって全員がうまく機能することができ，そうして不安は考えられリスクは適切に査定された。これは，各々が他者の機能を尊重する——敵対心や羨望ではない良い親的カップルが形成される——ときにのみ，うまくいくと言いたい。赤ちゃんの世話という務めをする母親には，父親のサポートが必要なのである。

　危険な秘密もあった——彼女の娘を生かしておくために治療は存在していた。治療の終結に際して危機が訪れるやもしれなかった。この危機の徴候は，現実ないし苦痛に触れさせられたときの彼女の怒りや，私と彼女が分離した存在だと思い起こさせるような異なる見方をとらないでほしいという私へのニード，「内輪の」情報を仕向けてくることに見て取れる。ここにはさらなるマネージメントの問題が示されている。このような患者といると，言葉にはされない治療者へのプレッシャーがとても大きいために，治療終結が熟考できなくなり，

終結の検討は躊躇される。あるいはまた，終結させるために，患者が抱えている障害の程度についての知識から，治療者は目を背けるかもしれない。これはこれらの患者に刺激されて生じた見方である。患者が自分の脆弱性を認識しているようにみえても，その信念を吟味すれば，患者が陥っている立場への責任を他者がどこまで負うべきと患者が思っているのかがわかる。たいていこれは患者が過酷な迫害的解釈や，他者からの非難で自らを罰することに示されており，それはときにそう見えたとしても実際のところ本当の洞察ではない。

　これらの状況では，スーパーバイザー的役割をもつ第三の人物，あるいは必要なときに患者が頼る現実的な資源となる第三の人物の存在が，あらためて治療者には必要となろう。これには，将来のさらなる心理療法や他の治療，あるいはコンサルテーションやフォローアップ面接の提供を検討することも含まれよう。分析や心理療法を理想化していると思われる患者であれば，治療者の万能感と共鳴して，外界のストレスばかりでなく外界から提供される援助もこころに保持できなくなるかもしれない。患者の中にある，人生の変転への脆弱さが存続していることを認識するためには，万能ではない人物の内在化が必要である。これは，非難が他者に投影されることへのニードや，悲劇をも含むさらなる危機へのニード，それゆえ他者がそうした悲劇を演ずることを求めることを回避するのに役立つ。そうすると，少しずつではあるが弱点に向き合えるようになり，羞恥心は克服され，援助の必要性が認識される。

第9章 トラウマにおける同一化過程

シャンカナラヤン・スリナス

　ブッフェンヴァルトにあるナチスの強制収容所の解放に最初の連合軍兵士が到着したとき，ホルヘ・センプラン[訳注1)]は収容所の若き捕虜であった。ここで彼は，兵士たちのひどく怯えた表情に映し出された自分の恐怖や恐慌を見ている。それは自分と兵士たち双方に属する激しい怖れである。そのとき兵士たちは，その男ホルヘに同一化している。「私の目の前に彼らは驚いた顔で立っており，そして突然，その恐怖に襲われた眼差しの中に，私は自分を見る……恐慌のあまりに見開いた目で彼らは私をじっと見つめる……そして彼らの目が鏡なら，私の目は狂人の目である」(Semprun, 1997)。

　同一化は，アイデンティティや性格の形成に深く寄与する重要な発達過程のひとつであるだけでなく，防衛機制でもあり，心的均衡を保つ方法のひとつである。またトラウマを生き延びた者の打ちのめされるような経験の中でも重要な役割を果たしている。さらに，内的な断片化や解体という感覚への生存者の応じ方や，その経験を再統合する試みに影響を及ぼす。この論文では，子どもの頃に深刻なトラウマを蒙ったある成人患者の心理療法を，特に面接の中に出現した同一化過程に注目して論じたいと思う。これらの同一化過程が患者の苦境を持続させた様子と，その過程の最終的な認識が同一化過程を放棄する手助けとなったところに着目したい。新しい同一化のゆるやかな発達によって，かなり深刻な患者の病理は，ある程度の解消へと導かれていった。

訳注1) Jorge Semprum (1923-) はスペイン人の作家で政治家。スペイン内乱のためフランスやオランダに移り住んだ後，フランスでナチスへの地下抵抗運動に加わるも，ゲシュタポにつかまり収容所に入れられた。1960年代より戦争の恐怖を主題とする作家活動を始め，イヴ・モンタン主演のフランス映画『戦争は終わった』(1965) の脚本を書いた。

発達過程としての同一化

　一次的同一化は，自己表象と対象表象との間に堅固な境界が構築される以前に存在する状態と定義される。二次的同一化には，「自己と対象との間の表象上の境界が失われておらず，主体が，自己表象の中に，現実のもしくは空想された対象の特性を具現化することである」(Sandler and Perlow, 1987) というように，同一化という用語のより一般的な意味が含まれている。

　私たちのアイデンティティ感覚は，私たちの対象の諸側面との同一化に由来している。私たちは，他者の中に自分自身を見たり，その過程で自分自身を見出しながら，他者のまなざしや顔色の中に知覚するイメージを通して自身を発見する。自分の視点と他者の視点との間を行き来できる能力を発達させながら，同一化と脱－同一化の複雑な過程を通して私たちは他者との関係を築くようになる。

　シェーファー Schafer (1968) は次のように述べている。「最も完全な意味では，対象との同一化過程は無意識のものであるが，顕著で重要な前意識的かつ意識的な構成要素も備えているだろう。この過程の中で，主体は主体自身の動機や行動パターン，その対象に対する自己表象を修正する。すなわち同一化を通して主体は，自身に特有な，主体に重要になってきている対象の1つ以上の統制力や特徴を表すとともに，対象ともつながり続ける」。

　フロイト (1921) によれば，同一化とは最早期の感情的な結びつきである。性格は，私たちの最早期の同一化の記憶痕跡を土台にしている。同一化という言葉をフロイトはゆるく使っており，母親と乳幼児の関係には直接言及していないが，人生早期の母親との至福な結合の反映である「大洋感情」について述べた (Freud, 1930)。この文脈でフロイトは，自己と，母親によって表象される外界とをまったく区別しない時期の，母親との一次的同一化に言及しているようだ。

　ウィニコット (1952) は，赤ん坊と母親はひとつとしてのみ語ることができ，「ひとりの赤ん坊などというものはいない」と感じた。赤ん坊は，生まれて最初の社会的な関係の探索を通して，早期の安全感を得る。すなわち乳児は，母親のまなざしや表情に映し出されている自分自身を見る。目と目を合わせようと母親の顔を積極的に探す。それに対して母親はほほえみと声で応じる。乳児

は母親に喜んで反応し，それが母親のさらなる応答を引き出す。「母親の顔を見つめるとき，赤ん坊は何を見るのであろうか。通常赤ん坊の見るものは自分自身である，と私は言いたい。言い換えると，母親は赤ん坊を見つめているが，母親がどのように見えるかは彼女がそこに見ているものと関連している」(Winnicott, 1967)。サールズ Searles (1963) は，自分に対する母親の情緒的な反応によって子どもは感情を認識する，と類似した点に言及している。またボウルビィ Bowlby (1969) は，赤ん坊の母親への愛着の発達における，母親の顔や微笑を認知することの重要性について述べている。

メラニー・クラインは「分裂的機制についての覚書」(1946) で，**投影同一化**と呼ぶ過程を描写し，同一化の複雑さへの理解をさらに進めた。投影同一化では，受け入れがたく感じられる自己の一部が，あるいは耐えがたい体験によって喚起された苦痛や恐怖（もしくは他の形をとる心的苦痛）の感情が，切り離され外界の中に投影される。投影同一化は，乳幼児にとって母親との無意識的なコミュニケーションの方法でもあり，それゆえ生物的にも精神的にも生き延びるために重要である。このように投影同一化は，投影のような精神内の過程であるのみならず，外界対象との関係で起こり，主体と対象の両方に影響を及ぼす（ソドレ Sodre, 1995）。

ビオン (1962) はこの概念を広げて，投影同一化によって伝えられた乳児の耐えがたい感情のコンテイナーとしての母親という見解を導入した。苦しみの中で無力な乳児は，言語的非言語的な振る舞いによって，母親の中にそれに相当する体験を喚起する。受容的な母親は，確実な取り入れ同一化によって，自分の中にこの感情を喚起させたままにしておく。その母親は，もの想い reverie（フランス語の「夢みること」に由来する）を通して，乳児の身体的感覚的体験（ベータ要素）に意味を与え，考えることを通して，乳児にとってより取り扱いやすいもの（アルファ要素）へとそれらを変形させる。乳児は自分のこころの中にその体験を蓄え，最終的に母親の不在という場合にも自分自身を保つことができる。このように不在の対象は，思考や心的空間の発達の起動力となる (O'Shaughnessy, 1964; Segal, 1983)。ウィニコット (1966) は，母親について次のように書いている。「母親もかつては赤ん坊だった。だから，かつて赤ん坊だった記憶がある。また世話された記憶もある。これらの記憶が，母親として体験するうえで助けにも妨げにもなる」と。

このように子どもは，対象についての内的表象や自己の中での連結や変化に

より，漸進的な同一化を為しながらみずからのアイデンティティを発達させ始める。もちろん子どもの成長は，その家族の力動的な組織化，すなわち両親の役割の担い方や相互の関わりによって（Ackerman, 1958），また同一化の発達への両親の反応によって左右される。この過程は，親やきょうだいの喪失，暴力・誘惑・病気・剥奪の状況にさらされること，家族の身体や精神の病気，さらには家族全体を揺るがす大きな変化というような外傷体験に不可避に影響される。このような出来事が子どもにどのような痕跡を残すかは，それらの出来事への両親の反応の仕方，両親以外の重要な他者が利用できたか，そして子どもの発達段階に必ずや左右される（Schafer, 1968）。

トラウマ後の防衛方略としての同一化

重大な外傷体験は，その人の世界の知覚に深く影響する。被害経験者は，悲しみ・絶望・罪悪感・恥・怒り・攻撃性といった感情の混乱にあがいている。このような感情は強烈な苦痛を引き起こす。同一化は，精神的に生き残るためにさまざまな装いで防衛的に用いられるかもしれない。それは多様な動機に基づいているだろう。たとえば，喪失や見捨てられるという苦悩の否認，対象もしくは外傷的出来事からの自立の獲得，恐れを制御することや，耐えがたい罪悪感や恥の感情を除去することである。

たとえば，深刻な喪失や分離に続き，失った対象との自我の自己愛的同一化が起こることがある。フロイト（1915b）の有名な一節がある。「対象の影が自我の上に落ちる。これよりその自我は，ある特別な機関によってあたかも対象，すなわち棄てられた対象であるかのように判断される。こうして対象喪失は自我の喪失に変わり，自我とその愛する人との葛藤は，自我の批判する機関と同一化によって変えられた自我との間の裂け目へと変形される」と。

影は闇の存在をほのめかし，フロイト（1905）は，闇への恐怖を愛する者を失うことに結びつけた。自我はその喪失に圧倒され，喪失を否認しようとする中で失った対象となる。フロイト（1921）は，子猫を失いすっかりしょげている子どもの例を引用している。その男の子は，自分は子猫であると言い切って四つ足で歩き，テーブルに向かって食事をしなくなった。このように喪の哀悼の間，失った対象への同一化は，喪失のトラウマに対する防衛である。

アンナ・フロイト Anna Freud は 1936 年に，攻撃者との同一化という防衛

について述べた。この同一化は，必ずしも攻撃者その人になる必要はなく，攻撃的な行為，あるいはただ攻撃性そのものであればよいだろう。この防衛では役割は逆転される。つまり犠牲者は同一化することによって，ひどく恐れる対象を害のないものにしようと試み，こうして攻撃者になる。「勝てないなら，手を組め」とはよく言うことである。

アンナ・フロイトは，自分の論点をいくつか例示している。ある幼い少女は，暗がりで幽霊に会うのを怖がったが，おまじないをかけながら暗い広間をよく走って横切った。「広間では怖がらなくていいの」と，その子は意気揚々として弟に言った。「ただ，出会うかもしれない幽霊のふりをすればいいだけよ」。

このように攻撃者との同一化は，受動的な役割を能動的な役割に変えることによって，外傷や脅威となる状況を制御し支配しようとする試みとみることができる（Freud, 1920）。フロイトは，戦闘後も長期にわたって繰り返しみる兵士たちの外傷後の悪夢は，圧倒してくる体験を制御しようとする自我の無意識的な試みであると考えた。彼は，トラウマの後にみられる子どもたちの遊びには，子どもらがその状況を制御するのを手助けする，兵士のものと似た創造的な機能があるのではないかと考えた。「子どもは体験の受動から遊びの能動に移ることによって，遊び仲間に自分の体験した不快を加え，そして，この代理のものに復讐する」。

この防衛は，すべての防衛と同じように病的なものになる可能性がある。たとえば，性的虐待を受けた子どもは大人になって小児性愛者に，いじめを受けた子どもはいじめっ子に，親に歪んだ扱いを受けた子どもが次には自分の子どもを手ひどく扱うようになるように，家族の病的なパターンは永続する。

ベッテルハイム Bettelheim（1960）は，ナチスの強制収容所での攻撃者との同一化の例を示している。長年捕虜となっている者の中には，収容所の過酷な苦難に耐えられずに初めの数週間さえも生きられないような弱者と見られた新人捕虜に対して，ゲシュタポの態度をとる者もいた。こうした新人捕虜はまた，裏切り者になりやすいとみなされていた。彼らの存在はそれゆえマイナスであると思われたので，古い捕虜は，彼らの最期を早めるために危険な労役を割り当て，助けを求めてきても手助けしなかった。古い捕虜は，言葉の上でも身体的にも，ヒトラー親衛隊（SS）の攻撃的な振る舞いをとった。それは，看守たちを懐柔したいとの願望に動機づけられた面もあったが，収容所での捕虜を扱う正しいやり方であるとも信じられていた。彼らはまた，たとえ罰を受

けたとしても，ヒトラー親衛隊の制服の古い端切れを縫い合わせて自分たちの捕虜服に仕立て，親衛隊の見かけを真似ようともした。

防衛としての救済空想

トラウマの被害経験者は，救済空想に没頭したり，他者を救済したいとの強迫的な欲望に突き動かされることがある。この態度には純粋に修復的なものも含まれているのだろうが，被害経験者がもつ無力さ，無能さ，罪悪感，屈辱感という耐えがたい感情を，他者にそれらの感情を投影同一化することによって取り扱う試みでもあるだろう。この防衛的な方略はまた，おおげさにも万能的にもなりうる。その救済者は，犠牲者であるとみなす人物を保護しようとする中で，過去に自分自身に忍耐を強いた外傷的状況をその過程で再演することを通して，自身を攻撃者に仕立てあげうるのである。こうして犠牲者と加害者の両方の役割を演じる。たとえば，暴力的な家庭環境において父親からひどい虐待を受けてきた抑うつ的な若い男性が，自分の幼い息子を傷つけてしまうのではないかと恐れて援助を求めてきた。あるとき彼は，通りで父親から叱られている少年を見かけ，その子を守りたいとの気持ちに駆り立てられた。彼はその父親と息子を引き離し，猛烈な勢いで父親に襲いかかった。それは，その場から彼を引き放すのに警官が呼ばれるほどだった。

外傷的な状況において投影同一化が防衛的に使われる方法のひとつをこの例が示している。同様の防衛を用いて，もとより被害経験者が感じていたひどい恐怖とか絶望への嫌悪が，自己にはないものとされた部分をコンテインしていると知覚された対象の方に向けられるという状況もある（Klein, 1946）。あるいは被害経験者は，その対象の良い特徴や悪い特徴を自分のものとあてはめ，取り入れるかもしれない。このような取り入れ同一化の例を後の臨床例で提示しよう。

投影同一化には，投影機制と取り入れ機制の相互作用がある（Sodre, 1995）。少なくとも当人の空想の中では，それは当人と受け手の両者のアイデンティティに影響を与え，しばしばアイデンティティの混乱に至る（Rosenfeld, 1949）。自己の諸側面の喪失は自身との接触の喪失という結果をまねき，こうして治療の中であろうと外であろうと，回復の作業はより困難になる。自己の投影された部分の回帰が長期にわたって断固として妨げられた場合，性格の硬さと情緒

の枯渇がもたらされるだろう。

　感情や体験が耐えがたくなったときに被害経験者は，自身を守ってくれるか，もしくはそれに反撃する他の防衛的な策略に頼るかもしれない。パーソナリティの病理構造体（Rosenfeld, 1971; Steiner, 1987）は，個人を苦痛から守るだけでなく，あらゆる解決をも妨げようとする。外傷体験の否認や，その出来事を消し去ったりインパクトを最小限にしようとすることによって，感情や感覚さえも回避されるであろう。しかし，「いかなる否認も，もともとの否認を保持するためにさらなる否認を必要とし，いかなる抑圧も，その維持にはさらなる抑圧を必要とする」(Bettelheim, 1952)。被害経験者は，たとえば犠牲者，難民，性的被虐待者というような，トラウマに関連するひとまとまりのアイデンティティを背負い込むであろう。その人は情緒が切り離されるかもしれない。もしくは自分を病的に嫌悪していくであろう。ホロコースト（前掲書）の犠牲者の場合のように，体験があまりに圧倒的なものであれば，再統合はできないとその人は思うであろう。被害経験者は，あなたは悪くない，当然救われるべきだと他者から繰り返し保証されたがるが，もしこのような保証がすぐ得られなければ，打ちひしがれてしまうことも少なくない。

喪の哀悼へのニード

　外傷体験のワークスルーがうまくいくかどうかは，喪を哀悼する能力によって決まる。被害経験者は，失った対象やその出来事に属しているものを，痛みを感じながらも放棄することによって，また，その過程でその人自身に属するものを再発見することによって，失った対象やその出来事を切り離す必要がある。この分離は，繰り返し行われる脱-同一化（Sandler and Joffe, 1967）と，自分と対象との間の確固たる境界の創造を必要とする。そうしてのみ真の償いが可能となる。

　外傷的出来事とその結果を哀悼する能力は，外的要因と内的要因の両方によって決定される（Garland, 1991）。外傷的な出来事があまりにひどいものであるときには，最も安定した強固な精神構造でさえも歪み，喪の哀悼は困難になるか不可能になるだろう。その出来事はまた，より早期の意識的無意識的なトラウマにまつわる感情を蘇らせるだろう。これらがどうなるかは，体質的な要因や母親との最早期の体験，トラウマが起きたときの心的な発達段階や，トラ

ウマに付随している空想にもちろん影響される。

臨床例

　週1回の心理療法を数年間行ったアフリカ人青年男性Aさんの事例を通して，これらの過程を例証しようと思う。彼は長年続いている不安を主訴に，家庭医のもとにしばらく通っていた。通院していたあるとき，7歳の頃に母親が父親から殺されるのを目撃したと彼が告白したところ，家庭医はその出来事と現在の状態との重要な結びつきを認識し，トラウマ・ユニットに紹介してきた。
　Aさんはもともと不安を絶えず抱えていたが，近年にはなんら意識される理由なくパニックやひどい恐怖や憤怒を経験することが増えていた。彼は，自分がばらばらになり発狂するのではないかと恐れていた。これらの感覚によって動けなくなり，家にこもることが多かった。ある日，仕事に行く途中，パニックで身動きできず一歩も進めなくなったのだが，もし家に戻ったならば二度と家から離れられなくなるだろうと怯えた。彼には恐怖症もあり，クモや，エレベーターや地下鉄に乗ることを怖がった。かつて室内にクモがいるのを怖がって，友人が駆けつけてクモを取り除くまで何時間も家の外で待ったこともあった。形のない母親の霊が家の中でクモに姿を変え，彼を追い出そうとするという悪夢も見ていた。
　彼は一人っ子であり，両親間の暴力が激しい不幸な家庭で育った。Aさんがそうなっていったように，母親は打ち解けない人であった。母親は周囲の家庭を見下していたので，近所の子どもと付き合わないように彼を叩いて言いつけた。また，家族のことを外で話さないようにも言われた。それでも彼は，両親間の出来事を人に伝えようとしたが，誰も介入してくれなかった。
　Aさんは，母親が殺害された事件の唯一の目撃者であった。その運命の日に父親は彼にお土産をもって帰宅したが，そのことで母親は自分が締め出され無視されたと感じた。両親の間で口論が勃発し，暴力にエスカレートした。幼い彼は台所の外に座り，室内の叫び声を耳にして，中に入っていきたいと思ったのだがたいへん怖かった。しかしながら好奇心のほうが勝った。ドアを押し開けて覗いたそのとき，父親がナイフを母親に突き刺した。言語に絶する事態は話せるようなものではなく，殺人事件の後，彼は長いあいだ口がきけなかった。そのおかげで父親に不利な証言を求められるのを免れた。寄宿学校に措置され

てから，ある優しい教師の支えによりしだいに言葉を取り戻していった。彼は，服役中の父親に会うのを拒んでいた。父親は数年後に刑務所の中で首吊り自殺をした。

　Aさんは独学して定職に就き，その後の人生では目覚しい回復を見せていた。しかしながら彼は，孤立し閉ざされた生活を送っていた。過去には子どもを産めない女性と結婚もしたが，別居へと至り，関わりをもたないことを選んだ。妻は彼の過去についてまったく知ることがなかった。飼い犬と一緒にいるのが彼には最も快適だった。

　彼は魅力ありげなユーモアと皮肉を用い，痛ましい事柄にもしばしばジョークを飛ばした。たとえば自殺念慮について，高所恐怖症なのでビルから飛び降りられないとか，自分の地域のバスは決してやってこないのでバスに飛び込むことはできないなどと言った。彼の話を私が信じ理解したかどうかをテストするかのように，大きく目を見開き，強烈なまなざしで私を凝視した。治療設定の変化にはきわめて敏感で，やむをえない時間の変更や面接室内の家具の移動にも警戒と興奮で反応した。

　治療過程の長期にわたって，かつてAさん自身がそうであったように，私は彼の物語のさしでがましくない聞き手という，沈黙した目撃者のようにある必要があった。何ら特別なふうに私を見ているようには思われなかったが，こころの平衡のおぼつかなさや，そのバランスがたやすく崩れる脅威が露呈してしまうそぶりの脆さが彼には確かにあった。

　悲劇的な体験についてのAさんの語り方や，出来事を否認するためにとる手段は，複雑なものであった。恥や罪悪感という迫害感のために，以前のアイデンティティを切り離し否認しないではおれなかった。自分の体験としてではなく，彼とはかかわりのない，まとわりついてくる7歳の少年の体験として述べた。にもかかわらず，その出来事は彼の中に生き続けていた。怪物のような過去に追いかけられていると感じ，彼に起こったことのすべての含蓄を探索し認識するのを怖がっていた。父親の自殺後，彼は故郷を離れ，名を変え，過去の証しとなるものすべてを破棄した。写真はすべて切り刻んで捨て，親戚や知人，その出来事を知る人たちとの接触を断ってしまっていた。

　彼は独自にまったく新しい世界を創りあげた。子ども時代からの人生について，さまざまな話を組立て，構築したそれに強く同一化した。素晴らしいと思えた生徒の親たちに倣って，彼にとって理想的な両親を作りあげた。理想

化された家族は温かで保護的であった。そこには脅威となる葛藤は何もなかった。家庭生活にまつわる話で彼を感動させた人々と彼は知り合いになった。その人々の輪の中に入ろうと必死になったが，彼について知りたいと人々が思ったときには怯えた。そこで彼らに対して冷淡になって身を引くと，彼らも同様な態度をとった。そうして遠ざけられたので，彼らを困らせ，受けた傷の報復をしたいと思ったものだった。また，これらの家族をこころの中の理想的な家族と較べたので，必然的にこれらの家族には失望した。羨望，理想化，軽蔑の複雑な交錯が相互に作用していた。

このような徹底して分裂した同一化——死に物狂いで逃げようと試みている悲劇との同一化と，もう一方ではその悲劇を防御するために編んできた物語との同一化——は，ジレンマをもたらした。面接では私たち双方の内的および外的現実がたびたび混乱し，彼の話の何が現実で何がそうでないかを知るのは困難だった。彼のアイデンティティ感覚は混乱しており，その結果として混乱させるものであった。

殺人が強いたアイデンティティによりスティグマを負わされたとAさんは感じていた。自分自身も両親についても恥ずかしく思っていた。父親が彼のために持ち帰ったお土産から両親の口論が始まったために起こったことだと罪悪と責任を彼は感じていた。その恥と罪悪感は，面接内外での彼の態度に影響した。彼は私に打ち解けず，話の中の人や場所が特定されないよう用心した。私が侵入的にみえると警告し，私が彼を支配するのではないかと恐れていた。その事件が彼に与えた強固なアイデンティティを心理療法が壊し，自分が何者かわからなくなるのではないかと怯えた。彼は怖くて自宅に人を招けなかった。人にみつけられるものはまるでないにもかかわらず，彼らが何かをみつけはしないかと気を揉んでいた。彼の内側には，恥ずべき秘密のほかはほとんど何もないことがそこには暗に示されていた。同僚に家まで車で送ると言われたときも，自宅が特定されないように家からかなり離れたところで降りるように気をつけた。

彼は大惨事が再び降りかかりはしないかと怯え，それに対して強迫的な防衛と万能的な制御の試みで自身を保護しようとした。悪天候に備えた身支度を久しくしているかのようだった。彼はお決まりの手順のいかなる変化にも不安になった。外出前には，レンジのコンロ，オーブン，スイッチや鍵を何度も点検した。火の用心からコンセントをすべて外した。初めて私たちが会ったときに

第9章 トラウマにおける同一化過程

は，外出の間に自宅が燃え落ちてしまうのではないかと不安で取り乱した。私との面接には，職場からいったん帰宅して自宅に損害がないことを確かめてからやってきた。

彼はしばしば話すのが怖くてできなかった。自分の思考を言葉にすると，それが現実のものになると感じていた。もしそうなれば自分の思考が生命をもって一人歩きし始め，それらをまったくコントロールできなくなるのではないかと心配した。

Aさんは話すことをためらっていたと同時に，投影同一化と実演を通して経験を伝えてきた。たとえば，他者にもっと近づきたいと思ったが，またそれが怖くもあった。なぜなら親密さは暴力や殺人という危険の呼び水になるからである。彼の依存感情は切り離されて妻の中に置かれ，そうしてそれらのニーズに対する軽蔑は妻に向けられた。妻が彼を気遣うことや妻の実家との親密な関係を馬鹿にした。また好奇心や注目されたいとの願望，物事への気づきを他者の中に投影し，そうして他者が彼について思っていそうなことにひどく不安になった。同僚がおせっかいでうわさ好きだと軽蔑して語った。彼は自分の行いを断片的に伝えて私をじらしたが，細部はわからないように気をつけていた。語りの中では人物や場所の名称を決して明らかにしないように彼は用心していたので，私の経験はたいてい，細かい記事内容のない新聞の見出しを読んでいるようだった。あるとき彼は，大きな買い物袋を提げ興奮して面接にやってきたが，すぐに不安になって私が袋の中を見たがっているのではないかと騒ぎ立てた。

彼のこころの中には，好奇心を抱きながらも迫害的ではない対象は存在しなかった。他者から彼に向けられた好奇心への恐れの一部分は，自分自身についての好奇心であり，それによってもたらされる脅威でもあるという解釈が徐々になされ，それは迫害的な感情を緩和するのに役立った。

治療を始めて1年が過ぎた頃に，彼は同僚が休暇中に事故で亡くなったと聞いた。何回ものセッションの間，この話を信じるか否かで彼はもがき苦しんだ。この出来事によって，母親にまつわる感情が明るみに出てきた。母親は挑発的で意地っ張りで攻撃的であり，亡くなった同僚のようにみずからが死を招いたのだと感じた。自分も母親に似ているが，母親よりはましだと思った。つまり，自分ならばその殺人を回避していただろうと強く感じた。このように彼の同一化は母親との同一化であったが，取り入れて同一化していた感情は万能的に処

理された。

　Aさんは休暇直前に切迫感と興奮を交錯させながら，一方では休暇を問題にしない態度で，自分は盗みを働いている，ほしいというよりは単にすぐ手に入るので盗っていると私に言った。自分は幽霊であり，誰にも見えないと感じていた。現実に即さず架空のように自分を感じたときにこそ，彼は盗みを働いた。盗みは彼を，実体のある人間に，過去や歴史をもった人間にしてくれた。しかしエピソードの直後にはいつも罪悪感と抑うつが生じた。実際，彼は8歳の頃から盗みをしていた。寄宿学校の生徒が休暇中それぞれの家庭に帰省しているときに，学校に残らなければならないことが嫌だった。友人の家に招かれたとき，自分のものであるべきだと感じた物や，大事なものではないからなくなっても気づかないだろうと合理化した物を盗んでいた。

　盗みについてのこのときの告白は，間近に迫った休暇によって喚起された多様な感情の無意識的なコミュニケーションであったが，同時に彼に生じている休暇のインパクトは意識的に否認された。見捨てられたと感じると自分は危険な状況に陥ると知らせることで，彼は私の心配を掻き立てた。みじめさと剝奪感が伝えられてきたが，剝奪されたと彼が感じている家族を他人は持っており，私が彼の面接を盗んでいると感じていた。また過去を意識的に消しながら，捕まることを無意識のうちに望んでいるようにも思われ，そうなれば彼の生育歴が暴露されるのは避けがたかった。おそらくこのやり方で幽霊であることをやめて，現実を感じるようにしたかったのであろう。これには抑えようのない興奮もあった。躁的興奮を伴った盗みによって，盗みにある攻撃性やそれに付随する罪悪感への気づきを撥ねのけることができた。これらの過程の解釈によって，彼は面接中にさまざまな動機を意識的に認めるようになり，見捨てられ感に耐え，休暇中に盗みをすることは避けられた。

　自分に起こることをコントロールし続けようとAさんが必死に苦闘している折，治療開始2年後に起こったある外的出来事によって内的状況が実演されることになった。彼と妻は下宿人を置くことで収入を補っていた。その下宿人が飲酒運転で逮捕され，早朝，家に同行されてきた。Aさんは驚愕して警察官にどなり，家への立ち入りを拒絶した。巻き込まれ譴責されたと感じ，自分は何も悪いことはしていないとひどく苦しみながら私に言った。そのニュースが地方新聞に住所つきで載るのではないかとひどく心配した。探し当てられはしないかと恐れ，逃げ出してしまいたかった。

その事件は，彼にとってよみがえった悪夢となった。それは昔の事件，すなわち母親が殺される事件，その風評，彼が抱いた恥と罪悪感，父親が自殺したときに再体験することになった大きな動揺や暴露というものを強引に引きずり出した。面接の中で彼はある事件と別の事件とを行きつ戻りつしたので，どちらの話をしているのか見分けるのが難しかった。時は流れを遡り，彼のこころの中では過去と現在が分けられなくなっていた。

彼の嫉妬と攻撃性にそれが顕わになったのだが，もうひとつの重要なテーマは，両親の夫婦関係への同一化であった。彼は妻が別の男性と関係をもっていることがわかると激怒した。その口論の最中，彼は妻の腕をナイフで刺した。それから自分のしたことにうろたえ，地域病院の救急部門に妻を連れて行った。彼は自分のしたことをスタッフに告白したかったが，妻から思いとどまらされた。彼は台所が汚染されてしまったと感じた。何度も台所を磨いたがそれでも満足できず，巨額な費用をかけて台所を取り替えた。Ａさんは攻撃者としての父親に同一化し，妻を母親に同一化させることで家族劇を再演していた。母親と同じように彼の嫉妬は暴発し暴力に至った。

生き延びるためにＡさんは長いあいだ成功裡に人生を分裂させてきたのに，なぜ今援助を求めてきたのか，私はよく不思議に思った。考えられるひとつの要因は，5年前に2頭の犬のうちの1頭が死んだことである。彼は操車場の裏に捨てられた2頭の雑種の子犬をみつけ，連れて帰って溺愛した。そのうちの1頭が車に轢かれて死んで，彼は打ちひしがれてしまった。事態はすっかり変わってしまい，彼の内面で何かが崩壊した。自分がしてきたひどいことに対して罰せられたのだと彼は感じた。パニック発作は犬の死からほどなくして始まった。もはやその犬たちにまったく同一化できず，犬に投影していた彼自身の依存的な部分を世話することもできなかった。彼は機能の破綻（投影同一化の破綻）を認め，それによって治療という形で外界からの援助を求めることができたのである。

Ａさんは意義深い変化を遂げた。彼の閉所－広場恐怖的な不安は和らいだ。空間や対象を，より柔軟に使用できるようになった。彼の世界は広がった。今では地下鉄に乗れるようになった。治療設定が変わることにも耐えられるようになった。社会生活においても人との関わりが増えた。今では自宅に友人を招待できるようにもなった。治療の初期の夢は，暗くてみすぼらしい，危険なクモやクモの巣でいっぱいの家や箱が舞台だったが，家はしだいに建て増しされ

庭もあるようになり,そこに人々が住むものになった。

彼の秘密が課した重荷は話すことで軽くなった。自分について他者に知られるのをまだ怖がりはするが,もはや彼はひとりぼっちとは感じなかった。みずからの考えや気づきに驚き,自身と他者の両方にある好奇心にも前より耐えられるようになった。いかにして解釈に辿りついたかを示すために思考の筋道を詳しく述べるようにと,私はしばしば求められた。

結　論

子どもの頃の大きなトラウマが,患者のアイデンティティ感覚の形成に及ぼす甚大なインパクトを示そうと試みてきた。出来事や登場人物との同一化と,この状況からの精神的苦痛を取り扱うための逆−同一化とが重なりあって,空想と現実の区別を妨げた。このような同一化の過程は,複雑で,完全に理解することは決してたやすいことではなく,とりわけ強力でトラウマの行方を追わせずにはおかない。Aさんの場合は,これらの実演の中での同一化を探索することによって徐々に変化が生じた。最終的に彼は,徐々に進む脱−同一化やそれと並行する新しくより生き生きとした内的対象の成長を通して,内的——ゆえに外的な——世界を再構築し始めることができた。

第IV部

精神分析

第10章　発達上の損傷：内的世界への影響

ニコラス・テンプル

はじめに

　心的トラウマあるいは損傷 injury という概念は，精神分析に関連して使用され始めた。トラウマという概念を内科学や外科学から採用することにより，精神分析は，この概念に暗に含まれていた3つのアイディア——すさまじいショック，傷 wound，有機体全体に作用する破壊的な結果——を，心の水準に持ち込んだ。

　フロイト（1916b）は，トラウマという概念を，適応し処理するにはあまりに突然で限度を超えているために，心の一連の過程を襲い制圧する出来事として説明した。フロイトが述べているように，トラウマは「短時間のうちにこころの内の刺激が強烈に増大して，通常のやり方ではそれをうまく始末しこなしきることができず，その結果としてエネルギーの活動様式に持続的な障害を与えざるをえないような体験」なのである。

　フロイト（1895）は『ヒステリー研究』の中で，神経症の原因は過去のトラウマ体験に関連すると述べた。そこでトラウマ体験の除反応とこころの解決作業によって有効な治癒を得ようとした。除反応はこの初期の理論に由来し，いまだ精神医学や治療手法としてカタルシスを信じるセラピーでは，治療方法として存続している。

　この見解は変化した。外界の出来事が果たす役割はさほど重要ではないとみなされるようになった。というのは，外的出来事によって活性化され喚起された空想や興奮からトラウマの影響力が生じると考えられたからである。この見解には，最近まで議論が多い。実在するトラウマである子どもへの性的虐待の重要性を否認して，エディプス空想にまつわる記憶のせいにした廉でフロイトは非難されてきた。

心的外傷は，性的誘惑よりはむしろ分離と喪失の結果であると，まずは『悲哀とメランコリー』(1915b) で，その後に『制止，症状，不安』(1926) で取りあげられた。フロイトは，喪の哀悼のプロセスを通しての喪失の受け入れができず，代わりにメランコリー——これは現代精神医学では内因性ないし精神病性のうつ病と診断される——という病的な状態を発現する人たちの病理を論じた。

メランコリーでは，失われた人物に対する責めや非難がマゾヒスティックに自己に向けられる。このため，その人物の喪失や失敗を受容して，その失われた人物との関係の価値ある側面を認める能力が失われる。非難の仕返しという反復過程が始まる。抑うつ患者は，期待に応えられなかった親への痛烈な憤懣や喪失感に囚われている。当然ながら，これが転移関係に反復されやすい。精神科治療の枠組みで起きたときには，精神科医が患者の絶望感にひどく困惑させられる原因ともなる。精神科医には復讐願望が喚起され，それゆえに抑うつの治療が，ときに懲罰の形をとった手段に訴えられる。

メランコリーについてのフロイトの論文から，精神分析のひとつの展開が生じた。メラニー・クライン (1935, 1952) は，正常発達での分離と喪失を受け入れようとする努力を詳しく記述した。彼女は，早期の喪失を哀悼したり良い経験とのつながりを維持したりできないことから，より妄想的に働く防衛に走り，発達が阻害されるさまを描写した。

『悲哀とメランコリー』は，子どもの外傷的な喪失に関する研究への好ましい刺激にもなった。ウィニコット (1958) によってこのテーマは展開され，トラウマの修復を助けるよう環境に強要するという抗議の一形態とみなした反社会的傾向についての論考へと発展した。ボウルビィの論文 (1944) では，幼い子どもたちが母親から引き離されたときの**外傷的な影響**が探索されている。ボウルビィ，ミラー Miller，ウィニコットが『英国医学雑誌』に寄せた手紙 (1939) では，都市部からの疎開により母親から引き離された幼児への，長期間にわたる外傷的影響が警告されている。分離がもたらす精神的ダメージのリスクは，爆撃が続く都市に残って身体に傷害を負う危険性と同じくらい大きいかもしれないと彼らは警告した。

ウィニコットに続く多くの分析家たちが，前言語的なトラウマが，個人の発達に及ぼす影響に関心を寄せた。パール・キング Pearl King (1978) は，患者に対する分析家の情緒反応の中に，その痕跡がいかに最初に見出されるかを

論証した。精神分析のこの方向でのいくつかの展開は衝突に至った。一方では環境が強調され，個人の精神内界への着目は不十分なものとなった。現在の問題の責任が，過去の環境の失敗にいたずらに負わされた。クライニアンの見方は，これとは対照的に環境の外傷的影響を無視しており，環境に起因する個人の苦痛や障害への共感がないと批判された。この論争は単に理論面でだけではなく，治療技法上も重要な意味をもっている。バランスよく両方の視点をこころに保持しておく，すなわち過去の出来事の重要性を理解すると同時に，現在の困難の責任を過去に押しつけ復讐を正当化しようとする患者の願望とは共謀しないことである。伝統的な宗教の用語では，これは原罪という観念と，損傷への反応としての罪悪という観念との間の対立とみなされよう。後者は，ウィニコットの『反社会的傾向』(1958) の中にある見方であり，治療においても倫理上も重要な問題である。

　殺人や戦争は，しばしば過去からの憤懣や損傷に遡って正当化される。シェークスピアは，リチャードⅢ世の冒頭の独白で，彼が未熟児のせむしとしてこの世に送られたトラウマのために，この傷害と不運ゆえにあたかも幸せな人に復讐する権利をもっているかのように，邪悪な行為を正当化した[訳注1]。このように罪の起源についての議論は，部分的には氏が育ちかの対立，または，劣悪な気質か養育の失敗の悪影響かの対立でもあった。一部の精神分析家たちは，フロイトによる破壊性の原初的起源としての死の本能 (1920) を今なお受け入れておらず，破壊性を過去の心的外傷の影響に帰している。原初的な破壊性の証拠や，他人への加害を正当化する憤懣の使用に出会うときに，そうした見方は維持しがたい。不変の無意識的欲動を示唆する，「死の本能」という言葉はいささか事足りないものだが，過去のトラウマを反復すること，残虐さやサデ

訳注1）第1幕第1場で，グロスター公リチャードが独り登場して次のように語る。
　「(略) このおれは，生まれながら五体の美しい均整を奪われ，
　ペテン師の自然にだまされて寸詰まりのからだにされ，
　醜くゆがみ，できそこないのまま，未熟児として，
　生き生きと活動するこの世に送り出されたのだ。
　このおれが，不格好にびっこを引き引き
　そばを通るのを見かければ，犬も吠えかかる。(中略)
　となれば，心を決めたぞ，おれは悪党となって，
　この世の中のむなしい楽しみを憎んでやる。
　筋書きはもうできている，……」
　　　　　　　　　(『リチャード三世』(1983) 小田島雄志訳，白水Uブックスより)

ィズム充足の正当化のためにそのトラウマを使うことへの抑えがたい欲望である。

トラウマを蒙った患者の臨床的特徴として，トラウマの反復強迫が注目される。当初フロイトは『想起，反復，徹底操作』(1914b)で，これを，想起することへの抵抗とみなした。トラウマのこの反復強迫は，いくつかの複雑かつ興味深い問いを提起するが，私の患者についての考察でそれらを探求してみる。

母子の原初的関係において深刻な破綻が起こると，幼少期の発達過程の間に心的な傷害が起こりうる。この形式のトラウマは，母親が死亡したり深刻な病気になったときに外的に顕在化することがあろう。母子関係の障害——たとえば，母親が赤ちゃんとの結びつきに失敗した——の結果として生じるトラウマはわかりにくいものであろう。

環境の変化に母子関係が適応できず，発達のある局面での困難が顕在化するところでは，やや異なった事態が現れる。たとえば，従順で面倒をみるか̇い̇のある赤ちゃんに満足していた母親にとって，その子が活発で反抗的な幼児になっていくのを受け入れられないときに，こうしたことは起こるだろう。弟や妹の誕生は，母子関係の性質を急激に変えうるものなので，長子である赤ちゃんにすればダメージを受ける体験となる。これは第二子の出産後，母親が抑うつ的になった場合にさらに際立つだろう。

この形態のトラウマは，成人生活の中で，外傷的なエピソードを繰り返す傾向として表されることがある。良好なうちに始まった関係は，母子間で物事がそもそも悪化したのと似た状況を引き起こす性癖のために，壊れてしまうかもしれない。この形の反復は，修復し変化させられるという望みの下に類似の状況に入り込んで過去の修復をなし遂げようとする試み，と言ってもさしつかえない。異なる結果が得られるというのが望みなのだが，反復はむしろ原初的関係の破綻に由来する苦痛な喪失感からの回復の不可能性を強化し悪化させる結果をもたらすかもしれない。その後の人間関係における反復の中には，失敗への痛々しいほどの囚われと，怒りや憤慨がみられがちである。こうした患者との転移の中にそれは現れる。そこでは，原初的関係で母親が失敗したのと同じように分析家が失敗していると知覚される。この失敗は許せないと感じられ，報復的な方法で罰したいと欲する。もともとの対象が十分に罰せられるならば，悪は正され改善されるという無意識的空想があるのかもしれない。これは，異端信仰の放棄により魂が救済されるとして拷問が行われたスペインの異端審問

の想定と似ており，拷問者の徹底的かつ残虐な満足はこうして完全に正当化された。この処罰へのこだわりが自己に向かい，内側に向けられ自己が拷問されると，うつ病や慢性的なうつ症状が引き起こされる。うつ病の根源には，通常こうした一連の強い力が作用している。

　トラウマが起こった時点での精神－性発達段階は，その発達段階での固着を起源とする症状として個人の性格に現れるだろう。これらの症状は，実際には神経症的あるいは心身症的なものとなる。たとえば，1歳半のときに妹が生まれ母親が産褥精神病となった男性には，心身症に由来する腸症状や強迫傾向があったが，それらはこの外傷期に起源があった。このようにトラウマは，個人のパーソナリティに根深い長期的な影響を及ぼしうる。たやすくはワークスルーできないので，外傷期は個人の内的世界の活発な部分として残存する。無意識的には，憤慨と苦痛と罪悪感の中心となる。このトラウマへの囚われのために，人間関係での他の良い経験は曇らされ歪められて脇に押しやられる。そしてそれは，外傷的経験への囚われを消褪させ，その影響力が少なくなっていくほどに十分にそうした体験がワークスルーされたとき，ようやく分析治療の中に現れる。

　ボウルビィ（1944）やウィニコット（1958）による研究では，母親からの分離のような明らかなトラウマが強調された。だがトラウマが，患者にとってはほとんど大部分が無意識である，母子関係の微妙で複雑な相互作用に起因していることがある。それがその後に反復パターンとなる。綿密な観察と理解のみが，心的外傷の本質についての証拠と，成人の生活における反復様式を明らかにしうる。こうしたものは，隠れた強い影響力を内的世界にもつ。トラウマの目立たない期間が発達に及ぼす影響はしばしば過小評価され，その長期にわたる影響力は気づかれないだろう。

症例検討

　これから，ある女性の症例を描写しよう。発達早期の外傷期は，彼女のパーソナリティに重篤な障害をもたらし，人間関係での建設的な能力や豊かな創造力に影を落としていた。彼女は，母親との間がひどく悪化した時点に頻繁に立ち戻った。

　2年間にわたる週1回の心理療法の後，人生がまるで前進していないとい

う思いのもとに，彼女は私のところへ紹介されてきた。彼女は30歳のときに，行き詰まりを感じて援助を求めた。広告業で高収入を得ていたが，いつもお金が足りず粗末な汚い家に住んでいた。飲酒も喫煙も大量で，極度の不安が持続したときにはマリファナをたびたび使用していた。

過去への囚われの結果として彼女は，成人としての生活ではほとんど進歩がなかった。30代半ばで，男性との関わりはまったくなく，ふさわしい家もなく，職業生活にも絶え間なく不安を感じていた。

友人や雇主らといった他者との関係はしばしばこじれた。失望させられたように感じ，報復として罵詈雑言を浴びせるためだった。それらはたいてい深刻なトラブルを引き起こし，ダメージは大きかったのだけれども，復讐を果たしたという満足感を彼女に残した。彼女は，列車の車掌やタクシー運転手などのちょっとした業務員を挑発し虐めて，何度もトラブルとなり，いつもは相手にうまいこと屈辱を与えて終わるのだが，深刻で危険な結末に至ることもよくあった。こうしたときは自身のサディズムによって，後にこれらの暴発の結果に苦しむときはマゾヒズムによって，激しく興奮し満足した。

患者は，自分の問題は4歳のときに両親が商売を始め，それからというもの，子どもの間ずっと両親が商売に没頭していたという事実に端を発すると確信していた。みじめな孤独を感じながら，とてつもない時間を独りで過ごしていたと述べた。家族からは，不満気にしていると咎められ，トラブルメーカーだと非難されたことに腹を立てた。彼女は不潔でだらしなく，青年期中期に至るまで便失禁やお漏らしに苦しんでいた。折にふれてわざと便を漏らし，強迫的に清潔できれい好きな母親をイライラさせ恥辱を味わわせた。このように子ども時代を通して反抗的で，口汚く，不潔だったのが特徴的である。これらの罵倒語は今なお彼女にあてはまり，それは他者とのサド－マゾ関係へと向かう強い傾向と結びついていた。これまでの母親への接し方について罪悪感を抱くこともあり，特に彼女が15歳のとき母親が乳癌を患い，彼女が20歳のとき母親が死亡したときにそうであった。

分析作業において，そもそものトラウマが発生したのは，患者がつねづね思っていた4歳よりはだいぶ前だった可能性が示された。1歳のとき，母親と患者の間で深刻な問題があったことを示唆する証拠があった。何があったのかを正確に知るのは難しいが，1歳半の写真から，彼女が太りすぎのみじめな外見の子どもだったことがわかる。そして母親はおそらく抑うつ状態にあった。彼

第10章 発達上の損傷：内的世界への影響

女は3歳まで歩けなかった。生まれて最初の1年間については，母親と親密だったことを示すサインがいくつかある。彼女の暖かさと人間関係をつくる能力は，より早期のこうした経験に基づくものと思われる。

彼女によるトラウマの解釈は，彼女に専心していた親密だった母親が，4歳のときに背を向けたというものである。患者のひどい便失禁，不潔や乱雑への興味と執着は，おそらく生後2年目がきわめて外傷的だったであろうことを示している。母親には強迫性と堅さがあり，それゆえ生後2年目の生活での患者の自己主張，肛門への囚われ，自立への大きな歩みを受け入れられなかったことを示唆するものは多い。かくして患者は，母親が自分を拒否して身を引いたと信じていた。

彼女は私を，両親そっくりで，ひとりよがりで，お金と月並みな成功ばかりが頭にあると非難した。休暇明けや週末の後，あるいは私が理解をしそこねたと彼女が感じるたびにそう言われた。不潔だったりドラッグをしたり，分析を休んだり金遣いが荒いという彼女の悪癖を咎める凝り固まった分析的ドグマも含めて，私が患者に対して硬く決めつけた見方をしているという思い込みによって，こうした非難をされることが多かった。彼女の非難にもかかわらず，咎めたり決めつけたりもせずにこの混沌と乱雑さに耐え，同時に圧倒されることなくきちんと真剣にこの混乱を取りあげる必要があった。患者の投影能力の強さゆえに，それはたいてい容易ではなく，ときに私は批判的になって怒りを喚起させられ，彼女を怒鳴りつけたいという願望をコントロールしがたかった。そんなとき彼女は，パニックに押しつぶされそうな感覚を伝えていた。

患者は，子どもとして両親を絶えず告発していると自分のことを述べた。父親とは倒錯的なエディプスの含みをもって，興奮しながらサディスティックに口論していた。分析の中でも時折私をひどく挑発し，治療設定にまつわるルールや私のコメントの愚かさについての言い争いへと引き込もうとした。

この患者には，子ども時代のトラウマによって自分の人生が支配されたままだという感覚があった。今の経験に反応しながら，それをあたかも過去をもう一度生きているかのように彼女は描写した。拒絶や失望が生じると，怒り狂い，口汚く反応することがよくあった。同時に，分析や社会生活の中で進展が起こる機会には，なじみのある過去の均衡を維持しようと，それを自分で破壊せずにはおれなかった。抗しがたく原初的な形態の罪悪感が存在しているようで，いかなる変化の機会も犠牲にされねばならないことを意味していた。彼女

は，外傷的な過去から自由になれずに過去とぴったりの生き方をしないではおれなかった。これは子ども時代にもあてはまり，学校からの支援や手助けを受けつけなかった。この問題状況が，2つの力によって維持されているのが明らかになってきた。第一に，彼女が憤懣と損傷という打ちのめされるような感覚に囚われていたこと，そして第二に，おそらくその結果として，彼女の人生における良いものを犠牲にすべきだと要求する強烈な罪悪感をもったことである。両者の力は均衡を保ち，彼女の人生は変わらない混沌のままだった。

彼女は分析を，変化をもたらす希望に満ちた機会として体験しており，ゆえに分析の土台を浸食し攻撃した。このことが最初に表立って起きたのは，1年目の夏期休暇中のことであり，彼女は同性愛関係に入り込み，それは1年以上にわたって影響し分析作業を妨害した。これはまた，母親との融合した関係に戻ろうとする無意識的願望による行動化としても理解される。この情事は，彼女がパートナーを拒絶して，ごたごたと苦痛とを引き起こして収束した。

休暇のために，あるいは私が彼女を理解していないという確信のもと分析が期待はずれだと感じると，彼女は私の能力を痛烈に攻撃し始めた。私への疑念と不信でいっぱいになり，私のちょっとした失敗を絶えずみつけ出そうとした。私が彼女にほどよく関われていないと信じ込んでいた。こうした信念は，私が彼女に苛立っているのではないかとか，非難しているのではないかとか，休暇や週末の休みの後など，母親とのときのように私が背を向けているのではないかと不安なときに特に表された。

分析で特徴的だったのは，トラウマに囚われたままという歪んだ病理に患者が気づき，こころの中でトラウマが中心的な意義をもたなくなっていく進展の時期だった。こうしたときには，うまくいかなかったことを悲しむ能力を示し，自分のトラウマへの囚われが大きなダメージをもたらしてきたという事実への責任も負えるようになった。また人生での前進を破壊しないでおれた。家を購入し，不十分ではあっても男性との良好な関係をもつという，かなり重要な変化も起きた。仕事での行動化はかなり減ったのだが，彼女の経歴からすると能力に見合うところまでは今も届かなかった。

分析における進展の時期は，私が報復することなく彼女の破壊性にもちこたえているという感覚と結びついているようだった。これは私に，自分の欠点を認めることに加えて，非難も報復もせずに彼女の攻撃に耐えられる能力を求めるものであった。それと同時に，彼女が私の忍耐力をテストしてきても，ぐら

第10章　発達上の損傷：内的世界への影響　173

つかないでいられる能力も重要であった。もし私が寛容すぎたならば彼女はもっと破壊的になり，自分が受けてきたダメージのひどさと照らした正当化のもと，サディスティックに勝ち誇って興奮した。忍耐はすぐに弱いことと見なされ，そうしてさらに破壊的になり，それからすぐ，与えたダメージに罪悪感を抱いた。

　これらの改善と変化の時期は不安定で，過去のトラウマへの囚われが強いときは，たやすく破壊期へと落ち込んだ。そして，トラウマを蒙り剥奪されてきたという感覚を手放したくないかのように，既成の進展を破壊しようとした。こうした破壊的な時期には，彼女の罪悪感は，自分が与えているダメージとの関連で強力になり，マゾヒスティックな自己懲罰の形をとって好機をすっかり台無しに破壊してしまう傾向があった。

　このゆっくりした面接作業に含まれていたのは，これらのプロセスの相互作用の絶えざる吟味と，何が起きているかを患者と私の双方で検討できる作業的な雰囲気を創ろうとする試みであった。最初彼女は，私が言ったことを，いつも攻撃されたとか非難されたように感じて反応したが，次には，それは彼女を非難しているのではなく罪悪感をもてる能力を支持しているのだとの話し合いを徐々に受け入れられるようになった。これがうまくいくときは，彼女の障害の深刻さや，それによって人生の多くをふいにしてきたことへの洞察が進んだ。

　この気づきは彼女にとって耐え難い苦痛なもので，罪悪感を抱かせ，自分のしてきたことに打ちのめされ，それから逃れようと，苦痛感を消し去るさらなる破壊性や，ドラッグや飲酒による興奮に逃げ込ませるものでもあった。このように，痛みに触れ続ける能力を維持するのはとても難しく，こうした理由から彼女にとって週5回の分析は決定的に重要なものであった。彼女は暖かさや人間関係をつくる能力を確かにもっており，じつに熱心にそうしてきたが，その関係はすぐに同じことの繰り返しによって破壊され，損なわれた。

考　察

　この患者にとって原初的な関係におけるトラウマは，母親の失敗への恨みを手離して，良い面と悪い面を同時にもつ母親にうまく対処することのできる抑うつポジションへと到達する能力を著しく傷つけていた。トラウマは喪失への破壊的で苦渋に満ちた囚われをもたらし，あたかもその時点からずっと，彼女

をだめにした人物を罰したいし，復讐によってトラウマは帳消しにできると信じて人生を生きてきたかのようだった。同時に彼女による懲罰や迫害は，報復が起こるという信念に至らしめ，報いに基づく原初的罪悪感をもたらし，そのためいかなる良いものも楽しめず破壊せずにはおれなかった。次には薬物，酒，あるいはサディスティックな空想に耽溺することで，罪悪感と絶望から一時的に逃れようとしていた。

　喪失を哀悼する能力を著しく損傷したトラウマの影響は，そばにいて彼女の破壊的感情をコンテインできる強さをもった対象を失う経験によって，一段とひどいものとなっていた。それどころか，対象は報復的で，彼女を罰し見捨てるものとして経験された。

　母親の目から見るならば，彼女は申し分のない，従順で世話のしがいがある赤ちゃんから，ひどくて汚らしく，怒りっぽくて気むずかしい幼児へと変わり，母親をひどく煩わせる我慢ならない子になっていったのかもしれない。

　母親がおそらく強迫性障害であろうという観点からみると，患者は母親の悪い内的世界の一部となったので，強迫的な防衛で彼女はコントロールせねばならなかったのではないだろうか。こうして患者は，母親自身の早期発達や内的世界での耐えがたいものを表し始めたと私は思う。患者は，母親の目から見ると悪い対象であり，耐えられないものを負わされかつ投影されたと経験していた。彼女らの関係の危機は決して鎮まることなく，母親が癌になり患者が20歳のときに死亡するまで，損傷を修復する機会は互いの憤りのために妨げられた。

　分析における転移をみると，分析家は，失敗し失望させたゆえに罰せられるべき悪い対象とみなされることが頻繁にあり，さらには，良い対象ではあるがダメージを受けて修復され得ない，またその損傷ゆえに彼女を見捨てるものとされるときもあった。患者は，損傷への囚われを放棄したいのと同程度にそうはできないと感じており，そこに閉じ込められたままであった。彼女は損傷を手放すのを怖れており，もしそうしたら心的な惨禍に見舞われるかのようであった。憤懣や苦渋の感覚は，喪失と彼女が引き起こしてきた損傷にまつわる罪悪感を真に受け入れることに対する防衛として働いた。

　トラウマが，彼女を失望させた対象への攻撃を正当化できる**名高い訴訟事件** cause célèbre であるかのように扱われてきたことを示唆する証拠がある。この攻撃の中には強烈なサディズムの要素があった。攻撃は，組織化された倒錯的な空想の中心になり，その空想はそれ自体の生命を帯びて，興奮とサディズ

第10章　発達上の損傷：内的世界への影響　175

ムの満足を正当化したが，母親が背を向けた原体験に伴う空虚さや喪失を真に感じることからの逃避にも役立った。したがって，そもそもの喪失と折り合いをつけようとするいかなる試みも妨げられた。その結果，彼女を罪悪感によりはっきりと気づかせることになる，希望のもてる状況をも損なうことになった。分析では，ちょっとした失敗をした分析家に激しい攻撃を昂じさせたとき，あるいは望みのもてる解釈や現実的な解釈を攻撃したときに，倒錯が現れてきた。倒錯はまた，患者が罰されたり苦しめられて満足するというマゾヒスティックな空想や行動化の形で表された。彼女は，嫌な胸糞悪い老人に暴行されるというマゾヒスティックな空想を繰り返した。これは彼女を罰するだけでなく罪悪感も軽減したが，興奮させもした。

　患者の家族，とりわけ父親もまたサディズムに興奮していたことを示唆する証拠があるのだが，そのため患者はこの倒錯的な組織化を発展させるうえで家族の抵抗にあうことは少なかったのだろう。実のところ，家族からこうした防衛を用いるよう彼女は無意識的に仕向けられてきた。確かに父親との相互作用の多くに，現在も，そして彼女の話では過去の関係においても，サド－マゾ的な気配が強く漂っていた。

　ここで強調してよい点は，トラウマに対する人の反応は複雑であり，サド－マゾ的特徴が顕著な倒錯などの心的組織の二次的な発達も含んだりするということである。人によっては他の人に比べて，喪失への対処に際して身近な親族から多くの援助を受け，そうした援助をうまく利用できるかもしれない。この患者は，母親を失った経験に折り合いをつけようとしたとき，サポートはまったくなかったと思っていた。だが実際には幼少期にも青年期にも，援助を拒否する彼女の抵抗にもかかわらず多くの人が熱心に手を差し伸べようとしていた。教師は懸命に彼女の勉強を手助けして大学に行かせた。分析でもまったく同じようで，援助の提供元としての分析と彼女は頻繁に争ったのだが，ついには分析が援助となることを受け入れた。

　この種の内的世界を変えるために分析家にできることは何であろうか？　憤怒や苦難にもちこたえる分析家の能力は重要であり，その一方で，患者による倒錯的で破壊的な万能感の使用を言葉にできるだけの分離を十分に保っておかなければならない。彼女には人生の中に混沌をつくり出す傾向が著しくあり，そのため憤懣や復讐による勝利という興奮のほかは自分には何もないと感じていた。人生はダメージを受けた状況と人々で収拾がつかないとしばしば感じ，

さらに台無しにしてしまうことから逃れるに値する生きがいなどはないと思ってきた。こうしたときには，台無しにすることや万能的興奮に立ち向かう確固とした態度をとり，同時に彼女を責めないことが重要だと思われた。良好で希望のもてる進展を彼女が壊し，分析作業を攻撃しているとき，これには難しいものがあった。こうした混沌にもかかわらず，彼女は自分の仕事を何とかやり続けた。彼女がどのようにしてやり遂げたのかわからないときもあったのだが。

倒錯的興奮の性質についての解釈は，ときに安心感をもたらし彼女を落ち着かせた。これにはセッションを休むことが続いた。その後，こうした形の安心を失っていること，そして興奮に逃げ込まずにダメージを受けた人生の荒廃とともに取り残されていることの激しい絶望感を報告した。人生にたくさんの荒廃と損傷を引き起こしてきた事実への生まれつつある気づきは，彼女に耐えがたい強烈な恥ずかしさと罪悪感をもたらした。

この患者は，内的世界への囚われとしてのトラウマの継続的重要性を例示している。このことを参照しないと彼女は理解できないだろう。彼女の性格と症状は，トラウマの経験とそのときの発達段階によって構造化されていた。彼女は，ボウルビィ（1944）の研究にある，突然かつ不適切な分離の経験によって傷つきトラウマを蒙った子どもの1人に似ていた。その結果，母親とのより早期の良い経験に背を向け，良い面と悪い面がともに存在しうる統合された母親像の達成が彼女にはできなくなった。

彼女の喪失への気づきと打ちのめしてくる苦渋感ゆえに，倒錯的要素が含まれている場合を除いて，安定した人間関係の形成はうまくいかなかった。報復とサディズムを正当化するために，無意識水準で憤懣の感覚を用いていた。これは破壊的な自己愛に注ぎ込まれる万能的な興奮を高め，抑うつと，これまで為してきたダメージに打ちのめされるような罪悪感への対応策として用いられていた。治療の課題としては，第一に倒錯的な興奮とサディズムを取り扱い，次いで，助けになる対象と結びつくのを妨げる患者の原初的罪悪感を取り扱うことであった。トラウマの影響に関しては，母親から受けてきた彼女の現実の傷を認め，最終的には憤懣から離れられるように，悲嘆の課題に彼女と取り組んでいくことが必要であった。これはまた，彼女のすべての困難に責任を負うべき過去を保持し復讐の破壊性を正当化するために憤懣を使うという退行的願望に対して，確固とした態度で臨むことも意味した。

第11章 外的損傷と内的世界

デイヴィッド・ベル

はじめに

　この論文は，外的な逆境または外傷的な出来事と，内的世界との関係にかかわるものである。精神分析はこの関係を研究する絶好の位置にいる。というのは，そこにそれぞれの患者が日常生活の出来事を持ち込み，それがどのように内的に体験されているかを示してくれるからである。患者はそれぞれに自身の中核的な不安状況を持ち込み，治療の中でそれらを実際に生きてみせることによって，その種の不安や心的苦痛を克服したり回避したりしようとして見せる。患者はこの過程で，内的世界をどのような種類の対象関係が支配しており，今までの人生で，それがどれほど永続しかつ現実化されてきたのかを教えてくれる。
　「心的外傷」という言葉は多岐にわたって用いられている。ただ１回の出来事やその累積，もしくはそのような出来事についての主観的体験（出来事に対する反応），あるいは出来事の後遺症 sequelae を意味するといったふうである。私たちが患者について知れば知るほど，心的外傷を蒙ったときの患者の内的世界の文脈や状態に関する理解が進み，いかなる心的外傷でもその理解はますます複雑になる。この論文の目的に則して「外傷的状況」という用語を私は選んでいるが，それはこの用語で，取り扱えない不安や心的苦痛の突出 breaking through（心的破綻 breakdown としばしば記述される）を言うためである。突出 breakthrough は，内的要因と外的要因の組み合わせによってもたらされる。
　表面上はほんの些細なものに見える外的出来事が特定の意味をもつとき，ある個人を圧倒することがある。また別の出来事――喪失，成功を含む生活上の大きな変化（それはある人々にとって心的外傷の強力な源となる）――は，個々人への特異な影響はそのときに支配的な不安や防衛次第なのだが，一般的には外傷的なものと受け取られる。なかには，他者との情緒的接触を伴うほと

んどすべての出来事が，最も激しい原初的な破局的恐怖を喚起する患者もいる。
　分析家としての私たちが最も明快に確信をもって理解できる出来事は，治療設定の中で起こる事柄——たとえば，開始にあたっての患者の反応，解釈の取り扱い方，治療の休みへの反応——である。
　ここに短い例を挙げよう。
　Aさんは初回のセッションに遅刻した。彼は明らかに不安げであり，夢や生育史の断片などを急き立てられるように話した。そのセッションの雰囲気は，理解するための共同作業に必要なものとして素材を提示しているというよりはもっと死に物狂いのように分析家には感じられ，患者は，閉所恐怖的なものすごい恐れをほのめかして，そのセッションの最後までもちこたえられるかと心配していた。
　ある夢の中で，台所に1匹の巨大な犬がいた。かなり大きいので隅に追いやることがままならない。その犬を追い払うために，食物片を投げてそれに引きつけようとした。この患者の分析開始時の体験が内的に表象されている様子がただちに理解されよう。それは外界に現実化された，原初的で乳幼児的な不安状況を表している。巨大で迫害的な像は，威嚇しながら彼のこころの台所に入り——すべきことを与えられて，つまり生育史の断片や夢を取り扱うことによって懐柔された。余りの一片を彼が口にできるように絶えず懐柔されねばならない，強力に侵入的な内的人物像を分析中に彼は幾度となく露呈させた。

理論的な考察

　これから「内的-外的」という関係の理解に目を向けよう。両者はお互い反対側に置かれることが多い。しかしながら精神分析的観点では，この2つの関連に，すなわち投影と取り入れの相互作用の中で外的経験がいかに表象され，内在化され，取り扱われるかに，より多くの関心が向けられる。
　『夢判断』においてフロイト (1900) は，意識に入っていこうと突きあげてくるある内的状況に表象を与えるために，日々知覚されたものをこころが利用している様子を示した。無意識のこころは，きわめて能動的にしきりに外界を走査(スキャン)し，内的状況を表すのに利用できる出来事や状況を探し求めている。夢は，この絶え間なく続く過程に入り込むための窓のようなものである。このように無意識は，**それ自身の目的のために外界の知覚を利用している**。これらの表象

は，こうした内的状況の表出と隠蔽の両方をうまく行っている——もしくは投影の対象となる。分析家はこの見地から，患者が分析に持ち込む素材を吟味する。つまりある出来事による影響があったかどうかよりは，出来事がどんなことに使われてきているかの方が問題なのである。内的関心事を表象しようと外的知覚を利用する能力は，不安を「拘束する」ためのひとつのメカニズムを提供する。

自我は，外的あるいは内的源泉いずれからの刺激にも「圧倒されて」しまわないように，そのまとまりを保持しようと絶え間なく懸命に試みる。まったく無防備なときに突然の出来事に見舞われれば，自我は解体してしまうかもしれない。壊滅し，粉々になったと感じられる。こころは，フロイトが「刺激防壁」や「障壁」と呼んだものによって，こうした出来事から保護される。心的外傷となる出来事はこの防壁を突き破るものであり，複合的な要因によって発病へと至らしめる——それは出来事の（事故のような）突発性や暴力性から，「固有な特定の弱点をすでに含んでいる心的組織のある一点へ入り込むことによってのみ重要な意味をもつ」[訳注1]（Laplanche and Pontalis, 1973）タイプまでさまざまである。フロイトは，このような出来事における内的要因を強調した。子ども時代の心的外傷のエピソードですら，その外傷的な影響は成人期においても，記憶や，その記憶が個人のこころの中に活性化する空想を通じて保たれる。

障壁にできた外傷的裂け目は，防衛の構築をもたらすことになる。2つのかなり異なるタイプの防衛を後述するつもりである。圧倒してくる不安の脅威を常に感じている患者や適切な保護システムの構築に根本的な問題のある患者は，不可能な努力をする——すなわち，すべてに用意周到であろうとして，そのゆえ実際には何もできない——人生を生きねばならなくなる。このような患者にとって，既知のものが未知のもので脅かされる分析状況は，特に脅威となる。

フロイトの心的外傷についての初期の考え方は，生き生きとした内的世界を適切に概念化できなかったゆえに進展をみなかった。フロイトが『悲哀とメランコリー』（1915b）を書き，外的人物がどのように内在化されるかのモデルが生み出されるまでは，適切な理論的根拠が得られなかった。のちにフロイトは『自我とエス』（1923）の中で，「自我は，放棄された対象備給（カセクシス）の廃棄所で

訳注1）村上仁監訳『精神分析用語辞典』（みすず書房, p.49）では，「重要な意味をもつ」を「病因となりうる」と翻訳している。

ある」と述べている。換言すると，外的対象に投影された空想と混じり合ったその外的対象が，いかにして自我の中に据えられるかが理解される。フロイト（1930）は，超自我の蒼古的で過酷な性格は，現実の両親像だけで説明できるものではなく，投影された破壊性に由来する性格を身につけているに違いないことをすでに認識していた。

けれども内的世界を私たちが理解する上で大きな貢献をしたのは，メラニー・クラインである。彼女は，生後すぐから，比較的まとまりのある状態と，未統合でばらばらな状態との間で変動する，萌芽的な自我が存在していることを主張した。彼女は，自我が関わっている対象や，お互いに関わり合っていると体験されている対象（たとえば，内的な両親カップル）からなる内的世界を構築するときに，投影と取り入れの相互作用がつねに起こることを強調した。

彼女は，根本的に異なる2つの内的世界の状態があり，それらが内的現実や外的現実への異なった方向づけを必然的に伴っていると説明した。**妄想分裂ポジション**では，経験ははなはだしくスプリットされる。すなわち，悪いと感じられる対象に破壊衝動が向けられる一方で，愛する衝動は良い対象に向けられ，理想化によってこの破壊性から守られる。乳児は，自分の暴力的で破壊的な衝動を投影するなかで，暴力的で迫害的な対象に脅かされていると感じる。こうしたパラノイドの世界では，自我は，自我そのものの——または内的状況の——諸側面を自分のものとしないことが必要であり，それらを自我から切り離して対象の中に置く。こうして心的現実のある側面は自分のものではなくされる。発達課題は，統合が起こるのに十分に安全な「良い」内的対象を構築することである。統合は，愛する対象になされた損傷を見つめる能力へと導き，罪悪感が抱かれるようになると，償いによってそれまで為してきた損傷を修復しようとの願望が生まれる。これらが，抑うつポジションのいくつかの要素である。抑うつポジションへの動きは，内的および外的現実の両方に方向づけられた，根本的な変化を必然的に含む。これらは，投影が消褪するにつれてはっきりと認められ，対象が自己の諸側面と完全に同一視されることは終わり，そうして対象そのものの属性が知覚できるようになる。

ここから外的世界の機能に関わるモデルが提供される。欲求不満，その不満からの憎しみゆえにこころの中で母親を破壊してきた乳児は，損傷されていない外的な母親の出現によって内的に強化される。言い換えると，外的現実のひとつの機能は，損傷しておらず迫害もしない人物像の内在化を支援することに

よって，内的世界の恐怖が誤りであることを証明することである。

この逆の経験は，信頼を貶め，内部の死滅と迫害の不安を確証するものとなる。親の片方が，特に母親が重篤な精神の病の場合は，たとえば自分自身を巻き込んだ世界の壊滅というような最悪の恐怖を反証できる外的現実が子どもから剥奪されやすい。外的現実が内的な恐怖を確証するような状況に置かれて，両者を区別するのは困難を極める。

外的現実が不安を是正できる程度が，正常かどうかのひとつの指標とみなせようと，クラインは示唆している。ここで私が最後に指摘したい点は，罪悪感や普通の人間的な悲しみに向かい合うことの難しさである。それは恐怖ですらあり，これにうまく対処できないと，制止の強い，喜びのない人生となる。すなわち苦痛を受け止められなければ，喜びも「受け止められ suffer」ないということである。

抑うつ的な苦痛すれすれのところで生涯を過ごしている患者もいる。彼らは，損傷を受けた対象の現実と向き合えないまま，そうした対象からの報復に直面していると感じている状況に捕まる恐怖からいつも逃げている。これは，被害経験者に特に共通した状況であり，そこで彼らは自分の生き方を何とかできる心的装置を持っているにもかかわらず，とりわけ耐えがたい迫害的な罪悪感によって絶え間なく脅かされている。こうした患者は，人生での成功にも功罪相半ばと反応しがちで，分析での進展も絶えず妨げられる。それはあたかも，「私が治るとしたら，悲惨な状態にある私の愛する対象を犠牲にしてなのだ。そうした対象は決して回復しそうにないし，それらが蒙っている苦痛に耐えることなど私にはできない。病気であることによって自分を守れるのだ」と言っているかのようである。損傷した対象との同一化を通して，病気であることで患者もまた罪悪感を回避している。

臨床例

最初は，私が治療してきた患者からの臨床素材に基づく短い例である。

Bさんは30代の女性である。母親は慢性に精神の病を患っており，父親は彼女が思春期の頃に死亡した。家族はずっと困窮をきわめていたと述べられた。彼女は，父親が亡くなった日にも学校へ行っており，このことに強い罪悪感を抱いていた。妹は，患者が20代前半のとき，書置きを残して自殺した。患者

はそれを読んだのだが，その内容から母親を守るために，その後その書置きを隠した。患者は学費を確保すると，自宅は騒々しくて勉強ができないと教師に訴え，その教師の助力によってしばらく居を移し，試験に合格することができた。彼女は教師になる道へと進み，ひどく貧しく多くを剥奪されている子どもたちを教えた。けれども彼女は，自分のなし遂げたものに真の喜びや満足をもてずにおり，それは夫との大変支えられている関係についてもそうだった。彼女の人生の質は，絶えず追い立てられているというものだった。

　ひどく困窮した家族のもとを去るという彼女の決心が，生きたい，堕落したくないという願望の表現であるとの考えには多くの支持が得られようが，そればかりでなく，そうした状況は，無力で貧しい両親に無意識的に勝利を収めているという彼女自身についてのきわめて万能的な見方を後押ししやすいものでもある。

　患者は1週間の休暇をとった後に，セッションにやってきた。それはひどい有様だった。散々な時を過ごしていた。彼女が教えている子どもの姿を，こころの中に持ち続けていたのだった。その子は，「先生は，私の朗読を聞いてくれなかった」と言っていた。迫害されていると彼女は強烈に感じて，このイメージを完全に消し去ろうと気も狂わんばかりに忙しくしていた。彼女が立ち止まるたびに，それは甦った。彼女は記録を残していないので，その子どもに耳を傾けたのか，そうでなかったのかを確かめようがないのだと述べた。それから，「それが私のこころの中にあるもの」だと知っているとも言った。この短い素材は，人生のほとんどにおいて逃げ続けている彼女のこころの状態をとても鮮明に映し出していると思われた。

　仕事では，損傷したあらゆる彼女の対象を，すなわち多くを剥奪されている貧しい子どもたちを，修復しようと死に物狂いで頑張っていた。彼女は自分の内的世界の中にいる損傷した対象を確かに認識していたが，修復しがたいほどに損傷した対象という現実に向かい合う気持ちをもてなかったので，その対象は万能的に修復されねばならなかった。そのような対象群は，「あなたが私にしてきたことをよく見なさい」と報復をほのめかしながら迫害的な内的状態を支持する状況に彼女をいつも直面させた。クライン（1940）は，「きょうだいの死は，他の理由からはこころを砕かれたと感じられても，いくぶんは勝利として感じられ，勝利感を生じさせ，そのためいっそう罪悪感を感じることになる」と述べた。自殺による死は，対象に向けられた死の願望に対象が屈服す

るという空想が現実化し，実演されたものとして，とりわけ痛々しいものである。ここでさらに付け加えるべき点は，母親の脆弱さである。妹の自殺をめぐる罪悪感に直面している自分の子どもを支えられない内的母親という像が得られる。彼女（母親）は，いかなる譴責（妹の遺書）からも守られ，この点は患者によって正確に認識されていたようだったのだが，患者の万能感をまたも支えた。どちらかと言えばありふれた外的な出来事である，仕事の上で起こりうる小さな失敗は，この患者に特異的な事情から，衝迫的な活動によっても逃れられない報復する迫害対象としてこころに宿っていた。私は，この状況も「精神内の閉所恐怖」のひとつの型を示していると考える。すなわち彼女は，迫害し譴責してくる損傷を受けた対象に，罠にはめられたように感じている。

　この状況がなぜいま明らかになってきたのかという疑問が残る。ひとつの可能性は，彼女のとった休暇が，彼女が必要とする治療者からの分離としては体験されなかったということである。彼女の生い立ちをみると，この休暇が，治療者に投影された脆弱な内的母親を見捨てたものとして体験されたように思われる。そこで，その母親（治療者）は彼女を必要としているように体験され，自分の話をまったく聴いてくれないと不平を言う対象に勝利して優越を感じるという彼女の感覚を燃えあがらせた。ここで私が強調しているのは，患者がいかに転移の中で中核的な不安状況——脆弱な対象に勝利すること——と，そうして報復による迫害をこころに宿すという状況とを反復しているかということである。

　しかしながら，この患者は「それはこころの中にある」ことを知っていると言うことができており，治療者（現実と空想の区別を手助けしうる，彼女が持ち合わせていない規準）に対するニードの認識もまた表明している。

　そうしたわけで，この患者は基礎的な達成をすでにどうにかなし遂げていた。内的なものと外的なものを区別する能力を示し，自身の経験について考えるのを助けてくれる，手助けになる母親治療者を認める能力を表していた。しかしながら，この発達水準を獲得していない，精神病的な性質をもつ対処不能な不安を相手にしている患者たちもいる。

　不安に関するフロイトのモデルは，夢や昇華や神経症症候に見られる象徴機能を通して表象と結びつけられており，この機能を遂行できる心的装置の存在を仮定した。クライン（1952）は，このような象徴機能を発達させるためには，死滅や断片化の感覚という乳幼児の早期の精神病性不安に対処せねばならない

ことを例証した。彼女は,「乳幼児期の不安状況は, 精神病性の不安が束ねられ, ワークスルーされ, 修正される過程が組み合わさったものとして理解される」と述べた。

　ビオン（1962）は,「束ねられ, ワークスルーされ, 修正される」という, この高度に凝縮された語句についての理解をずいぶん深めた。精神病患者との分析作業を通してこの語句の含蓄を理解し, こうしたことの失敗の結果を観察して, それを「心的破局」の遺物と名づけた（Bion, 1967b）。

　ビオンは, 母親に投影された破局的不安を, 母親が取り入れコンテインし, 考えることを通してその不安を変形し, こうして修正された形で乳児に利用できるものにするその様子を記述した。乳児は, 経験について考え, 考えることによって経験を体験すると同時にコンテインする, この機能を遂行する対象を内在化する能力を獲得する。ビオンはこの機能を, アルファ機能と呼んだ。

　この機能こそが, 精神病性不安を束ねるし, 私の考えるところでは, フロイトのいう刺激保護障壁（1920）の基盤を形成する。ビオンは, この機能がうまくいかない様相を記述した。母親が, その不安をコンテインできずに再投影するなら, 不安は減弱化されないで強さを増して戻り, ビオンが「言いようのない恐怖」と呼んだものになる。次には, その人は破局の瀬戸際にいると絶え間なく感じて, さらなる猛々しい投影と, 経験から自身を切り離すことによって防衛する。これから提示する素材は, このタイプの破局的状況に直面している患者からのものだが, 経験をコンテインし考えることのできる内的対象を獲得できなかった彼女は, 精神病的な断片化に陥る瀬戸際にあった。

　Bさんとは反対に, 40代前半の既婚アジア系女性のCさんは, 損傷した対象を修復しようと必死に試みるよりは, むしろそれらの存在を否認し, 人間がもつ普通の脆弱さに対して, 特にそれが彼女の中にも明らかにあるとき, あざけりや軽蔑の眼を向ける, 勝ち誇って人を侮辱する対象との同一化を生きる道を歩んできていた。彼女は,「いくじがない」「めそめそ愚痴る」というような言葉を頻繁に用いた。Bさんの場合は, 常に回避されはしたが, 抑うつ不安に近接した世界に生きていたと見ることができよう。けれども, Cさんの内的世界はさらに妄想性を帯びていた。彼女は, 異常に暴力的な男たちから追いかけられ捕われるという夢を見ていた。

　かなり小さい頃からCさんは, きょうだいが多い中で, 地位を奪い取りただ独り頂点にいることを証明しようと活発に動いた。感情が露わになることはす

べて，侮蔑に値する統制のなさであると感じられた。たとえば彼女が「Ａ」レベルの結果を受け取ったときのことだが，彼女はその封筒を自室に持ってゆき，開けてから下に降りてきたが，階下で心配そうに待っている両親には合格なのか不合格なのかがわからないように表情を作った。このように彼女は，いかなる普通の情緒反応も内的に打ち負かし，外的な両親にそれを投影してコントロールした。私の推測なのだが，これは彼女の内なる母親についての特異な見方——自分の中のあらゆる脆弱さを自分のものとは認めないことだけが母親の愛情を得る唯一の方法だと信じる，かなり狭い見方——を表していた。内的世界では，母親と結託して，弱くて卑しむべき父親を中傷していた。この内的なシナリオは，彼女の外的境遇から大きな支持を得ていた。それと同時に，彼女はこの内的父親との闘争に閉じ込められており，その闘いは強烈なサドーマゾ的な性質を帯びた転移として，のちに提示するように実際に現れた。彼女は知的に高かったため学歴は申し分なく，それがまた彼女の万能感を支えた。大学では社会学を専攻したが，学生の数年間は，若い女仲間（ギャング）の一員として男性との乱交関係をもっていた。男たちは残虐になぶられ，ひっかけられ，人間らしい普通の依存や脆さを見せた途端に放り出された。こうして彼女にある嫌悪すべき脆弱さと依存心は，父親を表象している男たちに投影されて，支配され，嘲られ，放逐された。母親のそばで優越的な位置におり，何も持たずに軽蔑されるべき父親を見下しているという自身の見方は，この振る舞い方によって裏づけを得た。

　こうした生活は彼女のニーズをしばらくの間は満たした。だが，真の充足という点ではほとんど何ももたらさずに，破局的不安の脅威からは決して免れられなかった。この不安は，父親が長く患った消耗性疾患の末に亡くなる，彼女の30代後半に露わになった（母親はそれよりずっと前に他界していた）。彼女は，「私が望んでいたのは，旅支度をして父が早く逝ってくれたらということだけでした」とかなり冷たく語った。ここには，生死にまつわる問題に向かい合いコンテインするのに手を差し伸べる人物ではなく，彼女と共謀する内的母親を彼女が保持している様が示されている。彼女は最近になって，父親を困らせるための刺激的で知的な議論にどれだけ没頭していたかを述べた。けれども父親が，張り合えないくらいに病気で衰弱したため，彼女は興味を失った。私の目的は，彼女の内的世界の対象群の，ぞっとするほど冷たく残虐な性質を伝えることである。彼女自身がもつ脆弱さが表出されるなら，同様のぞっとする

ような残酷さと放逐にさらされる。

　父親の死と母親の死の遅延した作用のもとに防衛組織体は崩壊し，彼女は死の恐怖を伴った心身症症状に苛まれることになった。動悸がして，今にも心臓が止まりそうに感じられた。必死になって医者に診てもらったが，安心には決して至らなかった。彼女はすっかり仕事を辞めてしまった。

　ここに壊滅的な内的破局があり，それには，どうすることもできない脆弱さと，この状態への自身の憎しみによってさらに悪化した恐ろしいほどに暴力的な内的迫害が同時にあることがわかる。両親の死は，ありのままの悲しむべき喪失としては経験も哀悼もされず，その代わり，前には遠く分け隔てられていた両親像はいまや彼女の内側で，互いを愛するのではなく彼女を憎むものとしてひとつに結合されている。空想の中で両親は，彼女を恐ろしい迫害にさらし，内側から殺し，これまで回避し投影してきた乳幼児的なこころの破局状態に彼女を無理やり押し込んでいた。自分は死につつある，という彼女の感覚もまた，死んだ両親や死にゆく両親との同一化を表している。こころの中の父親と同じように，苦痛や恐怖に耐えられるように支え助けてくれる者が彼女には誰もいなかった。

　この分析を特徴づけていたのは，もともとの防衛構造を取り戻そうとする彼女の試みであった。このタイプの患者の多くは，表立っては理解を求めて分析家に接近するが，もともとの防衛構造を回復させるために分析家の援助を求めるという，より深い目的をもつ。またその理由は明白である。分析が本来この手はずを脅かすように感じられるという事実は，分析家がひどく怖がられているということを意味する。分析家／母親を所有できないという現実の欲求不満と，分離していることに気づく苦痛やその結果出てくる羨望や嫉妬と折り合いをつけねばならないといった，人生でのありふれた逆境に対するこの患者の脆弱さは，彼女に唯一可能な方法で——すなわちすべての脆弱さを分析家（父親）に投影し，偉そうで人を見下している対象（母親）に再び同一化するというやり方で，取り扱われた。この過程で彼女は分析的理解をずたずたにした。けれどもこの巧妙な手段は，愛情で結ばれた内的な人物像とではなく，恐れられている依存感情を彼女の中に押し込むために互いに結びついている，報復してくる迫害的な人物像とともに彼女がとり残されることを意味した。分析の休暇の間，暴力的で残忍な人物と一緒に閉じ込められている夢を彼女はよく見た。

　分析の初期に彼女は症状を説明したが，それはまったくぞっとさせるものだ

った。説明は，皮肉っぽく高慢な調子の，「何て変なの」「何て妙なの」という発言で区切られた。彼女の「変な」症状を私が彼女と一緒にあざけることが親しくなれる唯一の方法であるかのように，私を高慢な母親像との共謀に引きずり込もうとしているように思われた。分析の開始時にはいつも少し遅刻してきていた。彼女は，待合室で座って待ち，彼女の言う「先生の従順な小さな愛玩犬として」廊下を私の後ろからついていくという考えに耐えられなかった。私を待たねばならない人にしようと，憎悪する欲求不満や依存のすべてを私に投影しながら，私を必要としていないと必死に主張しようとした。

彼女は次のような夢をもってきた。

　彼女は，サッカーのフーリガンに追いかけられていた。塀にぶつかってしまった。下を見ると，彼女のすぐ後を追って小犬が哀れにくんくん鳴いてついてきていた。彼女はその犬を拾いあげ，ビニール袋に入れて塀の向こうに投げ捨てた。

理解しようとする試みに対する彼女の取り扱い方についての初期の証拠から判断して，この夢は，彼女の注意を引こうと彼女の足元で哀れな鳴き声をあげている分析家の姿を表象しているように思われた。別の次元では，あざ笑われ支配され激しく攻撃されている分析家に投影された彼女の自己の一部を，つまり彼女に嫌悪される脆弱さをもまた表象していた。

分析では，私をあからさまに見下す高慢な態度であったが，去り際にときどき彼女は手紙を手渡してきた。これらは真夜中に書かれたもので，恐ろしい不安や死の恐怖が詳しく綴られていた。それはあたかも，いわば扉の下からそっと差し入れられた秘密の手紙としてなら，彼女の脆弱な側面との接触が何とか許されるかのようだった。このやり方なら「彼ら」，つまり彼女の内的世界で冷たく嘲り笑う人たちは，それについて何も知らないのだった。

予想されていたかもしれないが，彼女は，分析の休暇に大きく影響された。分析的理解――分析家の哀れな鳴き声――を殺してしまい，復讐してくる内的人物像に抗して彼女を支援してくれる内的人物は誰もおらず，ひとりぽっちだった。彼女は死につつあると感じ，破局的不安の発作に襲われた。とはいえ，これらの恐怖に関する解釈を，嫌悪される弱さを彼女に押し込もうとする私の試みと彼女は体験したので，私が得意になっていると思っていた。彼女は，分析家というのは，自分の誇大感の支えに使うために，哀れな鳴き声をあげている子犬のような弱い患者にまわりを取り囲ませる機会を得ようと，この専門を選

んでいると強く思っていた。分析で見せる私の顔の裏で，彼女に屈辱を与えようと本当はもくろんでいるのを自分は知っているのだと彼女はたびたび思った。

彼女はいくらかの進展をみせた。迫害感を過度にもつことなく，最終的にフルタイムの仕事に何とか戻れた。彼女は，自分を保護し大いに支えてくれる，10歳年上の男性と結婚した。しだいに人生を楽しめるようになってきた——閉所恐怖的なものすごい恐れは減り，いまやコンサートやオペラに出かけられるようになった。これには特に重要な意味があり，というのは，母親はオペラを愛していたけれども，行くだけの金銭の余裕はなかった。子ども時代の家庭の境遇はずいぶん困窮していた。彼女らは，ロンドン郊外にある貧困地区のひとつに住んでいたが，やはり郊外だがかなりの富裕層の地区にそこは隣接していた。迫害されたり羨望で攻撃されたりする恐れなしにオペラに行くということは，より良性の内的人物像が存在していることの証拠だった。彼女の関心はかなり広がり，深まった。しかし彼女は，これらが分析家の援助によってなし遂げられているとはまだ認識できなかった。というのも，それを承認することは依存を認めることを意味しており，すると内的組織体の侮辱的なあざけりにさらされるに違いなかったからである。

ここである素材を提示したい。彼女がすでにとても自由になっており，これまでとは異なる両親像を持ち込んだ夢や連想を語ったセッションのその直後のものである。両親はともにいて，彼女とは分離しながら，彼女が世話を受けられるようにと手筈を整えていると表象された。彼女は，家族が残酷さや憎しみの雰囲気の中を生きることでひどく無駄に生きてきたその在り方を真から悔み，母親を失ったことを悲しんだ。

これらの記憶を甦らせたことは，いずれ彼女と私が別れることをしっかり考え始めていると伝えているようだったし，また，私がボスで彼女がさげすまれる弱者であると，私が勝ち誇って彼女にわからせるとかその逆ということではなしに，私たちはいろいろな気遣いをし合えると伝えているようだった。言い換えると，彼女は分析的理解によって，内的現実と外的現実を区別し，強さを得て，生きていく中で支えられていると感じられるようになった。続くセッションでは，職場での階級にかなり夢中になっていた。この患者にたびたび見られたことだが，分析による援助のニードを認識したことにより「降格されて」しまったという不安を伝えているものと思われた。

その翌週，彼女はしだいに私に話すことができなくなっていき，今では援助

を求めることは，哀れな鳴き声をあげている，私の小さな愛玩犬になることだと信じさせようとする防衛組織体に閉じ込められてしまった（ローゼンフェルド Rosenfeld（1971）はこの内的組織体を，内的マフィアになぞらえた）。彼女は，よい週末を過ごしていたが，それを私に言えなかった。なぜならそれを私が台無しにしようとすると，彼女にはわかっていたからである。このことは，私が思うに，そのよい週末は分析の援助によるものではなく分析への勝利によるものであることを示していた。私は追い出されてしまった。つまり私は彼女が私の中に投影した，脆弱な依存に対するあらゆる憎悪でこころがいっぱいになっているように感じられていたので，彼女は私を締め出さねばならなかったのである。

次のセッションでも彼女は話ができなかったのだが，それは夢を見ていたからである。彼女はおのずと夢を分析と結びつけていた。つまり夢を私に話すことは，彼女の内側で起こっていることを理解する手助けがいると私に伝えることだからである。彼女は，私を刺激しつつも与えないままにして私を締め出すが，この事態が続くにつれて，ますます私は恐ろしいものと感じられるようになった。

彼女はその次のセッションに来たとき，その夜は外出するので，何も言わないセッションにしてその外出を台無しにされたくないと告げた（前のセッションの後，彼女はひどく気分を害した）。それから夢を語ったが，それは一連の連想と，最近の生活や生育史のいくつかの断片をもたらした。さらなる理解のためではなく，理解することを回避し私を遠ざけておくために話しているかのような雰囲気がますます強くなった。

その夢では，

　母親とある友人が庭にいた。そのときミツバチの群れがやってきて，患者は家の中に駆け込んだ。そしてドアを閉めた——母親と友人は中に入ろうとした。彼女は2人を締め出し続けねばならず，それで2人は蜂に襲われていた。蜂が一緒に入ってくるので，2人を中に入れられなかったのだ。彼女はかすかに罪の意識を感じた。

前述のように，患者は多くの連想と，夢との「関連」で生活史の断片をもたらした。そのようなわけで，あらゆる方面から急激に集まってくる素材の群れの中に私がいると感じ，私は考えられなかった。彼女は，両隣の家が養蜂家であると触れた。

この複雑な素材の一面についてだけを重点的に述べたい。蜂がきわめて恐ろしい性質の迫害不安を表現しているのは明白であり，そこでは暴力的に断片化された対象群が彼女の後を追いかけてきている。その回とそれまでの回のセッションにおいて，彼女は私を締め出そうとしてきており，いまだに近づくことも手を差し伸べることもできない，きわめてひどい状態にある対象（分析家／母親）像がそこにあることがわかるであろう。もしその対象を招き入れれば，恐るべき攻撃（蜂）の的になってしまう。私を乱暴に締め出し，私がどんどん悪い状態になっていくのを彼女は体験したが，彼女には何の援助もできなかった。援助してくれると同時に自分とは分離している母親を認識し，招き入れ内在化することは，あらゆる迫害を内に入れるのを許すことを意味した。別の夢は，彼女の無力感や脆弱さを私の中に投影する一方で私を締め出している様子が，しばしば相当に性愛化された性質をもつ激しい興奮と結びついているらしいことを示していた。

　私を友好的な人物像として受け入れられたという実際の改善がみられたセッションの後でこの素材が出ていることを認識するのは大変重要なことである。私を必要としているとの自分自身の気づきへの強い憎しみが刺激されたようである。

　表立った心的外傷，すなわち両親の死は人生後半で起きているが，そこで解き放たれた困難は，養い理解してくれる対象を経験し，その対象を失い哀悼すること，そうしてその対象を，不安をコンテインし生死の問題に向かい合えるように手助けしてくれる内的対象として内側に創りあげることの最早期の困難を呼び戻した。そのような対象が利用できないため，精神病性の崩壊から守ってくれる防衛組織体を構築するようになった。患者は両隣の家が蜂を飼っていると述べ，それは実際の不運の逆境であったが，夢はその逆境が恐怖になるさまを示している。同様に，彼女が両親を実際に亡くしたという主要な外傷的出来事は，消化も代謝もされなかった。言い換えると，その始まりから，ひとつの過程としてワークスルーも体験もされず，そこから学ばれることもなかった。この出来事は，はるかに破局的な内的状況とただちに結びついてしまった。

　コンテインする対象を獲得する上でのこの早期の失敗が，母親が患者の不安をコンテインできなかったことにどれほど依拠しているのか，またそれがどれほどその機能を患者が攻撃したことに依拠しているのかは，分析が進展するにつれてのみ解き明かされるだろう。

結　論

　この論文では，外的状況つまり重大な喪失が，上述の2名の患者ではいかに異なる影響を作り出すかを示そうとした。第1例の患者は抑うつポジションにずっと近かったので，喪失を取り扱い，損傷された対象と向き合う状況を持ち込むことができた。彼女はこの状況に迫害され続けてはいたが，それは彼女の視野の内にあり，彼女が得られるだろう支持をしてくれる対象についての感覚があった。

　しかし2番目の患者は，乳児期や小児期の不遇な逆境のために，精神病性の不安をコンテインし束ねうる耐久力ある人物像を内的世界に構築できなかった。崩壊を避けるべく防衛組織体を彼女は用いたが，普通に認められる脆弱さを自分のものと認めずに投影したいとの願望をそれが手伝った。彼女は普通の脆弱さを，凶暴な攻撃にさらされる対象（内的な父親，男友達，分析家）に投影し支配した。助けになる対象への彼女の暴力的な攻撃の結果である，断片化（蜂の群れ）の激しい恐怖といった，すさまじく破局的な性質の不安によって彼女は包囲され襲われた。

　向かい合うことができない外傷的な状況は，たいてい深く無意識的な形で絶えず再演されている。フロイト（1909）を引用すると，「……理解されなかった事柄は，不可避に再出現する。埋葬されていない死者の亡霊のように，そのあいまいな謎が解明され呪文が解けるまで安らかには眠れない」。Cさんは，援助してくれる対象に勝利し破壊することで恐ろしい迫害者を創り出し，人生での最悪の恐怖を甦らせていた。

　人生早期における不運な逆境の経験が，パーソナリティの発達に影響を与えるのは間違いない。（早くに両親が亡くなることや，片親もしくは両親が精神病であることのような）過酷な逆境が，深刻な影響をもたらすこともほぼ間違いないように思う。しかしながら，そこには逆説がある。最も重篤な障害をもつ人々には，内的現実や外的現実と向かい合うことにかかわる根本的な問題があるために，彼らの逆境体験の真の性質をほとんど評価できない。多くの事例において，患者が内的現実との関係を確実に保持できることによって外的現実に向かい合えるという満足ゆく分析の後にようやく，蒙った外的トラウマの真の性質を患者は独力で判断できるようになる。

第V部

グループ

第12章 トラウマを蒙ったグループ

キャロライン・ガーランド

はじめに

　ビオン（1952）は，活動中のグループの力動を理解するための強力なスキーマを提示した。グループが本来の職務に取り組んでいく相対的に洗練された能力と，基底的想定としてビオンがその特徴を表現した無意識の強い退行的牽引力との間の緊張は，あらゆる集団機能にみられる表面的にはひどく無意味で時間の浪費と思える行動の理解に役立つ。エリオット・ジャックス Elliot Jacques（1955）による組織の理解のための革新的なアプローチに，ビオンの理論は，小集団のダイナミクスに関する理解を付け加えた。ジャックスは，精神内界の構造に関する精神分析的な見方を用いて，多面的な組織や施設がもつ機能を広く解明した。ビオンとジャックスの業績は，仕事に従事する世界でのグループの理解に不可欠である。けれども，フークス Foulkes（1964）と後継者たちは，もっぱら治療という目的にグループが資するようにと，違う方針をとった。フークスのモデルが基礎としたのは，時の経過とともに治療者を含むグループの成員間に構築される共有のコミュニケーション網を理解し，それを治療に使うことだった。グループ成員間で，意識と無意識の両面でコミュニケーション水準を深化させていくことに注目した。

　しかしながら，**作業グループ全体が，そのグループ自体への治療が必要と感じている**という，複雑な状況が現れる。この状況ではアプローチの併用が有効であり，むしろ欠かせないと言えよう。安心や治療的な理解を求める個々に異なるニードと平行して，ひとつのグループとしての作業機能を心に留めておかねばならない。こうしたことが起こるのは戦争である。けれどもこの場合，軍隊こそが伝統的に主な患者であり（Hunter, 1946），治療の課題は，トラウマを蒙った兵士を部隊に返し，できるだけ早く戦闘可能な状態に戻すという点に

あると考えられていた。戦争に勝つという本来の職務に対して，個人の感受性は後回しになる。だが平時であっても，活動部隊がまるごとトラウマを受けて援助を求めるときもある。グループとその中にいる個々人という異なるそれぞれのニーズは，いかに取り扱われるのだろうか？ この章では，惨事に多くの人が同時に圧倒され，かつ集団という設定のもとにあった，別個の2つの状況について述べる。

　本書でさまざまに描写してきたように，ある個人が外傷的事件に遭うと，生の処理できない「もの」が御せないほど大量に押し寄せ，心的機能は混乱に陥れられる。しばらくの間，圧倒され動きがとれない。ある特定の出来事によって心的外傷を受けたと**ひと集まりの人たち皆**が感じるとき，個々人はその人独自に反応するが，そこには共通する経験もたくさんある。個人ばかりでなくグループ自体が援助を求める場合，ある個人に起こったことについて，さらには援助の有無にかかわらずその人がうまく作動する均衡を取り戻していく方法についての，私たちの理解は使えるのだろうか。それとも，考えを変え始める必要があるのだろうか？

　これから，私がこの数年間に携わった2つのグループとの作業を述べていこう。両者の在り方の違いが，各グループと行った作業の根本にあった。外傷となる出来事が起こり，身体，心，またはその両方ともが生き残るという共通の課題のもとに結びつくまでは，自分たちがグループになるとは露ほども思っていなかった集団がある。突然の破局こそが人々をグループにする。私はこうしたグループを，**惨事グループ** Adversity Groups と呼ぶことにする。衝突事故を起こした列車の乗客や，ホテル火災に襲われた宿泊客たちは，その極度に恐ろしい共有経験によって結びつくまでは，ただの希薄なつながりしかなく，互いに気づく必要はまったくなかった。こうして，少なくとも当面の間は，その出来事の前とは違い，本質的に異なっている個々人が協力するようになり，親しくなり，彼らの絆をさらに意識するようになる。

　第二のケースは，グループであることをその成員がすでに知っている，すなわち同じ企業にいるとか，ある課題によるつながりを認識している場合である。たとえば，火事で全焼した情緒障害をもつ青年のコミュニティ施設に属する若者と職員，メンバーの1人が殺された公共事業の班，政治的なテロリストによってハイジャックされた長距離バスツアーなど——これらの集団のメンバーは，グループへの所属とそこに加わっている理由を外傷的出来事の前からわかって

いる。これらを，グループの存在が外傷的事件の**前**から認められていたという意味で，**既成グループ** Given Groups と呼ぶことにする。既成グループは，惨事グループとは対照的に，重要な面ですでに単一の有機体のように機能しているとみなすことができる。すなわちその有機体の別々の部分によって異なるも関連のある多くの機能が担われるが，そうした機能は共通目的や共通課題の達成をめざして力を合わせて遂行される。自動車の製造，障害をもつ若者のリハビリテーション，長期療養病棟における患者のケアなどにこれはあてはまるだろう。

一方で，惨事グループには，前もって存在する共通課題はない。外傷的な出来事の後，地域の医療サービスもしくは公共サービスによって招集され，（運よく，あらかじめ地域で十分な計画があったならば）集団療法の訓練を受けたベテランの治療者がグループに加わるだろう。惨事グループとの治療作業は，このゆるい個々人の集まりをひとつのまとまった存在にする，すなわち自分たちをともかくもグループと認識させた出来事への個々の反応を深く考えるという課題に取り組めるひとつのまとまりを創造することから始められねばならない。

惨事グループ

惨事グループは，したがって，外傷的な出来事によってまったく突然につくり出される。生存者たちは，打開を図りつつ憤りを感じている予期せぬ仲間たちとともにいると気づく。メンバーは，「なぜ私にこのことが起こらなければならなかったのか」と口にする。惨事が起きた直後にしばしば聞かれるこの問いは，抗議や苦情の表明にとどまらず，意味の探求を，すなわち一見気まぐれにみえるものを理解しようとする試みを表している。最終的には各人がこの意味を自分で構築せねばならないのだが，「これは私たち全員に恐ろしく痛ましい出来事だった。このいまいましい災難を私たちは分かちあっている」という共通認識からグループは始まる。既成グループの場合と同じく，個々人の課題となるのは——治療者にとって，仲間となった他の生存者にとって，そして自分自身にとって——外界と心の内側の両方で起きたことを言葉にするという苦闘である。このコミュニケーション過程は，意識的かつ無意識的，言語的かつ非言語的である。「あなたがその場にいない限り，それがどんなものだったか

わかるはずがない」と生存者が言うとき，おそらく彼らが言っていることにある真の苦しみは，「あなたは私ではないのだから，どんなものだったかわかるはずがない」である。それゆえ，投影同一化によってひどい恐怖と苦悩が伝達されるのは避けられない。投影同一化は，ある人が抱いた情緒反応の特異さと強烈さを他者にコミュニケートする最も強力な方法なのである。外傷的な出来事の後のグループ・ミーティングの強みのひとつというのは，こうした痛々しく強烈な感情のコンテインメント（第7章を参照）が，グループ内のひとりひとりによるというよりむしろ，グループそのものによっていくぶんなされることにある。

治療者の最初の課題は，自分たちが実際のところひとつのグループであるとの事実をメンバーが受け止め，容認していくことの手助けである。ミーティングの体験に，メンバーは強いアンビヴァレンスを示すかもしれない。つまり彼らは，何が起きたのかを理解しようと互いにくっつき，また治療者にしがみつく一方で，そこには災難を蒙っていることやこの状況の中にともかくいなければならないことへの恨みと憤怒もあるのだ。もしそのアンビヴァレンスがセッションの中で言語化されなければ，グループはすぐに先細りして，治療の担い手としてのグループという事実がまったく利用できなくなってしまうだろう。

これから簡潔に述べるのは，2名が死亡した大規模なホテル火災の生存者たちに対して実施された作業の一端である。（それぞれ1時間半続いた）最初2回のセッションでは，火災と直後の余波期の状況説明が取りあげられた。それぞれ別々の光景・音・におい・思案・恐怖・想像物のモザイクがつなぎ合わさって，最終的には，出来事と感情のひとつの複雑な織布ができあがったが，それについて，各人（ミーティングに出席可能で進んで出席したのは15名だった）はしぶしぶではあるが，出来事をともにしていたのだと感じることができた。他の類似点も明らかになってきた。その中で最大の苦痛は，いずれ順調に回復したにせよ，この出来事によって彼ら自身と人生が取り返しのつかないほどに変化させられたのを認めることだった。あるメンバーは，「何も元通りには戻らない」と言葉にした。さらに悪くなる，ことによるといくつかの面ではむしろ改善するかもしれないが，断じて同じにはならない。

第3回セッションまでに彼らは，火災の話題から移って，友人や家族や同僚からの反応とうまく付き合えないことを語り始めていた。あたかも全員が，誰もわかっちゃいない——表立った共感も，気のきいた回避も助けになるとは思

えない——という当惑をかなり感じているかのようだったが，皆はほっとし，お互いの共感者たちがもたらす善意から出たへまを聴いて笑うこともできた。こうして，彼ら自身の状態こそが，援助を援助にならなくしてしまうことに終いに行き着いた。ここには私の寄与も含まれたが，それは彼らの心の中にその火災を長らえさせ，今なお燃えさからせていると感じられていたのである。

　このグループには通常と違ったところがあった。というのは，火災現場にはいなかったが，負傷した父親を援助するために参加していた，年老いた生存者の娘が含まれていた。当然ながら，父親と娘というのは，犠牲者／親族の難しさの例となる。彼らは多くの生存者が友人や親族との間で経験してきた緊張を**グループの内部で**実際に示した。若い娘は援助したいと願っていたのだが，自分の援助が押しつけがましかったり心配しすぎだったり，不十分だったり大事なところを見落としていたりすると，気に病んだ。これに対して両親は，娘の助けを望んでおり必要としていると同時に，娘を子どもがまだ小さい娘の家庭から引き離し，本当にしたいと思っていることから遠ざけているのではないかと懸念していた。このことに両親は罪悪感を抱き，さらには，自分たちが脆弱で助けを必要としていることへの憤りもコミュニケートしてきた。世話にならないようにと両親が努力するのを娘は拒絶と感じ，「私が手助けをするのを**許してほしい！**」と悲痛に訴えた。結局のところ，このダイナミクスに捕らえられていた他のグループ成員の目の前で，父子はお互いが——生命が脅かされた状況の後で援助を求め与えるのはものすごく難しいとのことについて——話せるようになった。それは他の成員が，家庭のプライバシーの手前言えなかったことだった。

　他者のためにこうした理解のプロセスに取り組んでいるメンバーが，関心を向けられている人以上にとは言わないまでも，同じくらいの利益を得ることはグループ治療でよく起こる（Garland, 1982）。他人の苦悩を理解し和らげることに能動的な役割を担うことは，トラウマ状況の本質である急性で遷延しうる無力な時期の後に，コントロール感を修復するように働く（Freud, 1926）。けれども，惨事グループを無力感が支配するのは限られた期間である。4, 5セッション後には，外傷的出来事とその余波期に直接は由来しない素材を，グループメンバーは持ち込み始めるだろう。いったん大まかな目的をもつ治療グループになると，通例はそういった方向に進んでいくのだが，グループは中途半端なままで無期限に継続しかねない。そこで，特定の目的で招集された一連の

セッションを，もともと計画されていた時点で終えることは重要である。ほとんどのメンバーは，心的外傷のためにこれからの人生に治療が必要であるとは治療者が思っていないとわかると安心する。

けれども，割合は少ないが，さらに治療が必要な人もいる。惨事グループには，回復し始めているのが誰で，そうでないのが誰かを見分ける機会をグループ・リーダーに与えるという機能もある。長期にわたるグループ治療や個人治療が役に立つ人たちもいる。

既成のグループ

治療の一例をより詳細に述べていこう。私は，さまざまな考えをまとめる中心役割を担う，ある首尾一貫した考えをもってミーティングの準備に取りかかった。そこで重視したアイディアは，ある点までは既成グループを，個々の患者を理解し治療するのと同じように考えてアプローチできるだろうが，決定的な違いは，既成グループでなされるべき治療作業の中心が，本来の職務を遂行するグループ能力の再構築にあるということだ。グループとの治療作業は個人療法とよく似ているし，コンテインメントについてもそうではあるが，グループの治療者やコンサルタントは，自分が直面している苦悩・痛み・怒り・罪悪感・憤慨・混乱にまつわるさまざまな源泉すべてのコンテイナー役を担う位置にはいない。既成グループと働くときには，**グループの本来の職務を効果的に遂行することこそが，最も力強いコンテイナー**となるとのことを心に留めておかねばならない。それがグループがじっともちこたえ，グループ設定の内で，またその複雑な構造の周りで芽吹き渦を巻くありとあらゆる厄介事を考える立場を取るやり方である。

すべての既成グループは本来の職務を中心に機能している。活動のこの面こそが，グループそのものが続くためには遂行せねばならない，その**存在理由**なのである。たとえば，病院職員なら患者の治癒や苦痛軽減のために協働し，さらには入職したての医師や看護師の教育にあたるだろう。製作所の社員なら，自動車やコットンドレスのデザインや製造に，そして製品を競争相手よりも多く売るために協働する。あまりに多くの患者が死亡したり，自動車がばらばらに壊れたり，コットンドレスが流行遅れになったときに，本来の職務への取り組みを改善して適応できなければ，会社は倒産し，その集団は早々に解散して

第12章 トラウマを蒙ったグループ 201

しまう。だから，グループの務めである本来の職務の遂行がうまくいくことは，そのグループの存続に不可欠である。必ずしもグループの個々人の生き残りにとってではなく，グループそのものが生き残るために必要なのである。またビオン（1961）が指摘するように，グループそのものへの配慮は，グループを構成する個人に気を配ることでもある。既成グループの成員たちが外傷的出来事に遭うと，すべてが予告なく突然に変化する。まったく突如として本来の職務は霧散し，はるかに差し迫った別の課題が——生き残るということが——それに置き換わる。たとえば，大規模な研修病院が火事を起こして非常ベルが鳴ったら，すべての治療，教育，講義，病棟管理事務，食事は即座に中止され，いまやすべきことは，病棟内の全員がただちに外に避難することである。仕事や役割の**区別**はあっという間に消え，患者と医師，看護師と作業療法士，事務員と管理者，調理師と食べる人皆が，逃げて生き延びようと一心不乱な個人になり代わる。非常ベルが間違いだったと判明したら，誰もがすぐに仕事に戻るし，混乱は，心理療法家たちが**将来の肥やしになる**と悔やみながら呼ぶしかないものとなる。けれども本当に火事で，病棟やエレベーターに人が閉じこめられ，死者が発生してしまうなら，すべての職員が仕事に自信と有能さをまとって働けるようになり，患者が病院を安全で治療にふさわしい場だと感じられるようになるまでには，非常に長い時間がかかるだろう。こうした出来事からの回復にはどんな施設であっても年月を要し，間違いなく多くが変わるだろう。

　であるから，本来の職務の再建は回復のために不可欠ではあるが，それで十分なわけではないと私は言っておきたい。ベアリングズ^{訳注1)}は，私たちが生きている間は，信頼をもたらす金融機関名ではないだろう。Ｐ＆Ｏ^{訳注2)}によるタウンゼンド・ソーレセン^{訳注3)}のイメージチェンジは入念になされ，車両の自走搭載／揚陸ができる海峡横断フェリーは，堂々たる歴史をもつ大西洋横断定期船であるかのようにふるまい始めている。けれども，船泊を予約した人が心地よく眠れるようになるまでには数年かかるだろう。これらはもちろん極

訳注1）Barings 銀行：英国王室との関連の深い名門銀行であったが，1995 年のシンガポール支店での先物不正取引による損失などのために 1995 年に破綻し，オランダの金融グループに買収された。
訳注2）Peninsular and Oriental：1837 年に設立された，長い歴史をもつ英国の海運送会社。
訳注3）Townsend Thoresen：1987 年 3 月 6 日夕刻，同社カーフェリー・グループの Herald of Free Enterprise がベルギー沖で転覆事故を起こし，死者 188 名もの大惨事となった。同年 10 月，Townsend Thoresen は P＆O 傘下に入って名称変更をした。

端な例だが，組織が分断し傷つく過程の性質や規模は異なろうとも，その原理は同じである。

このように，本来の職務が突然かつ外傷的に失われた既成グループは，外傷的出来事によって機能が制圧されてしまった個人と類似するところがある。いずれも中枢部である頭を失っている。どちらも断片化し，解体され，内部／外部の両方の源泉からの御しがたい刺激に圧倒されていく。個人が元来の機能の遂行をやめて，その代わりに生き残るという当面の問題へと向きを変えるように，内的なコミュニケーションは失われ，調和し分化しながらも統合されていた全体の機能が，混沌へと道を譲る。個々人が恐怖，怒り，侮辱，悲嘆でいっぱいになり，それを互いに表出しコミュニケートしあうようになるにつれ，複合有機体の外側からばかりでなく内側からも強烈な興奮が生じる。仕事上の集まりは，感傷的な集まりに置き換わり，一緒に働く人よりも，それぞれが好きで頼れる人を求めるようになる（それは重なる場合も多いのだが）。古いリーダーは——そのリーダーがこういった事態を引き起こしたと感じられるためなのだが——信用されず，新たなリーダーがさっさと仕立てあげられ，別の種類の機能を供給してくれるとみなされる。取締役社長というよりはむしろ電話交換手，校長というよりは寮母，といったように。

これから述べる既成グループは，バーミンガムの荒廃した地域の一般診療所である。診療所医師のうちの1人が，間欠性精神病の長い病歴をもつ患者に殺された。そのときその医師は，その患者のアパートの同じ棟の同じ階に住んでいる別の患者を往診していた。支援の要請は，診療所から直接にトラウマ・ユニットには来ずに，私たちの仕事をよく知っている顧問医を介し，迂回して届いた。このことは，いつ／どのように私が訪問するかを協議し始めるときに，診療所外の人物によって**あなたたちには支援が必要だ**と伝えられた人たちを相手にすることを意味した。この顧問医は，ひどい事故の直後ショック状態になっている人にはこれこれの支援が必要であると気づいている第一線のワーカーに相当していそうである。そのショックにある患者も「何か」が必要であると知りながら，それが何かはわかっていない。ひどく恐ろしい出来事と感情のすべてをただ取り去ってほしい，惨事が起きる前の通常の生活に戻してほしいと望んでいる。私は顧問医に，私たちとして「何か」を提供したいと伝え，24時間のうちに診療所事務長からの電話を受けた。既成グループと個人の類似点として概説した線に沿って考えたものを提供しようと私は決めた。それは，進

行状況とニードに基づいて間隔をおく4回からなるセッションだった（第4章参照）。

　事務長はすぐにこれを受け入れ，安堵し感謝した。この時点では，どんな提案でも事務長は受け入れただろうという印象を私は抱いた。というのは，介入可能な何らかのアイディアをもつ人がいるというまさにその考えが，おのずと重荷を軽くしてくれるからである。「何か」がなされることへの渇望によって生じた強烈な不安は，何をするのが正しく最良かをめぐる頼りなさと結びつき，いまや，やってくるこの人物，「タヴィストック」そのものに委ねられた。知識や専門技術のこうした投影は，どこかの時点でいずれ扱われなければならない。なぜならば，個人が，恐ろしい事件を取り去って通常の状態に回復させてくれると援助者を想像するのと同じように，グループも，はじめのうちは強烈な依存と理想化された期待――それはある面では乳幼児期の母子関係に起源をもつ――を援助者に向けてくるからである。私は，私がただ良い対象を修復するにとどまらず，平和と調和を再創造する良い対象にまさになり，このひどいことを皆にした何事であろうと何者であろうとそれに対処して，さらなる恐怖から保護してくれると期待されているのを感じた。私が到着するだいぶ前から，「その道の専門家」への皮肉と熱烈な期待が入り混ざりながら言及されていることに気づいていた。ゆえに，彼らの苦痛を取り去ることも，（このケースの場合ならば）殺された同僚医師を彼らのもとに戻すことも私にはできないと悟ったグループでは，次の数週間に増幅するであろう失望感や怒りはさらに鮮明にかつ苦痛なものになるかもしれないとわかっていた。この問題は，訪問相談員（コンサルタント）がそれに取り組まずに，またグループ成員に認識されることがないのなら，ますます肥大していく。

　私は，提案以上だが条件ではない2つの要求を出した。それは，初回ミーティングには2時間とること。そして，診療所の運営にたずさわる職員全員が，清掃作業員やお茶担当のボランティアも含めて参加することである。事務長は，全員がその場にいる日中の2時間を一体全体どうしてみつけ出せようかと狼狽した。代わりを誰が担当するのか？　事務長はすっかり途方に暮れて，優先順位すら考えられない様子を垣間見せた。今なお彼らは，もともと考えられていた当初からの本来の職務である，患者（すなわち**他者**）の世話と苦悩の軽減という職務を続けようと腐心していたのである。自分たちのコントロールを超えた出来事によって，本来の職務の変更がいまや強いられているとの考えを抱け

ないようだった。

　私がもし，本来の職務の変換が，しばらくの間だが絶対に不可欠だ（と望まれている）と口にするとしたら，こんなふうになるだろう。**仕事に戻る前に，私たちは何をしなければならないだろうか。**私の言う仕事とは，現場の医療者が耐えられるもので，診療所の患者にも効果がある真の仕事である。（この２つは当然ながら関連がある。私たちが忘れがちなのは，主治医やソーシャルワーカーや分析家が，自分自身の体調に気を配れるほどに心の健康を十分に保っているのを患者が知って大いに安心することである。ひどい咳としわがれ声でも頑張って働いている分析家よりは，面接を休んで今は回復した分析家に対しての方が，怒りはぶつけやすい。これはもちろん対人援助職に特有の難題である。そこではニードや苦痛はきまって患者のものとされ，投影すらされ，健康，理解すること，専門的技術は，援助者によって保持される。）

　私は電話で，診療所を２時間ほど実際に閉めることを考えてみていただきたいと伝えた。困惑がそれに返ってきた。どうしたら，それができますか？　私はこの問いを繰り返して，そうですね，重要な問いですと言った。事務長は，えーっと，診療所の入口に，先日起こった悲しい事件のために２時まで閉院しますと掲示を出して……だけれど……と，考えつつ言葉にしていった。私は，それはよさそうなアイディアに思うと伝えた。

　次の問題が起きてきた。院長が電話に出てこう言ったのだ。ミーティングに出席できないかもしれない。というのは，殺害された医師の親族がその日にバーミンガムに来る予定で，いつでも私は対応できると約束してしまった。だから，ミーティングには参加しないで親族と一緒にいるかもしれない。だけどおそらく，ミーティングに加わるように親族を誘ったらいいし，親族の助けにもなるだろう，と。これには不意をつかれた。彼が私に示していたのは，彼自身や診療所の境界が，殺人事件によって暴力的に侵襲され，以前の境界線はすべて失われて，外傷的な素材が患者，親族，専門家の間を縦横無尽に溢れ出ていることだった。これは，恐怖に襲われ圧倒されている，トラウマを蒙った個人の心に起こることとまったく同じだった。私は，ご両親がミーティングに参加するのが適切だとは思わないと伝えた。両親にとって援助が必要なのは認めるけれども，この時点での私と彼の仕事は診療所の支援なので，**彼がミーティングに参加するのが重要であり，**都合のつく時間を親族に伝える方法を何かみつけるべきだと思うと伝えた。

（緊急事態では常に誘惑となる）命令を下して万能的になることと，境界――このケースでは**私**の本来の仕事，時間，管轄――に留意することとは紙一重であり，ずっと後にならないとそれが正しいかどうかはわからない。だが，院長は私の伝えたことを聞き，誰に対しても無限に都合をつけなくてもよいとの許可を得たと感じて，それを利用するだろうという気がした。

　不安を抱きつつ，初回のミーティングに私は着手した。出来事の詳細にかかわる情報を，最初のつながりである精神科顧問医から得ることを私は慎重に避けた。この種のミーティングでは，相談員が出来事の要点は把握しつつも詳細は知らないでいることが役に立つ。それは2つの理由による。第一は，相談員が，何が起きたかについての先入観をあまりもちすぎずに，とりわけ出来事の情緒的なインパクトを事前に「取り扱ってしまう」機会をもたないで，グループ成員からその出来事について聞くためである。グループそのものの攪乱をグループ自身でコンテインできる段階に至るように支援がなされるためには，相談員である私たちは――その攪乱を取り入れ，頭をしぼる**前**に，それに影響されることを受け入れながら――それを私たち自身の中に取り入れることから始め，最終的にはグループ成員自身で考えることを助けるようなやり方で対処しなければならない。

　第二は，部屋にいるその人物に向けて，つまり事が起こったときその場にいなかった相談員に，外傷的な出来事を伝えようと努力することそのものが，治療の一部になるという理由による。伝わるよう鮮明に事件の状況全体を言葉にしようとする苦闘は，グループ成員やグループそのものによってその出来事が対処されていく一過程である。当初は首尾一貫しないだろうが，時間の経過と，出来事がうまく理解できないときには促しによって，グループは分かち合える多層的な全体像をつくり出すだろう。

　私が到着したとき，建物内は混乱していた。間に合わせの手書きの閉院告知が掲示されていた。どこでミーティングを開きましょうか？　お茶はいかがですか？　私はお断りしたのだが，それは飲みたくなかったからではない。これはお茶会ではなく，ワーキング・ミーティングであるべきだったからである。やがて2階の開放型の広い待合室エリアに皆が集合し始め，各部屋から椅子が引きずり込まれ，手から手へと受け渡され，おおよそ輪になるように置かれた。人々は階段を急ぎ足で上り下りし，電話がしきりと鳴り，ドアの呼び鈴が鳴らされ，ノックされた。この出来事が，診療所スタッフに**加えて**，外傷的な喪失

をもちろん蒙った診療所の患者から構成されている大グループを混乱に陥れているのは明白だった。

やがて部屋は静かになった。期待を込めて私を見ている人，敵意をみせる人，うつむいている人，はばからずに泣いている人もいた。私は，参加者に目を合わせながら部屋全体を見わたした。これはひとつのグループではあるが，各自が自分の役割・アイデンティティ・思考・感情をもった個人から構成されていることを認識するのが重要だと思えた。私は，自分の名前と，どこからやってきたのかを，そして今後何回のミーティングがあり，これからどうやって事態を振り返っていくかを伝えた。ここに皆さんといるのは，この集団の中で悲惨なことが起きたのを私は知っているからであり，それを私に話していただきたいからである。それから，参加者はつかえたりむらがあったりはしながらも話し始めた。院長が最初に形式的に口を開いたが，熱心になるにつれ，彼らの話に形式的なものは減り，よりパーソナルに，痛々しさを伴ってきた。

グループは，自分たちの苦痛や憤りのみならず，当然のなり行きとして，殺害された同僚の喪失と——失われたエデンの園の黄金時代であったかのように当初は回想された——殺人事件が起こる以前の診療所の喪失という両者の，喪の哀悼のプロセスに直面しなければならなかった。**もとから存在していた困難**のいくばくかを語り考えることは，第２回ないし第３回のセッションまでできなかった。

初回のセッションでは，個々人にとっての物語と反応が取りあげられた。メンバーの１人（お茶担当のボランティア——彼女は診療所グループ全体にとって"患者"という下位グループを代表する人物のようだった。というのは，彼女は三角巾で腕をつっており，抑制のきかない一風変わった性格であった）は，死亡した同僚を長々と称賛して，つまり，この世界にいるには彼女は善人すぎて神により彼の地へと連れ戻されたのだと言い，始めから悲嘆のプロセスを締め出してしまいたいようだった。この女性にとって死亡した同僚は，自身の病気の悪化と死に対する防壁を表していたのだろうと私は感じた。いまや彼女はその庇護を失い，ひどく怖れ，独り無防備に彼女を残して同僚が死んだことに怒っていた。死亡したスーザン医師がまさに特別な人物であったとする，多くの患者の思いを彼女は代表しているに違いなかった。「どんなトラブルだって，彼女にはたいしたことなかったのよ」というフレーズがしきりと口にされた。彼女は長時間働き，勤務時間後にも遅くまで患者の往診をするのをいとわ

ないことで知られていた。話を聞いていると，全員があたかも際限ないほどに忙しく，中でもスーザン医師は最も忙しかったように語られ——あまりにも忙しいので，彼女の人となりを皆がいかに知らなかったか，さらには，お互いの人柄を誰もが本当には知らないとのことが実感されていった。次の巡回訪問や電話連絡や手当てに急ぎ向かわねばならない直前に，大事な要件を１つか２つ知らせ合うだけの時間しかなかった。

　このセッションで何度も出された問題は，ほとんどのスタッフが経験したマスコミによる接触についてだった。報道関係者はひどく無神経で侵入的だと感じられており，午前半ばまで診療所を取り囲んで，出入りするすべての人にインタビューを試みていた。顔の前にマイクを押しつけられないように，通勤かばんをコートの下に隠し，「患者のような服装」をして職員が出入りしたなどと語られた。報道関係者は侵襲的な悪い人物を表しており，診療所全体が蒙った暴力的な襲撃を表象していた。私はそれからこれを，私がこの場にいること，そして何が起こったかを語るように私が要求していることに結びつけた。というのは，私もまた起きてしまった恐ろしい事件を取り除き，彼らを平常に復する代わりに，何度も事件を思い出させる，窃視的で侵入的な人物を表象していたからである。メンバーのうち１人か２人は，このコメントに戸惑いながらも賢明に応じ，マスコミへの憤りが「彼らはただ自分の仕事をしているだけだ」という陳腐な認識に道を譲り始めた様子からは，そのいくらかが理解されたと私は思った。

　最も示唆的だったのは，診療所のほとんどの人たちが相次いで語ったのだが，何かがおかしい——パトカーが外に，中では職員が深刻な顔をしている——とわかったときに，それぞれが最初に考えたのは，深刻でおそらく致命的な自分のミスが発見されてしまったのではないかということだった。「ああ，どうしよう。患者を殺してしまった」，「ああ神様，私は注射を間違えました」，あるいは「（パソコンの）ハードディスクを壊してしまい，すべての患者のデータを紛失した……」などである。その部屋で最も存在感があった対象は，病者を怠慢に世話する，危険なほどに無能で軽率な援助職というもののようであり，社会を代表して厳格に報復するためにやってきたすさまじく批判的な人物とともにいるようだった。これは，同僚の死を防げなかったという個々人の罪悪感にとどまらず，職務遂行にかかわる重要な問題にも関連していると私は考えた。私は，この職務上の問題を取りあげる方を選んだ（これとは対照的に，惨事グ

ループとの作業では，パーソナルな問題を取りあげたであろう）。私は，自分のなすべき仕事を十分にしたと感じるのがひどく難しく，さらには，完璧な仕事をするためには死ぬほどの無理をすべきだと思わずにはいられないという彼らの経験について少し述べた。これによって，（おそらく私が無意識的に選択した言いまわしのために）茫然とした沈黙がしばらく続き，やがて，仕事を終えたという感慨をもって家路につくことすら難しいと感じていたという同意の囁きが聞こえてきた。この診療所は，かつて一度も長時間の開業時間中に閉院したこともなければ，電話に応じないときもなかったことがわかってきた。このことが，少数の共感的で理解のある患者がいるにもかかわらず，患者本人，そして患者の要求と押しつけがましさについての苦痛な考えへと向かわせた。この惨事が起こる前から職員はすでに限界に達して，診療所は崩壊寸前にまで過重任務となっており，破綻をきたし，いまや職員が自分のことを，世話され理解されたいと強く求めてくる患者のように感じていた。

無限の要求や，「何があったの」への説明を際限なく要請されることから，自分の身を守る術を考えるのがとても難しいようだと，私は彼らに問題提起した。同じ言明を何度も繰り返さなければならないことから自分を守るアイディアを何かもっていたのだろうかと思った。副院長は，全員を見わたしながら，詳細を聞きだそうとする人に向けた掲示および配付用の声明文を書きあげようと現に考えてきたし，今日それに着手すべきかもしれないと述べた。これは終了15分前のことだったが，トラウマに今なお支配されている状態とは対極の，すべてのメンバーが独立して自律的に，複合－重複的な方法で作動する**分配された機能**へ，すなわち作業グループの特徴をもつ**分化した機能**の方向へと再び動き出したようだった。自分たちを代表して副院長がしてくれるのには全員が満足だった。ミーティングは終了し，私は遠くロンドンへと戻る，怠慢な世話役となった。

第2回のミーティングは，葬儀をはさんで2週間後に開かれた。またもやミーティングの大部分は，怒り，憤り，惨めさという深い感情に費やされたが，今回は真の悲しみへと辿りついた。終わりの15分間に，彼らは職務の遂行について再度取りあげることができた。彼らは，たとえば単独で夜の訪問をしないとか，暴力的な患者といるときに援助を求めるといったような，どんなときにどのように自分の身を守るのが理にかなっているかを見分けるのかがとても難しいと口々に言った。私は，建物の外でのみならず，内でも自分自身を守る

ことを考える能力が明らかに欠如していると——自分を犠牲にして、際限なく患者の都合に合わせてきた過重任務や過重労働を——取りあげた。彼らは、昼休みを定期的に閉院しようとずいぶん真剣に討議し始めた。また、スタッフが集まれる時間のみならず、スタッフがプライベートに過ごせる場所も必要だと話し合った。つまり、所内には休憩室も職員専用の場所もないようだった。突然に、これまで発言しなかった女性の1人が興奮ぎみに割り込んできて、副院長に向かって言った。彼は患者あしらいが一番へたで、患者を助けたい気持を制限することができないだけなのだ、と。「あなたはいつだって、『お入り』と言う」、「夜の何時だろうとも気にしないし、診療所が閉院時間になっているはずのときにもお構いなく、いつも『お入り』とばかり言い、患者に都合を合わせて、それはもう悪癖になってしまっていると思う」と彼女は言った。それは怒りと非難と親愛の情が交錯した言い方だったが、その発言が聴きとられ真剣に受け取られることを可能にする、的確な交錯のように私には感じられた。彼は、その習慣を変えるのは自分には難しく、すべての患者から完璧ですばらしいと思われたいのだと悲しげに沈んだ声で言った。自己諷刺のこの一節にさえ真実はあり、各人にこれがどうあてはまるかをじっくり考えてみるのがグループに役立つように思われた。

さらに3週間後に開かれた第3回ミーティングでは、主に3つのテーマが話された。第一は、スーザン医師の名札を診察室のドアから取り外すべきか。そして、(スーザン医師の死亡前に、次に異動があったときの後任として任命されていた)次の医師が着任できるように、診察室を改装すべきかどうかである。第二は、殺人事件を口実にしないで、昼休みを定期的に閉院する決定をすぐにできるかどうかだ。今も入口には「過日の重大事件について」という掲示があるが、ともかくもそれを降ろして日中に閉院できるかどうか。患者についての語り口には、ほんの少し迫害感が減ってきたように感じられた。患者もまた、私に言える限りでは、やはり普通の人と同じようであり、職員を生きたまま食べようとする捕食動物ではなかった。こういうようなことを私が話すと皆は笑った。それは患者をうまく言い表しており、彼らは私たちから奪い取れるものはないかと診療所の周辺をうろついているのだが、しかし、この笑いが迫害の印を打ち消した、と受付職員は述べた。患者たちは、いまも夜勤医を活用してはいたが、かつてのように我慢できる存在となったようだった。

第4回のミーティングは、スーザン医師の死から3カ月後にもたれた。参加

者たちは，事は「終わり，片付いた」ように感じると話し始めた。とはいえ，セッションが進むにつれて，実情はまったくそんなではないのは明らかだった。それでも，いくつかの作業がなされてきたように見えた。新任の医師は，スーザン医師がかつていた部屋に移って働くようにしてもらい，ドアには新しい名札が取りつけられていた。昼休み閉院が実施され，ひと月に4回のミーティングのうち1回は診療所会議となり，それ以外は休憩時間になっていた。このセッションの困難さは，追悼の集いというやっかいな問題をめぐって展開しており，それは，喪失，暴力的な死，さらには残りの人たちは今なお生きていることを認識するという，扱いがたいものを背負込んでいるという感覚すべてがいわゆる追悼の集いに全部ごちゃ混ぜに放り込まれているかのようであった。どの職種の人が追悼の集いを準備するのか。どういった構成にすべきか。宗教色の強いものでも，まったく非宗教的なものでもなくて……。追悼歌は？　賛美歌は？　詩は？　音楽は？　集いは職員のために行うのか，患者のため，あるいはスーザン医師の家族のためにか？　そもそも追悼の集いをしたいのか？　意見の相違と緊張，発案と不満とが交錯した。私がそこで感じたのは，スーザン医師とはどんな人で，彼女とどんな関わりをもってきたのか，どのようにしたらスーザン医師を忘れてしまうと感じることなく見送ることができるのかを，グループ心性の中で理解しようとする苦闘を通してグループがまとまろうとしているのを聞いている，ということだった。私は最後に言った。まるで完璧な催しでなければならないと皆さんは感じているようです。すべてを入れ込み，全員に何かをもたらし，取り残すものも人もないものに。通常の催しでは，まったく事足らないようです，と。皆はしばし沈黙した。そこで副院長が，自分がそれを進めよう，今から取りかかることにしたい，加わろうという人は大いに歓迎すると告げた。ほんの短時間のうちに幾人かの申し出があり，小委員会が組織され，セッションの終了時には，グループはゆっくりと痛みを伴いながらも再び進み始めたと，グループも私も感じたと思う。夜勤医の問題は依然として残っていたが，それは時計の針がさらに先に進む約5カ月後までは，実際のところ変化しなかった。

　以上のように，頻繁に撹乱し，感情が動いた長いセッションの詳細を要約したのは，もともとの本来の職務がためらいがちに再び現れ始める前に，語られ，考えられ，感じられ，行われ，生き抜かれねばならないことに関連する作業の要点を例示するためである。本来の職務の再出現は，何らかの回復——おそ

らく改変された形で適切に機能できるようになる道筋で不可欠なひとつの段階——の**結果**にすぎないのではなく，さらなる回復や成長にさえ向かう**動因**でもあると認識するのは重要であり，そこではグループはそれ自体やその機能について考え始め，いまだ困難な部分がいかに，どこにあり，どんなものかに気づき始めている。本来の職務がうまく遂行できることが，私がみるところ，既成のグループに生起した混乱にとって，最も基本的なコンテイナーである。それが，外傷的な出来事によって生み出されかつ顕わになるそのグループに固有の問題が，その内で検証され最終的には扱われる構造をもたらす。

結　論

　グループが適切に構造化されてうまく運営されると，それは，個人の苦悩の強力なコンテイナーになるのみならず，回復と変化の動因にもなる。私が記述してきた2つのタイプのグループは，ひとつは惨事により形成され，もうひとつは惨事により一時的に粉砕されてしまったものであるが，グループに内在する構造とダイナミクスは治療目的のために使える。フロイト（1926）は，無力感が心的外傷体験の中核にあるとみた。グループの中に無力な状態でコンテインされることから，他者がもつ無力感のコンテイナーの一部分となっていくことを通して，受動から能動への移行が再び可能となる。かくして，うまく作動する均衡が達成され普通の生活がもう一度取り戻されるまでの，退行と回復が交互に起こるサイクルの中では，すべてのメンバーは患者であると同時に治療者でもある。

第13章　トラウマ後の状態における行為，同一化，思考

キャロライン・ガーランド

　本書の初版が出版された1998年以降も，トラウマ・ユニットでの仕事は毎週続けられてきた。この最終章は補遺として，これまでに概説した思索の発展を提示するものである。トラウマとなる出来事に引き続く，思考（象徴化能力）と同一化の複雑かつ相互的な関係に焦点を当てる。

　この章では，互いに密につながっている3つの事柄を取りあげている。1つ目は**トラウマ**であり，2つ目は**行為**，なかでも多様な同一化によって衝き動かされる類の行為である（私が「同一化」と述べているのは，ある重要な点で自己とは違っている対象になってしまう過程を意味している）。3つ目は**思考**であり，トラウマと行為と思考との間のつながりである。ここでは「思考」を，実演に訴えたり，思い浮かべたことを実際にはせずに，こころの中で行為を表象するとの意味で用いている。

　本書ですでに提示され詳述されてきた議論は，トラウマが考える能力を損傷するきわめて特異な方法についてである。トラウマの後，同一化が思考に取って代わられがちである。環境が異なれば，こころの中で考えられ，こころに委ねられ，メンタライズされたであろう出来事のそのままの実演がそこにある。しかも，トラウマをめぐる思考と行為は相互に関係して存在しており，その相互関係の中で両者は，自己と対象との間にもめごとを引き起こす同じ特定の出来事，または一連の出来事を取り扱おうとする。思考も行為も，この関係の性質を自分に描いてみせ，取り扱おうとする方法として理解できる。治療に関する限り，トラウマ後に起こる同一化を**対象との関係を患者が表象するための特異な方法**として考えることが役に立つだろう。

　この過程についての明確な見解を，トラウマを蒙った患者は提供してくれる。

他の点では機能しているパーソナリティの中に，際だって具体的な思索の領域がしばしば認められる。その領域では，あることが熟慮，検討されて必ずしも行動に訴えなくてもよいように象徴化する能力が，同一化に取って代わられている。総じて私たちは，行為によって物事を追い払うよりもむしろ，こころの中に物事を抱えて考えることができる。しかしながら，外傷的な出来事から生き残った患者たちでは，十分に発達した象徴能力／思索能力さえも，極度のストレス下では崩壊してしまうことが繰り返し実証されている（第7章参照）。実際その**トラウマの領域では**，**想像する**ために必要な，以前の柔軟性や自信や有用性を二度と回復できないであろう。このことこそが，「トラウマを蒙った」と言うときに私たちが論じていることだと思う。精神構造やその構造を活用する能力が，慢性的に損傷され害されてきたという意味である。その外傷体験の領域では，用いられていたある種の心的表象は，精神機能の残りの部分とは決して完全には再統合されず（フロイトの「異物」，1893），それゆえに一貫した思考をするためにも利用できないだろう。よって，いかなる身体的な損傷でも，最終的にその**トラウマ**は精神装置の永久の損傷という結末になる。

このことはトラウマ後にとても頻繁にかつ永続的に生じるのだが，これから**その様子を記述し，それが生じる理由を示唆**してみよう。

3つの臨床ヴィネット：同一化と象徴化

これから示す3つの短い臨床ヴィネットは，トラウマ後の生活における思考と行為との相互関係にまつわるこの説を例証するものである。ただしこれらの例には，永続的なトラウマと思われるものは含まれていない。

1. ある50代の男性患者は週5日の分析を受けていた。彼は自分のことを，「最上級の弁護士」だと，その専門の頂点に立っていると見ていた。彼は一人っ子で，戦時中に生まれた子であり，4歳半になって初めて父親に会った。両親いずれもがその再会を断じて許されず，その再会によって少年は激しいエディパルな苦痛にさらされたが，それは彼の家族と仕事の両方を含む成人生活までも支配したのだった。そして分析は，この事態を修正するのにひどく難儀していた。木曜日の早朝，私は思いがけなく急に体の具合が悪くなった。私は彼の自宅に電話をかけて，木曜と金曜の面接をキャンセルして，月曜には間違いなく会えると告げねばならなかった。しかしその月曜日，患者

はやってこずに，メッセージもなかった。面接開始から約25分後，郵便受けに彼のメモを私はみつけた。封筒の裏には，「急ぎの伝言をお許しください……」と書かれていた。「きわめて重要な会議に急いで行く」必要があり，このメモを書く時間だけはあって，封筒に入れ，重要な会議に行く道すがら届けたのだった。火曜日，彼は面接に20分遅刻し，前日来なかったのを忘れたかのようであった。残された30分間で，「きわめて重要な」会議が突然にもち上がったことの意味についての作業をいくらかなし遂げ，そうして，彼に対して私がしてきたと彼がみている不愉快な出来事を逆転させたいとするニードをいくらかでも彼は理解したと思った。彼は大げさに詫びながらその回は帰った。そして，振り返ると驚くまでもないが，彼は水曜日の面接も連絡なく欠席した。私が急遽の連絡で2回休んだことは，彼が連絡なく2回休むことで対抗されねばならなかった。最初のキャンセル後に行った私の解釈は，実際の，有形，具体的なやり方でスコアを引き分けにしたいという頑迷な性質をもつ衝迫に触れきれなかったのだった。

2. 2つ目は若い家族に関するヴィネットである。2人目を妊娠中の母親は，第1子の小さな男の子が1歳8カ月のとき，初めて1泊の遠出をした。その男の子は，母親不在の午後を自宅で母親の友人とその子どもと一緒に過ごし，夜には父親が仕事から帰宅し，夕食を食べさせて寝かせた。翌日の午後に母親は帰ってきたのだが，（予期せぬ）歓迎と拒絶の入り混じった態度で迎えられた。週末だった翌朝，男の子が両親の寝室のドアを開けて部屋に入ると両親はまだベッドの中にいた。母親に向かって彼は言った。「ママ，おはよ！」。そうして母親の喜びに満ちた注意を確かに惹きつけたと思ったとたん，顔は険しく，すさまじいしかめっ面になって，語気強く「バイバイ」と言い残し，ぴしゃりとドアを閉めて出て行った。続く30分間ずっと，この短い一連の行為がほとんどそのままに20回以上も繰り返された。もし母親が新聞を手に取るか夫に話しかけようものなら，その子は母親がしっかりと見つめるまで声を張りあげて「ママ，おはよ」と言っただろうと彼女は私に言った。つまるところ，その短い儀式は彼の中の何かを鎮めているようだったが，それによって鎮静し，そうして普通の日々が戻った。

3. 3つ目のヴィネットは，1920年にフロイトが記述した，糸巻きを使った「フォルト-ダァ」遊びであり，フロイトが述べるように「外傷神経症の暗く陰うつなテーマ」からはほど遠いものである。2歳に満たない「お行儀の

良い坊や」は母親だけから食事や身の回りを世話されていたが，この深く愛する母親がしばらくの外出を時折する際に泣きも抗議もしなかった，とフロイトは書いている。その代わりに坊やは遊びを創り出していた。糸巻きを，ベビーベッドのへり越しにベットの下に何度も投げ込み，そうしながら「いない！」と悲しげに独り言を言った。それから再び紐を手繰り寄せ，糸巻きが目に入ると，嬉しげに「いた！」と言った。快感原則の考えとは一致しないように見えるこの観察と格闘しながら，フロイトは自身に問いかけた。なぜこの幼子はこのように苦痛な体験を繰り返さねばならないのか，と。私たちがみてきた（第1章参照）ように，フロイトはこの問いから出発し，トラウマが自我に及ぼす影響について非常に広範な観察を進めていった。

3つのエピソードには共通の特徴がある。どの事例でも，男性が一時的に1人の女性に，すなわち実際上のあるいは転移での**母親**に去られている。各事例の母親は，不在であっても，また幼子が母親と父親の関係を知って苦悶を強めているにもかかわらず，幼子には中心人物であり良い対象と感じられている。さらにどの事例でも，もともとの行為の方向が**逆転**されている。置き去りにされた者は，いまや去る者か拒絶する者になる。ここには，行為者が自分自身としてのみ機能することを部分的にやめて，自身を2つに分割しているという含みがある。置き去りにした母親に中核のところで同一化しているので，いまや彼は自分自身としてふるまい，かつ母親（あるいは転移での母親）としてふるまっている。相補うやり方で，一方の，本来の去る人が，いまやもう一方の置き去りにされる人と同一化されている。このように**取り入れ**同一化と，**投影**同一化との両方が存在する。

はじめの2つの事例では，取り入れられた対象は明らかに何らかの複雑な感情をすでに投影されていた。あの弁護士は，不在が，「最上級の人間」が下位の者に対して習慣的にする無頓着な侮辱であったかのような態度をとった。その態度は，父親が戦争から戻ってきて母親に関する独占権をいわば突然に奪い取ってしまったという，彼が必死にもちこたえた猛烈なショックへの理解と共感が両親には欠けていたことを反映しているかもしれない。2つ目の事例では，男の子のふるまいは彼自身が怒っているようにばかりでなく，彼の敵意あるしかめっ面や猛々しい態度から判断して，母親の不在は，**母親が彼のことを怒っていると彼が気づいたせいだ**と思っているようにもみえた。3つ目の事例では同一化された対象は，また戻ってくるとはいえ，心配になるほど頻繁に外

出する人物である。母親が不在になる理由を，その子は理解できないようである。と言うのは，（たとえば弁護士の場合においてそうだったように）不在になる対象との同一化の性質に不在の原因についての暗黙の仮説が含まれていないためである。母親というものは出かけてしまうものであり，母親は取り乱しや抗議を好まないのだから，母親の不在をただ我慢して「良い子」であらねばならないという考えと，彼はおそらく苦闘している。3例すべてにおいて，取り扱われるべきことは，適切にこころに置くことができず，考えられない——ゆえに，行動に訴えられねばならない——，自己に向けて表象する方法として具体的にあるいはからだを用いて実演または再演される，不安を生み出す出来事にとらわれてしまう経験であることは明らかである。

　しかしながら，これら3つのヴィネットには重要な点での差異もある。ひとつ目のヴィネットでは，「最上級の弁護士」は，分析家の不在についての自分のいかなる感情も知るのに耐えられない。おそらく，大きくパワフルな軍人の父親が家に再び入ってきて母親を連れ去ってしまったときのように，どんな感情も彼にちっぽけで取るに足らない自分を感じさせたのであろう。それらの感情は，彼の苦痛を引き起こした私にまるごと移し空けられるしかなく，これは事態の流れを反対方向に実演し，そして思うに，私への効果を注意深く観察することでのみなしえるのであった。この点で彼は，身体的にも精神的にも没頭して対応している「おはよ－バイバイ」坊やとは違っている。この子は何らかの苦痛な感情を抱えていることに十分気づいており，象徴表象への変形へと向かう道に沿って表現する能力も有している。来たり去ったりは具象的なドアの開閉に変換され，表情による表現を伴った**おはよう**や**バイバイ**という言葉は，同じそれらの行為を意味し象徴している。彼もまた，自らのふるまいを不快を与えてくる対象に直接向けており，その逆転は言語的コミュニケーションと相まって，かなり率直に表出された復讐心を含んでいるようである。フロイトの子どもの臨床例によって，事はさらに前進した。正常な活動のこのわずかな断片を議論する中で，フロイトは主にその機能が子どもの「すばらしい文化的偉業」への補償をすることにあると考えた。すなわち，母親との分離を受け入れ，抗議せずに母親を行かせることによる本能満足の断念を補償することである。その坊やは自分の抑うつ不安を取り扱う作業をしていた。坊やはまだ幼かったので，母親そのものではなく，おそらくは母親の象徴でもある，母親の**代理物**に働きかけた。小さなこの外傷的出来事の表象がいかに具体的であると

しても，糸巻きは実際の外的対象の象徴である。(この百年間で，子育ての実際において，こうした幼い子どもに「本能の満足」を断念させることを強いない，ゆえにおそらく，母親にじかに感情を向けることをますます抑制しないような方向に変化しているのではないかと私は思っている。)

　もちろん，母親の，あるいは分析家のたまの不在は，正常な発達に不可欠な要素である。とはいえ，3つの事例の，事態の受け取り手側による不安の再演から理解できるのは，それぞれの事例において不在が，困難でかなりの不安を搔き立てるもの，それゆえ制御し克服されるべきものになるということである。三事例のすべてで，同一化の実演——対象との関係での**思考**よりも**行動**——に注目しておきたい。

　今から，同一化と象徴化との関係を，本物のトラウマを含む2つの長い臨床例によってもう少し探索していく。本物のトラウマというのは，それらが，処理できなかった，つまり，そのうちの一例においては象徴化の端緒がみられず，心的な出来事として明確な形にされ始めることのなかった出来事を伴っていたという意味である。

臨床素材

Pさん

　Pさんは母親のコンテインメントを通して，自分の経験を，そこからある程度の距離をもてるような，あるいは対象化できるような形に変形してもらえなかったと思われる男性である。彼は自分自身の体験を心的に操作できなかった。彼には象徴思考が欠けているようで，それはひとつにはトラウマがかなり早期に生じたためと思われる。Pさんとは，彼がこの20年を送った刑務所の中で会った。罪状は17歳時に起こした子どもの殺人で，そのために獄中生活を送ってきていた。

　Pさんは男女の2人きょうだいとして生まれ，母親は深刻な問題を抱えた女性だった。彼は母親に愛着を示し頼っていたが，母親がどちらの子どもにも，身体でも情緒でも愛情を与えてくれないことにはっきり気づいていた。母親は売春婦だった。ごく幼い頃から，男たちがつぎつぎに家の中に入ってきては，あからさまに性行為をして，性的な会話と性的強要をしていく状況にさらされていた。

最初にわかったPさんへの暴行は母親のパートナーによるもので,ある週末,重要なことにちょうど母親がいないときだった。それは無防備な子どもへの大人による暴力的で性的な暴行であり,懲罰だとの見せかけを装った多くの暴力行為がそこで頂点を極めた。女きょうだいもまた暴行を受けレイプされた（現在彼女は統合失調症である）。この暴行は,世代間あるいは異性間の差異の認識が存在するような構造,セックスが商売や残虐行為ではなく愛の行為であるような構造が,Pさんの人生にとってもはや根本的に欠如していたことを確証するように思われた。子どもであったPさんは非行が増し反社会的になり,問題を起こし,家出をし始めた。13歳のとき,ロンドンの通りで路上生活をすると,少年男娼として生業を早々とつくりあげた。これはいくぶんは母親との同一化であった。数ある中でもそれは,必要とされる誰かと接触し続ける原始的な方法ではあるが,真の関係をもつには使えないもので,Pさんの母親の状況そのものだった。

Pさんはボウリング場で働くという初めてのまともな仕事を得てまもなく,警察に逮捕され,社会福祉課が運営する養育施設に送致された。それから3年間にわたり,それまでの人生の中で遭遇したいかなるものよりもはるかに悪質な扱いを受けた。それはすべて「ケア」の名のもとになされた。養育施設の施設長は「退行療法」と呼ぶものを施した。強烈な不安に対する防衛が消失してしまうまで,子どもたちに屈辱と拷問を計画的に与えるというものが含まれ,そうなったところで施設長と職員は子どもたちを支配し性的倒錯行為の恰好のえじきにしていた。最も重要なのは,職員が子どもを刺激してかんしゃくを起こさせると同時に,からだを拘束しておくことで,この完全な無力さが誘発されていたことである。もう自分は壊されてしまうとの確信によってPさんの防衛は用をなさなくなり,精神的にも身体的にもコントロールを失ったとき,拷問者は慰める人物になり,棒つきキャンディーを手にして,これはきみにとって良い「治療」だと安心させつつ性的虐待を行った。

フロイト（1926）が指摘したように,トラウマを蒙る状況の本質は極限の無力感であるが,それを取り扱う方法には2つある。ひとつは,はじめの3例に見たように,不快を与える対象の取り入れ版に同一化することや,その対象の行為との同一化である。個々の事例において,母親がいないのは一時的だったが,些細だけれども本質的で苦痛な,発達上の経験のひとつだった。Pさんの場合は,まったく異なる背景をもった子どもであり,トラウマは持続し荒廃に

第13章 トラウマ後の状態における行為，同一化，思考

至らしめるものであった。主としてからだが壊滅してしまう恐れだったのだが，もし恐ろしい経験が避けられないならば，威嚇する側になることが無力感を減ずる方法となる。すなわち恐怖を感じるのは相手側であり，こちら側ではない。もうひとつの方法は，死に瀕する恐怖や戦慄に対する悪戦苦闘をやめて，代わりにリビドーに変換して生の表現である性愛を注ぎ込むことによって，興奮に変えることである。その結果，悪しきものとわかっているものでも，望ましいものだと主張される。おそらく第三の道は，Ｐさんの女きょうだいのように，知覚装置や思考そのものを攻撃することであり，精神病への退却である。Ｐさんは，養育施設に連れてこられたすべての子どもたちのように，本当のケアに飢えていたので，「あなたにとって良いことだ」とされている経験を提供すると称する人たちによる搾取にすこぶる弱かった。

17歳になったＰさんは，地方当局のケアをもはや受ける資格がないと判定される年齢に達したため，その地域社会に送り出され，仕事をみつけるはずだと思われていた。彼にとって多くの困難の中でも主たるものは，長く「退行療法」に放り込まれていたことによる，混乱した，無力な，こころを失っている状態にあった。このような，同一化の役に立つ内的対象がない状態では，彼に固有のこころがあるかのようにホームを去って独り暮らしをしながら仕事を得るなど，とても不可能に思われた。にもかかわらず17歳のＰさんは，産業廃棄物処理会社の仕事と，一間だけの部屋を何とかみつけ出した。

運命のその日曜日の朝，Ｐさんはことのほか不安定だった。一方では孤立と不全感という内的圧力に，他方では生計を立て，職業や成人社会での人間関係に参加する大人になることの求めに引き裂かれていた。彼の孤独感とニードは，母親がレズビアンの愛人と過ごすためにいなくなったことで増強された（それゆえおそらく，彼が初めて男性に襲われた10年前の週末との無意識的つながりが強化されていたであろう）。通りで飼い犬と遊んでいる小さな男の子がいた。彼には周囲の大人よりも打ち解けられるように思えた。その男の子は促されて階上のＰさんの部屋までついて行った。運命を決するＰさんの同一化の突然かつ急激なシフトは，何が起こったためなのかは私たちにもわからないが，それがそのとき実演された。おそらくＰさんが脆弱な対象をみつけたとき，ひどく貧乏で不全感があり，退行させられ虐待された自己の側面を，完全な投影同一化によって脱同一化する機会をつかまえたのだろう。連れてきた男の子にそれらの感覚はまるまる排出された。それと同時に，脱同一化によって残され

た隙間——ほとんど真空であったところ——に，彼が去ったばかりのホームの，殺人的にサディスティックな施設長の内的な人物像が暴発した。印象深いのは，Pさんが自分に頻繁になされてきたことを，その男の子に正確かつ詳細に行った点である。

　Pさんには利用できる2つの原初的同一化が備わっており，それら両方の対象が，彼自身のこころになるはずの場所に居座った。それは被虐待児でもあった男娼であり，殺人的な虐待者である。そして前者が作動しなくなると（ホームを去り，独り暮らしをして，仕事をみつけなければならなかったとき），大人の男性でいられるために彼に可能な方法は，後者のみであった。こころ——これらの境遇が引き起こした恐ろしい感情についての知識が存在しうるところであり，行動に直接訴えるのではなく，行動について考え，想像し夢想するところ——が欠如している中では，完全な同一化と，そのからだによる実演が差し迫った内的問題の解決法となった。Pさんは，思考や，心的なつながりを築けない人であった。刑務所での懲役の最初の8年間は，子どものときに彼がされたことと，いま収監されている彼が殺した男の子に対してやったこととのつながりがまったく思いつかなかった。彼のこころは，からだも似ていたのだが，対象との相互の完全な投影同一化しか存在しない単線を行きつ戻りつするしかなかった。横に移動する可能性はまったくなく，気づきも，振り返りも，比べることも，認識することもなく——要するにスペースがなかった。生きることはからだを通してなされ，記憶や関連づけはからだを経由して実演された。最終的に警察がホームの施設長を逮捕し，刑務所にいるPさんから証拠が得られるだろうとの希望を抱いて訪ねてきたが，警察の話は耐えられないくらいPさんを困惑させ，彼は激越性うつ病になってしまった。私が彼に会った12年後も，いまだその多くの症状が残存していた。彼の過去と殺人とのつながりについて話しかけようとする試みは，カオスに達するほどの激昂と困惑とを再びもたらした。確かに私は，そして彼も，彼のこころの状態をどうすることもできないと感じていて，それは酒や薬物あるいは精神を麻痺させる他の手段でしか緩和できないものだった。

　いくつかの点では，（前述した）弁護士のようにPさんは機能しているようだった。外傷的な出来事は明確に述べられながらも，こころに保持されることがないので，実演されるしかなかった。いずれの事例でも，子どもがとても外傷的だと感じたものを，「あなたにとって良いこと」で利益になると実際に言

われていた。どちらの事例においても，その結果は（良いものと悪いものとの間での）混乱と倒錯だった。さらに双方の事例で，自己の望まない脆弱な側面すべての受け取り手にされる対象が発見されなければならなかった。そうして自我は解放され，別の原初的同一化の尊大でかつ力に満ちた危険な側面でいっぱいになった。この二者の違いは質よりもむしろ量にある。弁護士ではこころに「異物」として存在していたものが，Ｐさんの場合は機能全体を占めていた。そしてついにはＰさん自身が，生きようとしていた社会から「異物」として扱われなければならなかったのである。

Ｑさん

　２番目の事例はかなり異なっており，幼少期には分別ある日々を送っていた23歳の若い女性患者である。彼女は総合大学に在籍し，複雑な研究主題で優秀な成績を取っていた。しかしながら，深く影響を及ぼしたある外傷的出来事の後は，精神機能を途切れながらも保つのにやっとであった。それはつい最近のことだが，母親が夫に，つまりＱさんの継父に，ハンマーで頭を何回も叩かれて殺された。その後継父は自殺を試みたが失敗した。私が彼女に初めて会ったときも，継父は意識不明のままICUで治療中だった。この面接において私が感じたのは，彼女が持ち込んでいる困難な問題が強力に実演されていることだった。殺された母親との同一化は，同一化によって母親を「生かし」続けて母親を失うことを拒むことであり，鈍器で頭を打ちつけられて，彼女もまた自分のこころを失ってしまうことを意味していた。このような状況で彼女は言葉を使う能力をまったく失ってしまった。ときどき緘黙に入り込んでトランス様の状態になるので，ボーイフレンドはひどく驚いて２度も救急車を呼んでいた。別のときには，彼女は使う言葉との意味のあるつながりを断ち切り，あの殺人事件以来，自分ひとりで何とか処理してきたすべてのことを，躁的に過度に元気そうにおしゃべりしたものだった。

　初回の面接で私は，この問題をどうにか解決しようとする彼女のやり方を見たと思った。それは，深いスプリットによって，互いに分離した２人の母親を創り出そうとするものだった。そこには，彼女の内側に隠された，いまだ元気に生きている秘密の母親がおり，彼女はおおよそ意気揚々と安心してその母親に同一化できていた。そして無残にも殺された母親もまた存在しており，それは彼女がきちんと機能しようとするときには追い払われねばならなかった。私

が思うに，彼女は，実際に起こった殺人のその瞬間について，息つく間もなく，私が動揺してしまうほどに簡潔かつ鮮やかにきわめて効果的に話すことで，このことを行った。最後になって私は，その殺人の恐ろしさを私に感じさせ，殺された母親をあたかも私が内側に有しているかのような彼女のやり方について，さらに，そうすることで彼女は自分の内側の危険から離れたところに，生きている母親を自由にすべて自分のものにしておける気持ちになれたことを何とか伝えた。驚きと安堵でもって彼女はこの考えを理解した。第2回目の面接の冒頭で，彼女はこの気づきに立ち戻った。彼女は初回面接の後で，自分の母親の死に方を私に話したときに私がたじろいだと，ボーイフレンドに話していた。また，「なんてあなたは気の毒なのでしょう」というようなたじろぎ方だとは思わなかったとも彼に言った。「私が何を言いたいのかわかりますか？」と彼女は言った。「適切なときに口をはさみ，たじろぐというような，牝牛みたいに愚かな心理療法家はそこにはいなかったのです。でも先生のそのような反応は本当に，こころからのものだったのです。母の死が『何ということ！』と先生に思わせてしまったのが，私には不思議でした。なぜならそれは私に起きたことなのに，先生の方が『あぁ，何と恐ろしいこと』と思っておられるからです」。

「牝牛のような心理療法家」への言及を取りあげなかったのは，生き生きとしたきらめきがそこに含まれているように私には思えたからである。母親に対する彼女の攻撃性が，継父の中にすべて投影されていたのではなかった。とりわけ，彼女を実際に孤児にしてしまった「牝牛」であった母親への憎しみや，週末のあいだ彼女を取り残した私への憎しみをいくらか表現できたと私は思った。しかしまだこの若い女性には，文字通りの同一化に向かう強い牽引力が残っており，殺人について思考する「精神 mentality」とは隔たりがあった。それから何週間か，彼女は妊娠したいというニードと，かつてまさに文字通りに彼女を身ごもっていた母親を生かしていたいというニードとに，どっぷりと取りつかれていた。それはまた，大きな安らぎをもたらす新たな考えに飛びつく傾向を彼女がもっていることでもあった。彼女のこころを満たし占拠する何かで，殺人にまつわる鮮明すぎる思考を追っ払い，同一化へと向き返るものすごい衝迫を食い止めていた。

このことが殺人を犯す継父との同一化に切り換わるときもあり，彼女は継父を殺すのではないかと真に恐れていた。数週間後，彼女は現になかば象徴的な

殺人行為を行った。それは，殺害された対象でいっぱいになるという感覚から逃れるための死に物狂いのさらなる試みでもあった。彼女は継父の服からそれぞれ異なる切れはしを切り取っては，激情的な手紙とともに，継父が恋愛関係にあった女性の郵便受けに少しずつ投げ入れた。この行為で彼女は，実際の殺人ではなく殺人の代理版，表象版を実行したのである。重要なのは，この行為が身体的要素（服の切れはし）とメンタライズされた要素（手紙）の両方を含んでいたことである。極度な苦痛の投影が作動するためには，両方の要素がそこにある必要がおそらくあった。しかしすでに，殺された母親との完全な取り入れ同一化から離れ，危険であるにせよ生きているものへの移行があった（この意味では，殺人は自殺の防衛だと思われる）。

18カ月が過ぎて，実演された同一化から離れ，思考によって行為を象徴化する能力の回復へとさらに転じた証拠がみられた——何かをしたいと言語化し，望みを語ることで行為を表すことが可能になった。彼女は，母親が殴り倒されたときに着ていた血の染みついたガウンを屋根裏部屋の袋の中にまだ持っており，ガウンにはティッシュペーパーと髪の毛がくっついているのだと言った。これら有形の断片は肉体をもつ母親の最期を具体的に表し，それらの断片を手放すのは耐えられなかった。その代わりに望んでいることを生々しく彼女は語った。母親のような髪型にして，そのガウンを羽織り，医療刑務所の病棟を囚人となった継父の方へそっと歩いていき，継父に向かって「一生分の恐怖」を与えたい。しかし彼女は，「私はしません」と言い添えた。ここでの同一化は複雑である。殺された母親との同一化は明らかで，復讐に燃えた幽霊になっている。しかし，殺人者へ，つまり母親に一生分の恐怖を与えた男への同一化もまたあるのである。彼女の激しい怒りの要素には重要な防衛機能が備わっており，それは昂進性の怒りっぽさ（トラウマ後の顕著な症状のひとつ）に苦しむすべての被害経験者の中で必ず作用している。というのは，それ自体が生きていることのサインであるのと同じく，組織化をもたらす重要な機能でもあるからだ。自我の壊れた断片が，確かさのある憤怒の周辺に再組織化され，ひどい損傷を負ったパーソナリティにまとまった外形を与える。（ボーダーライン・パーソナリティの激しい怒りっぽさは，このような理由からなかなか捨てられないものである。）

さらに18カ月後には，この若い女性はよきパートナーのもとで健康な女の赤ちゃんを産んだ。はじめの頃は，赤ちゃんの幸福をめぐる彼女の不安には抗

しがたく，泣く赤ちゃんを抱えて真夜中に病院に駆け込むほどであった。ここで最も恐ろしい同一化は，いくぶんは彼女自身の母親がそうであったような，失敗をしてしまう母親になるという同一化だった。妊娠中には母親がいてくれることを切望し，夫が「役立たず dead loss」だったのを見抜けずに，殺されるのを避けられなかった母親の愚かさに対する怒りを表した。彼女にとって，赤ちゃんの泣き声もまた自分自身のそれであり，耐えがたいものであった。しかしながら，新しい家族が加わっていくらか落ち着いた2カ月後には，赤ちゃんは母乳で育っており，体重が増えたので，彼女とパートナーは自分たちのベッドから赤ちゃんをベビーベッドに移そうと決めた。赤ちゃんが泣いたときも，自分たちのベッドに寝かすのではなく，抱きあげてあやし，それからもう一度ベビーベッドに寝かそうと決めた。ここには，泣いている赤ちゃんへの抗しがたい同一化を免れようとし，その代わりに幼い娘を世話できる良い生き生きした母親として機能しようとする彼女の苦闘が見てとれる。それから彼女は，赤ちゃんが泣くときはいつも「ママが来たわよ，ママが来たわよ！」と言いながら赤ちゃんのところに駆けつけるのだと述べた。これが，彼女の涙を目にした唯一のときだった。彼女はこう言った。「ママが来たわよと赤ちゃんに言っているけど，それは私にも言っているの。だって母とはもう二度と会えないって，私は知っているから」。こうしたとき彼女は，助けにならない深い同一化の引力から脱出し，それを実演するのではなく，自分の思考をまた以前のように考えられるところに辿りついたようだった。

　翌年のうちには，その同一化の具体性からさらに抜け出していた。彼女とパートナーは，殺人事件の後も住んでいた母親の家を売ることができ，新しい家を購入して，それを彼らの自宅にしようと決意した。冷凍庫には，後で食べられるようにと母親が作った最後の食事が今なお冷凍されて残っていた。それを彼女は少し涙を浮かべながらも捨て，ついには引っ越しの準備のために，もう着られない母親の服を詰めたバッグを家の外の大型ごみ容器に押し込むことができた。この中にはビニール袋に隠されていた血染めのガウンも入っていた。喪の過程が進行するにしたがい，彼女の中に生きている母親，つまり女の赤ちゃんに母乳を飲ませ世話をする母親という感覚が増し，母親とともに過ごし育った古い家と一緒に，肉体をもった母親の名残りを手放すことができた。

　しかしこの若い女性Qさんにとって，殺された母親の喪の哀悼は，長くかかる，複雑で苦痛に満ちた過程であった。ときには悲しみにすっかり圧倒され，

実際に自分自身が母親からまったく世話されていないと感じる間は，自分の赤ちゃんを母親として世話するのはとても難しいと彼女は思った。この喪の哀悼の最終的な達成は，彼女の暮らしがいかに進展するかにかかっているに違いない。外傷的出来事の中には，とても大きすぎてあまりに長く続くために，十分な全面的な回復とはいかないものもあり，外傷的出来事の物理的な細部からの解離はある程度ずっと残るであろう。これは被害経験者の存在やアイデンティティにとって，あまりに原初的かつ中核的なので象徴化され得ないものを取り扱っていくひとつの方法かもしれない。母親の殺害は，おそらくそのよい例である。

考　察

　思考と行為の関係というこの章にふさわしい，深刻な外傷的出来事に対する反応の2つの特有な特徴をさらに述べよう。
　第一に，衝撃の瞬間に心的構造が相当に破損されるので，通常は知覚と感覚を伴っている空想や，からだとこころをつないでいる空想が，瞬時のあいだ活動できないのが実情である。それから強烈な混乱の期間，「脱統合」の期間があり，その間はまったくの無力感によって引き起こされた苦痛や無知，恐怖のようなものが支配的になる。恐怖はからだとこころとのコミュニケーションが絶たれることで悪化する。そして圧倒してくる不安に対するすべての防衛が失われる。それに続いて，2つの事柄がほぼ同時に起こる。ひとつ目は，からだそのものに関連している。フロイト（1923）に従って，「自我は何よりもまず身体自我である」ことをよく思い出してみよう。けれども，からだの存在にいやというほど私たちが気づかされるのは，負傷したり具合が悪いときなのである。からだの損傷に続く混乱や激怒や激昂の感覚は，いかにそれが短くとも，からだとのコミュニケーションの通常の手段による接触，すなわち空想を通しての接触が失われたという自我の感覚に，ある部分は由来していると私は示唆したい。もはや「フィットしている」という連続的な感覚はない。自我は，からだもしくは内的対象のからだに何が起こっているかという情報を捜し，そこに激しく高ぶった同定できない苦痛の感覚が現れる。**こころの働きはもはや当てにならないとはっきり感じられる。**おそらく，私たちが出会う（たとえば，母親が殺されたという彼女そのものを，私の中にとどめたいとのQさんのニー

ドのような）いくつかのもっとわけのわからない再演や外傷の反復やとても執拗で具体的な投影同一化といったものは，**身体的な経験**によってからだとこころとの不可欠な流通を再確立したいとの希望のもとに，トラウマ後のこのからだがどのような状態にあり，何ができて何ができないのかについての答えを得たいという，こうしたニードのために助長されている。

　第二は，フロイトが拘束と呼んだ過程である。それは既存の構造と連結させて，意味のない不可解に見えるものをわかろうとする試みである。まさにここで論じた過程と関連しており，結びつきを再び作り直そうとの必死の試みも含まれている。また，拘束には前向きで生産的な側面もあるが，深刻なトラウマにはとりわけ厄介な側面もある。というのは拘束とは，似ているとか関係していると知覚された，より以前の経験と連結させるという意味だからである。もちろん，これらの経験は，おそらく人生早期（かなり早期）の悪い経験，変形されていない経験の領域であろう。このように，個人への攻撃という激しい感覚によって混乱が増すまでは，ほんのわずかの間である。このことを起こるままにしているのは誰なのか？　起こらないように防げなかったのは，誰のせいなのか？　これを私にしたのは誰なのか？　そして，ビオンがクラインを継承して詳細に説明したように，最も深いレベル（第7章参照）では，このような苦痛や混乱を防げなかった対象とは，あなたをそれに曝し，つまるところそれをあなたにした人物である。乳児のお腹の痛みには，迫害してくる母親，悪い対象，痛みや混乱やものすごい恐怖や壊滅から守ってくれると信頼されていた者への激しい恐怖が加わっている。その乳児は妄想分裂的な宇宙に引き戻される。スィーガル（1957）が，妄想分裂ポジションでは具体的思考がどれほど優位であるかをすでに示している。個人は，対象との分離を知り，耐えることができ，その対象との関係性を表象する方法と遊べる余地をこころに残せる，抑うつポジションの機能との接触を失う。

　この観察を，からだ，動作，身振り，身のこなし方，表情を含む同一化の最早期の形態の諸側面に結びつけたい。これらは模倣（取り入れの機制の一部）として始まり，徐々に微妙な形で同一化へと進み，ついには消化された形でそれはアイデンティティになる。からだにある初期の自己のこの基盤は，深刻なトラウマが死滅の不安や肉体的生存の終わりを内包しているとの認識と結びついている。

　このように，からだへの回帰は2つの事柄と関連する。第一は，からだが無

第13章 トラウマ後の状態における行為, 同一化, 思考 227

傷で完全なままに生き残れるかの恐れであり, それゆえからだの状態に没頭するようになる。第二は, 自己に関係するか対象に関係するかに関わらず, からだとこころの交流を修復しようというニードである。トラウマを蒙る前のからだの表象や, 対象のからだの表象のシステム全体がうまく象徴化され抑うつ的に哀悼される以前に, それは改変されねばならない。しかしもちろん, 象徴化能力の基盤が修復されないことには, 改変は起こりえない。トラウマを蒙った人はこの点で行き詰まりやすい。こうして恒久的なスプリット——さもなければ「異物」の創造——が, 解決のひとつの形となる。私がすでにふれた2つの事実が同時に存在することによって, この行き詰まりが創られるのではないかと私は考える。1つ目は, 恐れや混乱が深いとき, 即座の方策は（人間以外の霊長類が容易にしているように）原初対象のからだに立ち戻りつながろうとすることである。2つ目は, そしてこれがしがみつきを厄介にするものであるが, 良くても同じ原初対象が破局を防ぎきれなかったと感じられるか, あるいは最悪その行為者であると感じられていることである。このパラドクスと問題はどうしたら解決されるのだろうか？

　トラウマ後の状態では, 臨床で繰り返し見られる原初対象とのまったく具体的な形での同一化が, これら2つの事実の不一致を乗り越える方法であるというのが私の主張である。トラウマ後のある状態において, あてにされる同一化は, 象徴化の過程と基本的に異なる過程を含むものではないと私は考える。両者は, 身体的にもしくは心的に, あるいはその2つの混合物——「おはよーバイバイ」, あるいは象徴等価物にあるように——によって実行される**単一過程**の一部と見てよいのではないか。またトラウマ後の状態では, その動きは身体および肉体に向かい, 抽象的な心的方向から離れていく。その対象「になること」あるいはその対象が自分「である」ようにすることが含まれるという点で, もちろんそれは同一化の発達様式に似ており, 私たちの対象と関わる最早期の方法としてフロイトが認識していたものである。けれどもその発達様式と同一ではない。トラウマ後の同一化では, 事象はさまざまな方法で表象されうるだろうが, このとき原初対象に関わる最も安全な方法は, 対象から心的距離をとるよりも, 対象になることによってその対象にしがみつく方法だとの認識を含むと思う。このやり方で,（Pさんのように）対象が万能的に強力で破壊的なものと知覚されるなら, 自我は対象と見分けがつかない状態になることで自身を保護するので, ゆえに対象の特質を共有することになる。対象が脆弱で損傷

を受けていると認識されるとしても（Qさん），もし対象が死んで解体されたときに自我が自身の自主性と生気を保ち続けるとしたなら，耐えねばならない罪悪感による心的苦痛を避けて，自我は対象との同一化によってやはり同じように保護される。

あらゆる外傷的な出来事は，処理され思考に利用できるものとなりうるのだろうか。そうではないだろう。出来事によっては，それによって生じたそもそもの感情すべてを含む，強烈で変形不能な性質（ビオンの「ベータ要素」）を持ち続けるものもある。それは，第一にそのような出来事の強烈さのためでもある。ある体験は変形可能なものではない。またある体験は，時の経過や，それほど怖くない別の経験がそのトラウマの性質をやわらげてくれると期待して，「異物」として置いておかれねばならないだろう。第二に，良い対象がすでに悪くなってしまい，危険なものになり，そのためコンテインしてくれる対象として利用できないという事実がある。しかし，また第三に，（ウィンドウズの Word と類比させてみるなら）すでに自我は自我の関連する部分から範囲を選択し，その選択範囲を内在化された原初対象のからだの上までカーソルで引っ張り，「決定」キーを押したからでもある。こうして，原初対象との同一化がインストールされ，それは融合に至る完全さとなる。このようにしてその原初対象は，自我にとってのコンテイナーとしては失われてしまうが，もし失われていなければまさにその変形という過程に役立てたはずである。Qさんの体験にこの問題は明らかである。

分析家の課題は，変形の過程が再び徐々に起こり始めるようにセッティングを提供することにある。それによって，自我とその対象との隔たりに再び耐えられるようになり，三角空間（Britton, 1998）が確立され，自我とその対象との関係性が，心的にまたは象徴的に明確に表され始める。これにはほぼ，対象とのトラウマ以前の関係が**哀悼され**なくてはならないことが必然的に含まれる（第6章参照）。

トラウマを蒙った患者の治療にあたって，その作業の中核には，トラウマ以前の世界や存在すべてを含んでいるように見えるくらい甚大な喪失感の認識が必ずあることを私たちは繰り返し思い出さなければならない。それは，すでに根本的に性質が変わってしまった，良い対象との関係の喪失である。この失われた良い対象に関わる何らかの新しい方法と，まさに今現れているこの悪い対象を取り扱う何らかの方法とがなし遂げられねばならない。良い対象群と悪

い対象群との関係を表す古い象徴（**破局以前**の象徴）は，もはや**破局後**の対象群を表象しはしない。対象の世界全体が再び練りあげられなければならないが，これはひるんでしまいそうな大変な仕事である。この仕事が達成されるまでは，行為が思考能力に取って代わる傾向が続く。

　しかし，精神分析もしくは精神分析的心理療法が利用できるとき，新しいワークスルーや，このような同一化や実演を心的過程に新たに移すという――事例によっては初めてのことかもしれないが――希望が抱ける。メンタライゼーションの過程が作動し始めたなら，そこには思索，感情，想像にかかわる潜在能力がある。そしてトラウマを蒙った患者にとってこのことは，自身にとって未来の可能性がもう一度あるのだと言うのと同じ意味をもつのである。

さらなる読書案内

Barker, P. (1991) *Regeneration*, London: Viking; repr. Penguin (1992).
Furst, S. (Ed.) (1967) *Psychic Trauma*, New York: Basic Books.
Krystal, H. (Ed.) (1976) *Massive Psychic Trauma*, New York: International Universities Press.
Remarque, E.M. (1929) *All Quiet on the Western Front*, London: Vintage (Random House); repr. (1996).
Rothstein, A. (Ed.) (1986) *The Reconstruction of Trauma*, Madison, CT: Int. Univ. Press.
Shengold, L. (1989) *Soul Murder: the Effects of Childhood Abuse and Deprivation*, New Haven & London: Yale University Press.
Wolfenstein, M. (1957) *Disaster: a Psychological Essay*, London: Routledge & Kegan Paul.
Young, A. (1990) *The Harmony of Illusions: Inventing Post-Traumatic Stress Disorder*, Princeton New Jersey: Princeton University Press.

文 献

Abraham, K. (1907) 'The Experiencing of Sexual Traumas as a Form of Sexual Activity', in *Selected Papers on Psychoanalysis*, London: Maresfield Library, Karnac; repr. (1988).
Ackerman, N.W. (1958) *The Psychodynamics of Family Life*, New York: Basic Books.
Anzieu, D. (1993) 'The Film of the Dream', in *The Dream Discourse Today*, Ed. Flanders, S., London: Roudedge, (1993), 137-150.
Balint, M. (1969) 'Trauma and object relationship', *International Journal of Psycho-Analysis*, 50: 429.
Bellow, S. (1953) *The Adventures of Augie March*, London: Penguin Books, (1994).
Bettelheim, B. (1952) 'Trauma and Reintegration', in *Surviving and Other Essays* (1980), New York: Vintage Books.
—— (1960) *The Informed Heart*, Free Press, A Corporation, USA.
Bianchedi, E.T. de (1995) 'Creative Writers and Dream-Work-Alpha', in *On Freud's Creative Writers and Day Dreaming*', Ed. Pesson, E.S., Fonagy, P., Figueira, S.A., Yale University Press: New York and London, (1995), 122-132.
Bick, E. (1968) 'The experience of skin in early object relations', *International Journal of Psycho-Analysis*, 49: 484-6. Also in Collected Papers of Martha Harris and Esther Bick, London: Clunie Press, (1987).
Bion, W.R. (1952) 'Group Dynamics: a Re-view', in *Experiences in Groups, and other papers*, London: Tavistock, (1961).
—— (1961) *Experiences in Groups, and other papers*, London: Tavistock.
—— (1962) *Learning from Experience*, London: Heinemann; repr. London: Karnac Books, (1984).
—— (1967a) 'Attacks on Linking', in *Second Thoughts: selected papers on psychoanalysis*, repr. (1984) London: Maresfield Reprints.
—— (1967b) 'A Theory of Thinking', in *Second Thoughts: selected papers on psychoanalysis*, repr. (1984), London: Maresfield Reprints.
Bion, W. (1967c) A theory of thinking. In *Second Thoughts*, reprinted 1984. London: Maresfield Imprints.
Bowlby, J., Miller, E. and Winnicott, D.W. (1939) Letter: 'Evacuation of small children', *British Medical Journal*, 16th December 1939, p. 1202-3.
Bowlby, J. (1944) 'Forty-four juvenile thieves: their characters and home-life', *International Journal of Psycho-Analysis*, 25: 1-57.
Bowlby, J. (1969) *Attachment and Loss. Volume 1: Attachment*, London: Hogarth Press.
Breslau, N.; Davis, G.C.; Andreski; P. and Petersen, E. (1991) 'Traumatic events and post-

traumatic stress disorder in an urban population of young adults', *Arch. Gen. Psych.*, Vol. 48: 216-22.

Britton, R.S. (1989) 'The Missing Link: Parental Sexuality in the Oedipus Complex', in *The Oedipus Complex Today*, ed. R.S. Britton et al., London: Karnac Books, pp. 83-101.

Britton, R. (1998) Subjectivity, objectivity and triangular space. In *Belief and Imagination: explorations in psychoanalysis*. New Library of Psychoanalysis. London and New York: Routledge.

Carpy, D. (1987) *Fantasy versus reality in childhood trauma: who's to blame?*, London: Tavistock Clinic Paper no. 645, (1987).

DSM-IV, Diagnostic and Statistical Manual of Mental Disorders, American Psychiatric Association, Washington D.C.

Engdahl, B.; Speed, N.; Eberly, R. and Schwartz, J. (1991) 'Co-morbidity of psychiatric disorders and personality profiles of American World War II prisoners of war', *J. Nerv. Ment. Dis.*, 179: 181-7.

Feldman, M. (1995) *Grievance: The Underlying Oedipal Configuration*, (un-published manuscript).

Ferenczi, S. (1933) 'Confusions of Tongues Between Adults and the Child', in *Final Contributions to the Problems and Methods of Psychoanalysis*, London: Hogarth Press; repr. (1955).

Fonagy, P. (1995) ' Playing with reality. The development of psychic reality and its malfunction in borderline personalities', *International Journal of Psycho-Analysis*, 96: 39--43, part 1.

Foulkes, S.H. (1964) *Therapeutic Group Analysis*, London: Allen & Unwin.

Freud, A. (1936) *The Ego and the Mechanisms of Defence*, London: Hogarth Press and The Institute of Psycho-Analysis.

Freud, S. (1893) 'On the Psychical Mechanism of Hysterical Phenomena: a Lecture', *Standard Edition*, vol. 3.

—— (1895) 'Studies in Hysteria', *S.E.*, 2, London: Hogarth Press.

—— (1900) 'The Interpretation of Dreams', *S.E.*, 4-5.

—— (1901) 'The Psychopathology of Everyday Life', *S.E.*, 6.

—— (1905) Three Essays on the Theory of Sexuality', *S.E.*, 7: 130-253.

—— (1909) 'Analysis of a Phobia in a Five-Year-Old Boy', *S.E.*, 10: 122.

—— (1914a) 'On the History of the Psycho-Analytic Movement', *S.E.*, 14.

—— (1914b) 'Remembering, Repeating and Working Through', *S.E.*, 12: 147.

—— (1915a) Thoughts for the Times on War and Death', *S.E.*, 14.

—— (1915b) 'Mourning and Melancholia', *S.E.*, 14: 239-58; rev. (1917).

—— (1915c) Introductory Lectures', *S.E.*, 15.

—— (1915d) Thoughts for the times on war and death. *Standard Edition*, 14: 273.

—— (1916) 'Some Character-types Met with in Psychoanalytic Work: III Criminals from a Sense of Guilt', *S.E.*, 14.

—— (1916) 'Introductory Lectures on Psychoanalysis', *S.E.*, 16: 275.
—— (1917) Mourning and Melancholia. *Standard Edition*, 14: 237.
—— (1920a) 'Beyond the Pleasure Principle', *S.E.*, 18: 1-64.
—— (1920b) Beyond the Pleasure Principle. *Standard Edition*, 18: 7.
—— (1921) 'Group Psychology and the Analysis of the Ego', *S.E.*, 18: 69-143.
—— (1923a) 'The Ego and the Id', *S.E.*, 19.
—— (1923b) The Ego and the Id. *Standard Edition*, 19: 3.
—— (1924) 'Neurosis and Psychosis', *S.E.*, 19.
—— (1926a) 'Inhibitions, Symptoms and Anxiety', *S.E.*, 20.
—— (1926b) Inhibitions, symptoms and anxiety. *Standard Edition*, 20: 87.
—— (1930) 'Civilizations and its Discontents', *S.E.*, 21: 64-145.
—— (1932) 'New Introductory Lectures on Psycho-Analysis', *S.E.*, 22.
—— (1893) (With Breuer) On the psychical mechanism of hysterical phenomena: preliminary communication. *Standard Edition*, 2: 1.
Garland, C.B. (1982) 'Taking the non-problem seriously', *Group Analysis*, 15: 1.
—— (1991) 'External Disasters and the Internal World: an approach to psychotherapeutic understanding of survivors', (Chapter 22) in *Textbook of Psychotherapy in Psychiatric Practice*, edited by J. Holmes, London: Churchill Livingstone.
—— (1993) 'The lasting trauma of the concentration camps', (Editorial) *British Medical Journal*, 307: 77-78.
—— (1997) 'From Troubled Families to Corrupt Care: sexual abuse in institu tions', in *A Practical Guide to Forensic Psychotherapy*, Welldon and Van Velsen (eds), London and Bristol, Pennsylvania: Jessica Kingsley Publishers.
Green, B.L.; Lindy, J.D.; Grace, M.C. and Leonard, A.C. (1992) 'Chronic post-traumatic stress disorder and diagnostic co-morbidity in a disaster sample', *J. Nerv. Mental Dis.*, 180: 760-6.
Greenacre, P. (1953) *Trauma, Growth and Personality*, London: Maresfield Library, Karnac; repr. (1987).
Greenson, R. (1970) 'The exceptional position of the dream in psychoanalytic practice', *The Psychoanalytic Quarterly*, 39: 519-49, repr. in: *The Dream Discourse Today*, (1993), ed. Sara Flanders, in the New Library of Psycho Analysis, Routledge.
Hunter, H.D. (1946) 'The work of a corps psychiatrist in the Italian campaign', *Journal of the Royal Army Medical Corps*, 86: 127-30.
ID-10: *Classification of Mental and Behavioural Disorders*, Clinical descriptions and diagnostic guidelines, World Health Organisation, Geneva.
Jacques, E. (1955) 'Social systems as a defence against persecutory and depressive anxiety', repr. (1977) in *New Directions in Psycho-Analysis*, Klein, M., Heimann, P., Money-Kyrle, R. (eds), London: Maresfield Reprints.
Johns, M. (1992) 'Preventable disasters: pride, shame and self blinding', *Psychoanalytic Psychotherapy*, 6: (1) 13-20.

Jucovy, M.E. (1992) 'Psychoanalytic contributions to holocaust studies', *International Journal of Psycho-Analysis*, 73: 267-82.

Keane, T. and Wolf, J. (1990) 'Co-morbidity in Post-traumatic stress disorder: an analysis of community and clinical studies', *J. Appl. Soc. Psychol.*, 20: 1776-88.

Kessler, R.C.; Sonnega, A.; Bromet, E. and Hughes, M. (1995) 'Post-traumatic stress disorder in the National Co-morbidity Survey', *Arch. Gen. Psych.*, 52: 1048-60.

Khan, M.M.R. (1963) 'The Concept of Cumulative Trauma', in *The Privacy of the Self*, London: Hogarth Press, (1974), pp. 42-58; repr. (1996), London: Mares field Library, Karnac.

—— (1964) 'Ego Distortion, Cumulative Trauma, and the Role of Reconstruction in the Analytic Situation', repr. (1996) in *The Privacy of the Self*, London: Mares field Library, Karnac.

King, P. (1978) 'Affective response of the analyst to the patient's communications', *International Journal of Psycho-Analysis*, 59: (2-3).329-34.

Klein, M. (1929a) 'Personification in the Play of the Child', in *Love, Guilt and Reparation and Other Works*, Vol. 1 of the Writings of Melanie Klein, London, Hogarth Press, repr. (1981).

—— (1929b) 'Infantile Anxiety Situations Reflected in a Work of Art and in the Creative Impulse', op. cit.

—— (1935) 'A contribution to the psychogenesis of manic depressive states', *International Journal of Psycho-Analysis*, 16: 145-74. Also in The Writings of Melanie Klein, Vol. 1, London: Hogarth Press and the Institute of Psycho-Analysis, (1975).

—— (1940a) 'Mourning and its Relation to Manic Depressive States', *International Journal of Psycho-Analysis*, 21: 125-53. Also in *The Writings of Melanie Klein*, Vol. 1, London: Hogarth Press and the Institute of Psycho Analysis, (1975), 344-69.

—— (1940b) Mourning and its relation to manic-depressive states. Reprinted in *Love, Guilt and Reparation*, London Hogarth Press (1975).

—— (1945) 'The Oedipus Complex in the Light of Early Anxieties', op. cit.

—— (1946a) 'Notes on some schizoid mechanisms', *International Journal of Psycho-Analysis*, 27: 99-110. Also in *The Writings of Melanie Klein*, Vol. III, (1975).

—— (1946b) Notes on some schizoid mechanisms, In *Envy and Gratitude and Other Works, 1946-1963*. Reprinted 1980, London: Hogarth Press.

—— (1952) 'Some Theoretical Conclusions Regarding the Emotional Life of the Infant', (chapter 6) in *Envy and Gratitude*, Vol. 3, The Writings of Melanie Klein, (1975), London, Hogarth Press.

—— (1975) *Love, Guilt and Reparation and other works (1921-45)*, London: Hogarth.

Kulka, R.; Schlenger, W.; Fairbank, J.; Hough, R.; Jordan, B.; Marmar, C. and Weis, D. (1990) *Trauma and the Vietnam War Generation*, New York: Bruner/Mazel.

Langer, M. (1989) 'Psychoanalysis without the cough', text of lecture given in Casa de las Americas, La Habana, Cuba (1985); transl. and publ. in *Free Associations*, 15: 60-6,

(1989).

Laplanche, J. and Pontalis, J.B. (1973) *The Language of Psycho-Analysis*, London: Hogarth Press.

Menninger, K. (1959) 'The psychiatric diagnosis', *Bull. Menn. Clin.*, 23: 226-40.

Menzies-Lyth, I. (1989) 'The Aftermath of Disaster: Survival and Loss', in *The Dynamics of the Social*, London: Free Association Books.

Milton, J. (1997) 'Why assess? Psychoanalytical psychotherapy in the NHS', *Psychoanalytic Psychotherapy*, 11 (1): 47-58.

O'Shaughnessy, E. (1964) 'The absent object', *Journal of Child Psychotherapy*, 1 (2): 134-43.

Rosenfeld, H. (1949) 'Remarks on the relation of male homosexuality to paranoia, paranoid anxiety and narcissism', *International Journal of Psychoanalysis*, 30: 36-47.

—— (1971) 'A clinical approach to the psycho-analytical theory of the life and death instincts: an investigation into the aggressive aspects of narcissism', *International Journal of Psychoanalysis*, 52: 169-78.

Sandler, J. and Joffe, W. (1967) 'The tendency to persistence in psychological function and development, with special reference to fixation and regression', *Bulletin of Menninger Clinic*, 31 : 257-71.

Sandler, J. and Perlow, M. (1987) 'Internalization and Externalization', in *Projection, Identification, Protective Identification*, edited by J. Sandler, Karnac Books.

Schafer, R. (1968) *Aspects of Internalization*, New York: International University Press.

Searles, H. (1963) 'The Place of Neutral Therapist-Responses in Psychotherapy with the Schizophrenic Patient', in *Collected Papers on Schizophrenia and Related Subjects*, 626-653.

Segal, H. (1957) 'Notes on Symbol Formation', in *The Work of Hanna Segal: a Kleinian Approach to Clinical Practice*, New York, London: Jason Aronson; repr. (1981).

—— (1981) 'The Function of Dreams', in *The Work of Hanna Segal: a Kleinian Approach to Clinical Practice*, NY London: Jason Aronson; also in *Do I Dare Disturb the Universe? A Memorial to Wilfred Bion*, (1983), edited by James S. & Grotstein, H.; Karnac Books.

—— (1991) *Dream, Phantasy and Art*, London: Routledge.

Segal, H. (1993) 'On the Clinical Usefulness of the Concept of the Death Instinct', in *Psychoanalysis, Literature and War, Papers 1972-1995*, London: Routledge (The New Library of Psychoanalysis).

Semprun, J. (1997) *Literature of Life*, Viking, USA.

Sodré, I. (1995) 'Who's Who? Notes on pathological identifications', paper delivered at the conference *Understanding Protective Identification: Clinical Advances*, UCL, October 1995.

Steiner, J. (1987) 'Interplay between pathological organization and the paranoid-schizoid and depressive positions', *International journal of Psycho-Anlaysis*, 68: 69-80.

—— (1996) 'Revenge and resentment in the Oedipal situation', *International Journal of*

Psycho-Analysis, 77: 433-43.

Wardi, D. (1992) *Memorial Candles: Children of the Holocaust*, London: Routledge.

Winnicott, D.W. (1952) 'Psychosis and Child Care' in *Through Paediatrics to Psycho-Analysis*, London: Hogarth Press, (1975).

—— (1958) *The Anti-Social Tendency*, London: Tavistock Publications.

—— (1965) *The Maturational Processes and the Facilitating Environment*, London: Hogarth Press (1982).

—— (1966) 'The Ordinary Devoted Mother', in *Babies and Their Mothers*, Free Association Books.

—— (1967) 'The Location of Cultural Experience', in *Playing and Reality*, London: Penguin Books, (1974).

Yorke, C. (1986) 'Reflections on the problem of psychic trauma', *Psychoanalytic Study of the Child*, 41, p. 221.

訳者あとがき

　本書は，キャロライン・ガーランド Caroline Garland 編 "Understanding Trauma: A Psychoanalytical Approach. Second Enlarged Edition" (Karnac Books, 2002) の全訳であり，1998年の初版に第13章が追加された増補版です。

　序章にも記されていますが，タヴィストック・クリニック成人部門「トラウマとその余波に関する研究ユニット」での臨床実践が本書の基盤となっています。編者のキャロライン・ガーランドは，このユニットの創設者の1人であり，50年にわたって心的外傷の臨床に関与してきました。彼女はグループ療法の経験も深く，2010年には，同じタヴィストック・クリニックのシリーズから編著『精神分析的グループ療法』を出版しています。

　本書の魅力は，精神分析に基づいた心的外傷の理論と実践がバランスよく，臨床例を通して生き生きと描き出されている点にあるでしょう。扱われているケースのほとんどは，トラウマとなる出来事の直後にというよりは一定の期間を経てから，対話による心理療法を求めてやってきたものですが，にもかかわらず，内的世界の混乱と取り組むべき課題の大きさには圧倒されます。

　トラウマという体験が，私たちが形成してきた内的世界を根底から変化させる，そのありようには強く印象づけられます。無意識的空想の最も破壊的なものを確証し，そこでは被害経験者の内にある破壊性が，外からもたらされた出来事と混同され区別ができなくなってしまうというやっかいな問題が起きてきます。内にあるものを，外に押し出そうとするニードや内的挑発と実演によって，事態はさらに複雑化するかもしれません。ときに心的外傷は実体化され，過去に取り扱えないままとなっていた剥奪や喪失体験の苦痛を避けるための「憤懣」として積極的に用いられさえします。ガーランドが，「外傷的な出来事を忘れ去ってしまったりこころの外に追い出すのではなく，むしろ記憶されねばならない」と言うとき，私たちはこうした無意識の力の大きさをあらためて思い知らされます。「過去の重要なものを現在に吹き込み続ける」外傷的出来事の個人にとっての意味を見出していく地道な忍耐強い作業を通して，トラウ

マそのものを離れ，人生の課題という位置づけをもった分析治療へと展開していくことが本書では強調されています。

心理療法や分析場面での一連の関わりの中で起こることの理解を深めておくことは，その介入方法によらず不可欠でしょう。ただし関与の時期という点は重要であり，心的外傷をめぐる臨床の混乱の一因はここにあるように思われます。トラウマの被害経験者にとって扱われるべき問題についてガーランドは，トラウマを蒙った直後と長期にわたる影響とを分けて整理しています（1999, Workshop にて）。直後の反応では，極度の不安，全能感の喪失，象徴的思考の喪失が，長期的な影響では，罪悪感，抑うつ，象徴的な言葉で事件のプロセスを辿り考える能力の持続的損傷，が挙げられています。ここで問題となるのは，象徴的思考が破壊された，すなわち考える装置が不在なところで"こころ"をいかに扱いうるのかということです。コンテインメントを基軸にした粘り強い，患者の内的世界の理解という作業を通してのみ象徴的思考が取り戻されていくと考えられましょう。第7章の最後に述べられている，象徴等価物とそれに直結した行動，および真の象徴と創造性という2つの文化が分けられたまま保たれている，それがワークスルーされ統合されていくという記述は，P-S ポジションでの分割しておくことの意義を思い起こさせると同時に，やはりこうした「トラウマにはまりこんでいる段階」から治療的関与を始め，内的世界の移行を支えていく器を提供することの必要性を強く感じさせるものです。

こうした関与の端緒として，治療的コンサルテーションがあります。本書で示されている4回のセッションのやりとりと転移解釈は，私には，治療者の信念と柔軟性をじかに感じさせる臨床例としてインパクトのあるものでした。トラウマ以前と同じように「回復したい」という願いを断念し，治療へと結びつけていく装置となっています。心的外傷体験をワークスルーしていくには相当な時間がかかるわけですが，無意識的な要因の影響から目をそらさずに，転移にあらわれたトラウマに色づけられた内的世界を探索する機会として，これは有益かつ実際的な方法だと思われました。

私たちの日常の臨床を振り返ったとき，心的外傷を蒙ったクライエントとの面接では，行動化の報告や実演によって絶えずプレッシャーを感じさせられます。あるいは，考えるという機能がないかのようなたたずまい（ビオンのいう no K）に"途方にくれてしまう"という経験やそのときの感覚は，すぐに

思い当たることでしょう。セラピスト自身が思考の幅やその自由を保つ余地をなくしてしまう。圧倒されている今のセッションで起きていることを識別したり，感じたりすることさえできなくなる。こうしたときに，週に1回という面接のセッティングでは届かないことを——もちろん現場の条件はあるわけですが——私たちは真剣に考えねばならないのではないかと感じています。

一方で，生身の人間である私たちがこうしたケースと向かい合える限界を意識しておくこと。そして，同僚や臨床家の仲間とのつながりという支えがあることは欠かせません。たとえば児童福祉臨床において，心的外傷を蒙ったケースに続けて向かい合うセラピストの心身にかかる負担は甚大なものであり，別の角度から臨床実践を振り返る機会を通常業務のサイクルの中に組み入れていくことは重要でしょう。

本書の翻訳は，1999年から2000年にかけて訳者の1人である田中がタヴィストックのTrauma Workshopに参加した際に本書がテキストとして用いられていたことがきっかけです。ちょうどこの在英期間の1999年11～12月には，タヴィストック・クリニックでの精神分析の営みを広く伝えようという試みが，BBC2 "Talking Cure" の放映（6回シリーズ）としてなされました。その初回と第6回はトラウマを蒙った患者のケースであり，10年前の衝突事故の記憶に苦しむ青年と，一人息子を「事故」で失った初老の夫婦に対して，ガーランドが治療的コンサルテーションにあたっている4回のセッションの抜粋が放映されました。患者の内的世界の動きを細やかに観察するとともに，揺るぎない姿勢で解釈を積み重ねながら，患者にとって心的外傷を蒙ったことの意味が探索される過程が描き出されています。

最後に翻訳上のことと，謝辞を述べます。

序章・1・2・4・6・8・10・12章を田中が，3・5・7・9・11・13章を梅本が担当し，意見を交換しながらいったん訳を完成させることを基本にしました。その後，松木先生による監訳作業を経て，田中が訳語の統一と見直しを，最終的に監訳者が再度見直しを行いました。

訳語について触れておきましょう。キーワードのひとつであるmourningは，"喪"と"悲哀の仕事"という両方の意味を含むものとして「喪の哀悼」としました。また，survivorは文脈によって「生存者」「被害経験者」とし，

victimは「被害者」としています。grievanceは，正当な怒りから恨み，不平不満の種などを含む鍵概念のひとつであり，硬い語感ではありますが「憤懣」としました。こころの皮膚としてのprotective shieldは，刺激を中に通し／閉め出す濾過機能を果たすものであり，「刺激保護障壁」と訳しています。

　翻訳には長い時間がかかってしまい，関係者の方々にたいへんなご迷惑をおかけしてしまいました。ひとえに訳者らが日々の業務に追われていたことによる怠慢と力不足によるところですが，松木邦裕先生には，暗礁に乗りあげていた翻訳の困難への理解のうえ，監訳のみならず粘り強いサポートをしていただきました。訳者2名の拙い訳文に全面的に手を入れていただく多大な作業をお願いする形になってしまいました。油山病院の古賀靖彦先生にも，翻訳過程でたいへんお世話になりました。両先生に深く感謝を申し上げます。また，本書における英語および英国文化の理解には，Nicholas Shillingford氏に援助をいただきました。そして，岩崎学術出版社の長谷川純氏には，尋常ならざる期間にわたる翻訳過程にもかかわらず，あたたかく適切な助言をいただきました。こころからお礼を申し上げます。

　本書が，心的外傷をめぐる臨床実践に携わる方々の理解の広がりにつながり，長期にわたる被害経験者との面接途上での「コンテイナー」を提供してくれるであろうことを願ってやみません。

2011年2月

田中健夫，梅本園乃

人名索引

Anzieu, D.   107, 113

Bell, D.   8
Bellow, S.   101, 102, 105
Bettelheim, B.   153
Bianchedi, E.T.   103
Bick, E.   103
Bion, W.R.   12, 23, 52, 67, 103, 104, 117, 151, 184, 195, 201, 226, 228
Bowlby, J.   151, 166, 169, 176
Breslau, N.   51
Britton, R.S.   87

Carpy, D.   98

Engdahl, B.   51

Feldman, M.   87, 93
Fonagy, P.   112
Foulkes, S.H.   195
Freud, A.   152, 153
Freud, S.   4, 9〜11, 13〜20, 23, 26〜30, 33〜35, 39, 52, 61, 86, 87, 103, 120, 131, 132, 150, 152, 153, 165〜168, 178〜180, 183, 184, 191, 211, 213〜216, 218, 225〜227

Garland, C.   195, 212
Gibb, E.   7
Greenson, R.   132

Ingham, G.   7

Jacques, E.   195

Johns, M.   43

Keane, T.   51
Kessler, R.C.   50, 51
Khan, M.   113
King, P.   166
Klein, M.   4, 12, 23, 30, 52, 53, 67, 105, 131, 132, 151, 166, 180〜183, 226
Kulka, R.   51

Langer, M.   39

Menninger, K.   50
Menzies-Lyth, I.   7
Miller, E.   166
Milton, J.   65

Schafer, R.   150
Seales, H.   151
Segal, H.   7, 20, 23, 27, 29, 30, 104, 113, 114, 118, 132, 226
Semprum, J.   149
Srinath, S.   7
Steiner, J.   86, 87, 92, 97

Taylor, D.   6
Temple, N.   8

Winnicott, D. W.   103, 150, 151, 166, 167, 169
Wolfe, J.   51

Young, L.   6, 7

事項索引

あ行

愛　17, 29, 48, 72, 87, 113, 133, 145, 218
ICD-10　3
愛着　151, 217
アイデンティティ　5, 10, 18, 53, 89, 100, 149, 150, 152, 154, 155, 157, 158, 162, 206, 225, 226
哀悼　7, 12, 18, 61, 68, 82, 91, 94, 104, 111, 113, 114, 130〜132, 134, 145, 146, 152, 155, 166, 174, 186, 190, 206, 224, 225, 227, 228
アセスメント　49〜65, 52, 147
アルファ機能　23, 103, 104, 184
アルファ要素　67, 104, 151
アンビヴァレンス　18, 91, 92, 111, 113, 143, 198
言いようのない恐怖　104, 117, 184
生き残り　201
生き延びる　67, 103, 106, 110, 151, 161
遺族　7, 133
依存　51, 52, 70, 78, 91, 92, 98, 104, 105, 114, 116, 128, 138, 159, 161, 185〜189, 203
異物　14, 102, 129, 130, 213, 221, 227, 228
隠蔽記憶　128
疫学　4, 50
エディプス　21, 42, 87, 93, 94, 125, 134, 144, 165, 171, 213

か行

快感原則　16, 18〜20, 27, 103, 215
外在化　53, 55, 65
外傷的状況　16, 53, 154, 177, 199
解体　26, 27, 108, 116, 120, 149, 179, 202, 228
解離　44, 112, 122, 225
過覚醒　55
確証　11, 12, 20, 22, 31, 115, 123, 181, 218
過誤（エラー）　33〜38, 40, 41, 44, 45, 88
火事　26, 29, 41, 43, 44, 54, 55, 59〜62, 115, 118, 196, 198, 199, 201
過失　34, 42, 88
合併疾患　4, 51
悲しみ　27, 87, 130, 132, 133, 135, 142, 152, 181, 208, 224
考える能力　32, 68, 82, 117, 147, 209, 212
　　象徴的に——　129
逆転　28, 123, 153, 214〜216
逆転移　28, 32, 68, 132, 137, 147
救済空想　154
境界例　8, 112
切り離し（スプリット）　13, 15, 20, 63, 64, 76, 82, 111, 121, 123, 130, 143, 151, 155, 157, 159, 180, 184
グループ
　既成——　197, 200〜202
　惨事——　196, 197, 199, 200, 207
グループ療法　8
行為　17, 29, 34, 36, 40, 43, 61, 87, 153, 167, 212〜218, 223, 225, 229
後遺症　4, 13, 19, 51, 64, 65, 73, 177

好奇心　29, 156, 159, 162
攻撃性　75, 76, 81, 86, 152, 153, 160, 161, 222
拘束　19, 20, 120, 179, 218, 226
興奮　15〜17, 19, 21, 38, 44, 45, 52, 90, 157, 159, 160, 165, 170, 171, 173〜176, 190, 202, 209, 219
心の仕事　101〜105, 113, 114
コンサルテーション　6, 12, 14, 15, 21, 47, 54〜57, 60〜62, 66〜68, 74, 77, 80〜82, 89, 92〜97, 99, 100, 105〜107, 148
　4回からなる——　6, 66, 81, 88, 105
コンテイナー　31, 103, 104, 107, 108, 112, 115〜117, 119, 130, 138, 151, 200, 211, 228
　——の喪失　117, 119
コンテインメント　23, 31, 32, 67, 82, 91, 103〜105, 114〜118, 140, 154, 174, 184, 185, 190, 191, 198, 200, 205, 211, 217, 228
　——する能力　106, 107
　——の失敗　115

さ行

罪悪感　18, 20〜22, 26, 32, 38, 39, 53, 59, 61, 69, 86, 89〜93, 96〜100, 113, 132, 133, 135, 143, 144, 146, 152, 154, 157, 158, 160, 161, 169〜176, 180〜183, 199, 200, 207, 228
　生き残った——　18, 20
　無意識の——　26, 39
再体験　31, 117, 161
再統合　81, 149, 155, 213
殺人　15, 21, 39, 108, 125, 127, 136, 137, 143, 156, 158, 159, 167, 204, 206, 209, 217, 220〜224
サディズム　124, 167, 170, 171, 173〜176, 220
SM（サド・マゾ）　26, 29, 170, 175, 185
惨事　5, 15, 19〜22, 40, 43, 45, 85, 128, 130, 134, 141, 158, 196, 197, 201, 202, 208, 211
死
　——の願望　37, 38, 42, 62, 132, 182
　——の本能　167
　——の欲動　27
刺激保護障壁　9, 11, 19, 103, 104, 119, 184
自己愛的　125, 127, 135 → ナルシシズム
思考　7, 14, 17, 31, 34, 40, 42, 67, 80〜82, 103〜105, 112, 115, 117, 118, 130, 138, 151, 159, 162, 206, 212, 213, 217, 219, 220, 222〜226, 228, 229
　——過程　14
　象徴的——　118, 128
自己破壊　9, 25, 26, 61, 146
自殺　20〜22, 44, 73, 107, 121, 123, 127, 131〜134, 136, 137, 139〜142, 146, 147, 157, 161, 181〜183, 221, 223
実演　21, 27, 28, 56, 61, 97, 159, 160, 162, 183, 212, 216, 217, 219〜221, 223, 224, 229
失錯行為　33〜36, 40
嫉妬　93, 135, 161, 186
死別　53, 54, 104, 131, 132, 145, 146
集団療法　32, 197 → グループ療法
修復　30, 56, 100, 107, 116, 120, 127, 144, 146, 154, 166, 168, 174, 180, 182, 184, 199, 203, 227
受動性　27, 28, 70, 71, 76, 81, 129, 153, 211
授乳する関係　145
象徴　15, 21, 27, 28, 37, 39, 41, 53, 55, 65, 116, 118, 119, 128, 129, 138, 142, 183, 213, 216, 217, 222, 228, 229
　——されたもの　118

――思考　17, 217
――的代理物　28
象徴化　7, 13, 23, 102, 115, 118, 119, 129, 138, 212, 213, 217, 223, 225, 227
――能力　7, 118, 212, 227
――能力の損傷　128, 129
――の失敗　119
象徴等価物　20, 118, 128, 129, 227
勝利感　18, 132, 143, 182
心気症状　88
神経症　15, 16, 165, 169, 183
　外傷――　17, 214
心的均衡　9, 16, 31, 53, 149, 171, 172, 196, 211
心的苦痛　15, 98, 99, 151, 177, 228
心的現実　16, 23, 100, 180
スプリッティング　112, 180, 221, 227
脆弱性　8, 10, 20, 24, 40, 51, 77, 78, 99, 116, 123〜125, 128, 130, 141, 148, 183〜187, 190, 191
精神病　10, 21, 98, 137, 166, 169, 183, 184, 190, 191, 202, 219
精神病理　25, 34, 108, 123
性的虐待　153, 165, 218
生命　11, 17, 20, 25, 27〜29, 108, 109, 120, 128, 132, 138, 147, 159, 174, 199
生命力　72
戦争　4, 17, 26, 48, 51, 149, 167, 195, 196, 215
羨望　39, 87, 134, 135, 147, 158, 186, 188
憎悪（憎しみ）　5, 32, 63, 64, 113, 133, 143, 180, 186〜190, 222
喪失　7, 12, 17, 18, 23, 24, 50, 56, 61, 63, 65, 80, 82, 87, 92, 93, 104, 105, 107, 111, 113, 119, 120, 122, 128, 130, 132, 137, 139, 141, 145, 147, 152, 154, 166, 168, 173〜177, 186, 191, 205, 206, 210, 228

信頼の――　11, 12
対象――　53, 152
躁的機制　133

た行

対抗心　42, 92, 96, 97, 140, 144
対象　11, 12, 19, 28, 30, 53
　愛する――　17, 26, 132, 133, 180, 181
　一次――　13
　外界――　151
　外的――　53, 56, 65, 82, 131, 180, 217
　コンテインする――　118, 119, 190
　死んだ――　18
　脆弱な――　183, 219
　喪失した――　18, 20, 61, 152, 155
　損傷した――　181, 182, 184
　包み込む containing ――　23
　内在化された――　16
　母親――　22, 93, 112, 113, 115, 143, 147
　不在の――　151
　魔術的な――　70
　良い――　11, 12, 30, 67, 74, 78, 80, 132, 174, 180, 203, 215, 228
　悪い――　11, 58, 67, 74, 99, 174, 226, 228
対象関係　12, 20, 23, 53, 67, 115, 128, 177
　内的――　4, 65, 80, 82, 115, 123
怠慢　42, 43, 45, 69, 139, 143, 207, 208
タヴィストック・クリニック　3, 14, 25, 43, 85, 105, 121, 124, 203
超自我　16, 21, 180
治療設定　28, 32, 157, 161, 171, 178
償い　86, 87, 94, 97〜100, 113, 133, 142, 143, 155, 180
DSM-IV　3, 51

抵抗　18, 28, 33, 40, 86, 116, 149, 168, 175
敵意　18, 71, 85, 86, 111, 113, 206, 215
転移　28, 32, 52, 68, 97, 110, 112, 125, 128, 131, 132, 166, 168, 174, 183, 185, 215
同一化　7, 18, 20〜23, 31, 37, 73, 77, 80, 97, 100, 104, 106, 113, 122〜124, 136, 138, 139, 141, 143, 149〜153, 155, 157〜159, 161, 162, 181, 184, 186, 212, 213, 215〜224, 226〜229
　──過程　149, 150
　一次的──　150
　失った対象への──　152
　逆─── 162
　攻撃者への──　28, 76, 152, 153
　自己愛的──　152
　死者との──　21, 22
　脱──　74, 150, 219
　二次的──　150
　万能的──　24
投影　21, 22, 41, 44, 45, 53, 72, 74, 76, 81, 85, 111, 123, 133, 136, 143, 144, 148, 151, 154, 159, 161, 171, 174, 178〜180, 183〜187, 189〜191, 203, 204, 215, 222, 223
投影同一化　28, 129, 137, 151, 154, 159, 161, 198, 215, 219, 220, 226
倒錯　122, 124, 171, 174〜176, 218, 221
取り入れ　31, 53, 65, 86, 104, 116, 117, 125, 136, 154, 159, 178, 180, 184, 205, 215, 218, 226
取り入れ同一化　151, 154, 215, 223

な行

内在化　16, 104, 117, 118, 125, 132, 148, 178〜180, 184, 190, 228
　──された対象　16
内的世界　4, 5, 12, 13, 16, 17, 20〜22, 24, 32, 40, 53, 54, 56, 58, 67, 74, 77, 80, 102, 113, 123〜125, 131, 132, 165, 169, 174〜177, 179〜182, 184, 185, 187, 191
内的対象　10, 12, 58, 65, 67, 71, 77, 80, 115, 120, 122, 133, 162, 180, 184, 190, 219, 225
　──関係　4, 12, 65, 80, 82, 115, 123
ナルシシズム　33, 40
ネグレクト　142

は行

パーソナリティ　8, 12, 19, 20, 23, 24, 26, 27, 50〜54, 61, 64, 65, 76, 82, 93, 99, 100, 129, 155, 169, 191, 213, 223
パーソナリティ障害
　境界性──　8
　自己愛──　98
排泄　28, 52, 61, 104
破壊性　5, 6, 25, 61, 82, 85, 87, 93, 97, 125, 127, 167, 172, 173, 176, 180
破局（的）　19, 32, 56, 57, 119, 120, 123, 128, 178, 184, 186, 190, 191, 196, 227, 229
迫害（的）　12, 21, 38, 40, 41, 52, 58, 64, 71, 120, 128, 132, 133, 136, 143, 148, 157, 159, 174, 178, 180〜183, 186, 188, 190, 191, 209, 226
　内的──　53, 186
迫害者　191
剝奪　24, 87, 97, 98, 110, 152, 160, 173, 181, 182
白昼夢（夢想）　102, 103, 107, 109, 113, 114, 220
破綻　10, 11, 23, 67〜69, 104, 115〜117, 121, 129, 138, 140, 161, 168, 201, 208
　こころの（心的）──　10, 11, 20, 66, 100, 113, 115, 119, 177
万能感　44, 78, 82, 91, 92, 122, 125,

127, 130, 133, 148, 175, 183, 185
反復強迫　16, 61, 168
PTSD　23, 50, 51, 69
悲嘆　53, 54, 107, 132, 142, 176, 202, 206
否定　26, 50, 56, 101, 137
否認　5, 10, 11, 24, 40, 41, 43, 45, 56, 85, 112, 123, 133, 139, 145, 152, 155, 157, 160, 165, 184
皮膚自我　103, 107
病理構造体　155
不安
　外傷的――　104, 105, 114
　自動性――　17, 119
　死滅の――　17, 226
　信号――　17, 119
　精神病性――　183, 184, 191
　破局的――　119, 184, 185, 187
　迫害――　190
　慢性的な――　69
　妄想的な――　32
　抑うつ――　63, 99, 184, 216
復讐　28, 64, 86, 93, 100, 140, 153, 167, 170, 174～176, 187, 216, 223
　――願望　28, 86, 97, 139, 166
不在　12, 19, 62, 104, 108, 113, 132, 151, 214～217
不注意　24, 34, 59, 88
不当な扱い　86, 88, 98～100
フラッシュバック　14, 17, 32, 67, 69, 88, 94, 116, 117, 119, 129, 138
憤怒　18, 85, 97, 100, 127, 134, 143, 156, 175, 198, 223
憤懣　7, 15, 58, 85～95, 97～100, 166, 167, 172, 174～176
分離　17, 104, 128, 145, 147, 152, 155, 166, 169, 175, 176, 183, 186, 188, 190, 216, 221, 226
閉所恐怖　161, 178, 183, 188

ベータ要素　23, 67, 104, 151, 228
変形　7, 12, 23, 67, 103, 117, 118, 151, 152, 184, 216, 217, 226, 228
防衛　10, 11, 17, 19, 31, 57, 78, 80, 85, 88, 91, 93, 99, 100, 113, 116, 121, 122, 129, 140, 144, 145, 149, 152～155, 158, 166, 174, 175, 177, 179, 184, 186, 218, 223, 225
防衛組織　11, 115, 186, 189～191
暴行　6, 12, 69～73, 75, 76, 78, 81, 94, 95, 123, 125, 175, 218
報復　15, 87, 97, 140, 143, 158, 168, 170, 172, 174, 176, 181～183, 186, 207
暴力　11, 42, 45, 71, 76, 85, 86, 117, 135, 142, 152, 156, 159, 161, 179, 218
ボーダーライン　223 → 境界例
保証　74, 141, 147, 155

ま行

マゾヒズム　28, 166, 170, 173, 175, 185
無意識
　――的空想　12, 16, 65, 67, 114, 115, 131, 132, 168
　――的信念　10
　――的動機　6
無力感　29, 72, 90, 91, 99, 116, 122, 128, 137, 138, 190, 199, 211, 218, 219, 225
メランコリー　18～20, 23, 87, 166, 179
メンタライゼーション　212, 223, 229
喪（の哀悼）　18, 20
　――の作業　7, 18, 132
　――の病理的代替物　18
　――のプロセス　20
妄想　10, 11, 19, 44, 64, 120, 166, 184, 226
妄想分裂（ポジション）　55, 180, 226
もの想い　103, 112, 151

や行

有能感　72, 80, 81
誘惑　15, 16, 29, 42, 45, 126, 152, 166, 205
夢　16, 34, 38, 42, 53, 63, 65, 78, 79, 102〜104, 107〜109, 112, 113, 118, 124〜126, 131, 132, 138〜147, 151, 161, 178, 183, 184, 186〜190
　悪——　23, 67, 69, 71, 80, 88, 94, 118, 153, 156, 161
　外傷——　16
　反復——　52
　フラッシュバック——　138
抑圧　13, 16, 127, 155
抑うつ　14, 20, 21, 22, 51, 69, 160, 166, 170, 173, 176
抑うつポジション　20, 133, 173, 180, 191, 226
余波期　198, 199

ら・わ行

理想化　31, 43, 80, 93, 148, 157, 158, 180, 203
両親カップル　87, 147, 180
レイプ　26, 50, 115, 116, 123, 125, 127, 128, 129, 218
ワークスルー　5, 28, 52〜54, 61, 65, 82, 99, 100, 104, 113, 114, 129, 132, 133, 144, 155, 169, 184, 190, 229

監訳者略歴
松木邦裕（まつき　くにひろ）
1950年　佐賀市に生まれる
1975年　熊本大学医学部卒業
1999年　精神分析個人開業
現　在　京都大学大学院教育学研究科教授
　　　　日本精神分析協会正会員
　　　　日本精神分析学会会長
著　書　「対象関係論を学ぶ」（岩崎学術出版社），「分析空間での出会い」（人文書院），「分析臨床での発見」（岩崎学術出版社），「分析実践での進展」（創元社），「私説対象関係論的心理療法入門」（金剛出版），「精神分析体験：ビオンの宇宙」（岩崎学術出版社）その他
訳　書　ケースメント「患者から学ぶ」，「あやまちから学ぶ」，「人生から学ぶ」（訳・監訳，岩崎学術出版社），ビオン「ビオンの臨床セミナー」（共訳，金剛出版），「再考：精神病の精神分析論」（監訳，金剛出版）その他

訳者略歴
田中健夫（たなか　たけお）
1965年　上田市に生まれる
1997年　京都大学大学院教育学研究科博士後期課程中退
1997年　九州大学健康科学センター，同高等教育研究開発推進センターを経て
現　在　山梨英和大学人間文化学部准教授　臨床心理士
著　書　「臨床心理学入門――理解と関わりの心理学」（共著，培風館），「迷走する若者のアイデンティティ」（共著，ゆまに書房），「『発達障害』と心理臨床」（共著，創元社）

梅本園乃（うめもと　その）
1966年　熊本市に生まれる
1996年　九州大学大学院教育学研究科博士後期課程単位取得退学
1996年　疋田病院　臨床心理士　現在に至る
著　書　「日常臨床語辞典」（共著，誠信書房）

トラウマを理解する
―対象関係論に基づく臨床アプローチ―
ISBN978-4-7533-1018-0

監訳者
松木　邦裕

2011年3月20日　第1刷発行

印刷　広研印刷(株)　／　製本　河上製本(株)

発行所　(株)岩崎学術出版社　〒112-0005　東京都文京区水道1-9-2
発行者　村上　学
電話 03(5805)6623　FAX 03(3816)5123
©2011　岩崎学術出版社
乱丁・落丁本はおとりかえいたします　検印省略

精神分析体験：ビオンの宇宙——対象関係論を学ぶ 立志編
松木邦裕著
構想十余年を経て，待望の書き下ろし　　　　　　　　　　　本体3000円

対象関係論を学ぶ——クライン派精神分析入門
松木邦裕著
徹底して臨床的に自己と対象が住む内的世界を解く　　　　　本体3000円

人生から学ぶ——ひとりの精神分析家になること
P・ケースメント著　松木邦裕監訳　山田信訳
精神分析的英知の結晶　　　　　　　　　　　　　　　　　　本体3800円

精神分析入門講座——英国学派を中心に
J・ミルトンほか著　松木邦裕監訳　浅野元志訳
実働している今日の英国学派の精神分析を紹介する　　　　　本体4300円

現代クライン派入門——基本概念の臨床的理解
C・ブロンスタイン編　福本修・平井正三監訳
当代一級の教育分析家が基本概念を平易に論じる　　　　　　本体4500円

トラウマの精神分析——自伝的・哲学的省察
R・D・ストロロウ著　和田秀樹訳
精神分析家が自らの体験をもとにトラウマの本質に迫る　　　本体2500円

精神分析への最後の貢献——フェレンツィ後期著作集
S・フェレンツィ著　森茂起・大塚紳一郎・長野真奈訳
精神分析の「恐るべき子ども」の先駆的著作を初訳　　　　　本体3800円

新・外傷性精神障害——トラウマ理論を越えて
岡野憲一郎著
多様化する外傷概念を捉える新たなパラダイム　　　　　　　本体3600円

集中講義・精神分析㊦——フロイト以後
藤山直樹著
精神分析という知の対話的発展を語り下ろす待望の下巻　　　本体2700円

この本体価格に消費税が加算されます。定価は変わることがあります。